罗章龙回忆文存

——中共元老的自传

Memoir Collections of Luo Zhanglong
An Autobiography of a Senior Chinese Communist Party Member

罗章龙 著

Luo Zhanglong

·下 册·

美国华忆出版社
Remembering Publishing, LLC. USA

Copyright © 2025 by Remembering Publishing, LLC. USA

Memoir Collections of Luo Zhanglong
An Autobiography of a Senior Chinese Communist Party Member
Luo Zhanglong

ISBN：978-1-68560-166-9 (Print)
　　　978-1-68560-167-6 (Ebook)

Remembering Publishing, LLC
RememPub@gmail.com

罗章龙回忆文存——中共元老的自传
罗章龙 著
下册（全三册）

出版：美国华忆出版社
版次：2025 年 6 月第一版，第一次印刷
字数：265 千字

All rights reserved.

No part of this book may be reproduced in any form or by any electronic or mechanical means including information storage and retrieval systems, without permission in writing from the publisher. The only exception is by a reviewer, who may quote short excerpts in review.

作品内容受国际知识产权公约保护，版权所有，侵权必究

第三部分 [续]

党 内 后 期

(陈独秀去职以后)

中央工委及全总（续）

宋王石野餐

在我动身前，秀珠向我说："全体同志半月以来，大家劳累过度，要求休息一日，以资苏息，我建议你在北航前也休息一日。"我当予同意，经决定于次日乃联袂渡海作郊游一次。届时天气晴朗，海不扬波，于是我、秀珠与贺昌颖三人联袂出行。此次出行由秀珠导游，登山临海，径行几数十里，沿途先登打旗山、自来水厂、潜龙台等地游观，俯览全岛，壤地虽少，但守备甚严。随后渡海驱车到九龙市郊游览，最后到宋王石海岸憩息。此时秀珠手持望远镜，指点远处零丁洋及上下海门，乃当年宋帝昺舟师沉没之所，历历如绘。此时贺其颖攀登宋王石向同人说："此石为南宋君臣宋帝昺、陆秀夫、张世杰等被元师张宏范穷追渡海殉国的地方，宋遗民乃于其地建庙宇以资纪念，称此为宋王石！"（亦称伤心石。）当时三人共坐高阜上，远眺海天一色，天际渔舟出没，一望无涯，心旷神怡！于时，其颖坐宋王石上披襟当风，遥瞩海疆艨艟巨舰，烟尘蔽空。时香港海面帝国主义军舰云集，港督金文泰与军阀李济深互相访问，联合反共，腥风血雨弥漫两港！故其颖怀古伤今，感慨万端，乃朗诵郑所南诗以遣怀。（郑所南诗云："山木萧萧风更吹，二陵风雨至今悲，一声杜宇啼荒殿，十载愁人拜古祠。海水有门分上下，江山无地界华夷。同舟我亦艰难甚，愧向苍苔读泪碑！"）

三人游毕宋王石，大家就海滨席地而坐，共进野餐。秀珠出罐头、土司（Toss）饱餐一顿，兴尽而归。不料归途忽见埠头高悬"台风"警报红球，顷刻间天宇昏暗，浊浪排空，海水泛滥进入市区，邮局一带，顿成泽国。当时但见海风强劲，高楼房瓦沿街飘散，市民亦多伤亡，满目疮痍！据本地居民称，今番台风实为三十年来空前大灾。我们匆匆归寓以避其锋。台风过去，翌日即告天霁，我登上英国皇后号（即兆征生时工作所在轮船）北航，香岛之行，始告结束。返沪后不久，得秀珠信已往广州工作，自此以后，一去不返，杳无消息。

（注：贺昌，字其颖，山西离石县人，北大史学系学生，原系马学会成员，在北方书记部工作。贺年少气盛，目无全牛，现正主编《政治论坛》。他熟习历史掌故，平日生活任性，不拘小节，好饮酒后挥毫作诗，鲜所顾忌。尝戏称："自身是唐代贺知章后裔！有其祖必有其孙，浪漫传统不是偶然来的。"贺一九三四年突围时，于江西玉山蒙难而死。）

两次全国性会议

中央工委与全总系统中央委员及各级干部对瞿、向等集团无论在政策或组织方面均持严格批评态度纠正其错误，使瞿、向等怀恨不已。双方对峙历时很久，直到全总特派员会议乃集中表现出来。

一九三〇年二月二十五日，全总通知决定于三月十二日召开全国特派员会议。由于散处各地的特派员旅程耽搁，直到三月中旬始到达上海集中。会议实到代表二十三人，铁总、海总、广州、香港、满洲、顺直、南京、武汉、青岛、江西、信阳（京汉路）、湖南、云南、闽西各一人，唐山三人，上海五人。参加全总特派员会议者有刘俊才（济南）、孙秀峰（青岛）、林仲丹（即张浩）、吴芳、邓发、震瀛、朱宝廷、我、育南、项英、孟雄、梁鹏万（唐山）、张树棠（张家口）、殷鉴（顺直）、刘国章（陕西）、伍和敬（哈尔滨）等。

会议自一九三〇年三月二十日起，二十八日完毕，开会时间向忠发作政治报告，内容是说："国际形势为帝国主义大战更快来到，中国革命走向革命高潮，走向直接革命。组织罢工与总同盟罢工，武装暴动，建立苏维埃政权。"向念完上述各语句，李立三起立帮腔说："第十次共产国际扩大会议指出革命高潮就要到来，认为革命高潮到来的中间尚有一个阶段便是右倾。现在时期是世界革命时期，国民党断不能统一中国。目前是实行武装暴动而不是准备武装暴动。红军要向大城市进行游击战术，避免与敌主力冲突是大大右倾。党内右倾是主要危险，他们比取消派还要坏，应坚决铲除他们！在农村要反对红军军阀，反对毛润之，反对富农路线！"

在这次会议讨论形势及任务时，全体代表与向忠发、李立三间发生重大的争论。大家不同意向、李的报告及总暴动策略，当时指斥向、李报告大部分是毫无事实根据，对革命不负责任的空谈。汉口代表说："武汉三镇驻有敌军二十万人，工会会员人数不及敌军二百分之一，且均为徒手，南京敌我力量悬殊也是如此。视暴动为儿戏，结果是纸上谈兵，空中楼阁！"孟雄抨击向、李路线谓其腾云驾雾蹈空而行。育南说："在毫无准备条件，强迫命令同志徒手暴动，必然招致一败再败，斫丧革命元气。"向恼羞成怒，大吼大叫，说："你们全总整个右倾，给老子滚开去，老子是不好惹的。"李立三在旁附和杂以谩骂，全场秩序大乱，会议无法继续进行，遂草草通过决议。

当时有些坦率的代表善意批评向、李言行是"瓜未熟而摘食，孕未满而趋生"。另有代表说："还不止此，他们是无孕趋娩，无米强炊，他们那种奇离古怪行为，大概与白痴相像。"向对同志不断以恶声相加，他说："君子报仇三年，小人报仇眼前，老子迟早总有一天要收拾你们的。"由此可见向、李集团当时对党、对革命的危害性达到了何等猖狂程度。会后青岛代表写了两句话送向忠发道："老子天下第一，革命无双，全党整个右倾，该当何罪？"大家称此次会议为"冤枉会"。

但是经过这次会议，对全国革命工会实力却做了一番检查。检查结果，截至一九三〇年止，全国有赤色工会会员四万多人，主要分布在北方铁路矿山（唐山），南方上海海总（香港），其次为武汉、天津、沈阳等处。偏远区域如四川、云南、香港有千人以上，安源残破已极，尚存五十余人，景德镇二百余人。据一九三〇年全总文献可以判明当时列于全总预算表内的工会基层组织有上海、武汉、东三省、天津、唐山、广州、香港、青岛、无锡、南通、南京、厦门、九江、太原等十四城市。此外铁总、海总、矿山等产业工会组织尚未计算在内，由此可见由我负主要责任推动下的全总近年已有显著变化，全总在全国范围内南北各大城市以及海员、铁路、矿山各地区，党与革命工人群众组织大致已恢复到一九二五年五卅前的水平，在主要产业工人组织中已奠定群众斗争基础。在上述群众组织基础上，一九三〇年二月全总据赤色职工国际来函在中国选派代表二十二人出席赤色职工国际第五次代表大会，代表四月出发。同时选出代表六十名组成中国代表团，赴苏联参观十月革命典礼。

于此须特为指出者，即全总由于向、李严重的政治错误路线，使工作发展受到极大限制，与此同时又发生经费绌窘现象。中国革命工会自一九二一年以来，工会会计通常是采取独立、自给自足原则，各级工会自筹经费，上级经费由下级按百分率上缴，但在地下工作困难环境下，实际并不能贯彻此项原则，因此工会财政情况一般是非常紧张的，工会开支往往入不敷出。其临时开支不列入预算中者尚不在内，所需经费大都用在宣传方面，占全额约百分之八十，其余占百分之二十。

在地下工作期间，工会会员生活困难大都免缴会费，全总本身在经费拮据时经常动员干部亲至工厂劳动，或向有社会职业同志取

— 685 —

得捐助，以维持最低生活开支。如大汉曾到德士古火油公司做搬运工人，仲钧到汇丰驳船公司当水手，刘鄂到中华橡胶厂工作，金伯祥到虹口某餐馆做侍役。当经费极度困难时，有人建议劫取某银行支行存款，以资罢工费用，事为虞卿所闻，不以为然，另筹款项，始度过难关。

全总决定于一九二九年十一月七日在上海召开第五次全国劳动大会。会议自十月间开始筹备，在秘密环境下举行，十一月九日正式开幕，至二十日结束。全国南北各地区赤色产业工会代表约五十余人，会议经过十天，大会重要决议包括全总工作报告决议，全总宣言，工会组织宣传问题决议案，工人武装斗争问题决议案，青工、女工问题决议案，工厂委员会问题决议案，工农联合斗争纲领等各项决议案，内容要旨主要根据一九二九年六月中共二中全会职工运动决议作成。五劳大会选举全总执行委员史文彬等人成立全总常委会（常委九人）指导经常工作。

常委会委员为：史文彬、我、林育南、项英、何孟雄、唐鸿景、张金保、刘达潮等九人，秘书长谭寿林。

全总执行委员为：我、项英、史文彬、张金保、刘达潮、唐鸿景、林育南、何孟雄、李震瀛、吴雨铭、朱宝廷、马骥、刘俊才、徐锡根、霍昆镛、孙秀峰、陈炳生、陈郁、孙章重、许维参、李昌荣、王仲一、袁炳辉、温禹成、陈寿昌、孙津川、邓发、邓中夏、余茂怀等三十人。

从三中全会到四中全会

六届三中全会

从上述各章看来，中共六届一中全会到三中全会，一年以来全党工作在农村与城市各方面总算有所发展，特别是城市工人运动有相当成就。但是由于向忠发、李立三等人的宗派统治在上层占有优势，于是盲动主义再次抬头，同时狭隘的宗派斗争泛滥党内，造成党与革命的严重损失。

一九三〇年五月间，向李集团在国际东方部代表监临与领导之下，发出《新的革命高潮与一省或数省的首先胜利的决议案》。他们以反右倾为借口，把当时农民战争说成是"一种极错误的""农民意识的地方观念与保守观念""割据主义"等，同时诬蔑中央工委与全总领导人，说成是有"右倾倾向"。向、李制定全国总暴动计划是以中央名义发布的，其主要内容是调动红军主力攻取长沙，会师武汉，并命令上海、南京、广州、天津等城市实行广泛暴动政策。向说："打蛇要打头，南京是反动政府的头，南京暴动就是打破敌人的头，全国都会起来革命。今天是中国革命，明天就会爆发世界革命！"等等。李提出口号是："猛烈地扩大！猛烈地扩大!!再来一个猛烈地扩大!!!"高喊："到武汉过端阳节，到南京吃月饼！"他们倡议取消工会系统一切经常斗争，代以武装暴动，成立总行动委员会，主持一切。

当时中央工委、全总与江苏省委等负责中委对于向、李集团的错误路线立即采取严正批评并予以制止,他们感到恼羞成怒!遂加强党内斗争,企图维持残局。但是后来事实上证明军事进攻大城市政策确无法实现(如长沙、南昌均未完全占领),进攻武汉的第二军团损失军力五分之四,七军损失三分之二,各城市工人运动也因此受到严重摧残。于是国际变计决定召集三中全会打破僵局。

当时向、李等听到国际决定召开三中全会,感到进退维谷,立即纠集本派讨论自救办法,以冀度过难关,稳定宗派统治。他们在研究对策时最后决定牺牲立三,叫他作替罪羔羊,借以保持本派势力于不坠,办法是由瞿秋白出面负责扭转局势。瞿当时在莫斯科尽力斡旋此事,表示绝对服从国际命令,保证实现国际意图,并愿自告奋勇回国工作,纠正立三路线的错误。于是国际东方部决定派瞿秋白回国召集三中全会。瞿回国后,召集本派所属干部决定对于三中全会的策略。当经周恩来决策,大致分为如下几项:

1. 在总的方面坚持左方阵地,居高临下,对待来自各方的攻击。就是说不要放弃左方高地,采取以左抗左的策略,否则便陷于被动,处处挨打。

2. 尽力掌握现有中央局实际权力,勿使滑脱,不惜任何代价(所谓实际权力指军事、财政、政保等)。

3. 继续反对右倾,反对城市保守主义(以全总党团及江苏省委何孟雄为代表)及苏区富农路线(以润之为代表)。因为他们反对总暴动及向大城市进攻。(根据一九二九年六月国际关于农民问题来信指示加强反富农路线。)

4. 对国际委曲求全,表示无条件服从,立三自请退位,保留向忠发书记位置。

5. 允许政治局改组,容纳米夫派人参加,欢迎陈绍禹、秦邦宪加入政治局(以党章做交易)。

6. 加选贺昌、任弼时为中委,以保持本系多数。

一九三〇年九月三中全会在周密布置之下正式开幕。先是全总党团及江苏省委何孟雄等对向忠发中央六月十一日与七月二十二日决议曾表示异议，责向、李驾空而行，不符合革命要求。此项意见虽被向、李等曲解，目为右倾，但党内群众均表赞同，因此三中全会开幕时，特别邀请反对向、李的全总党团成员及何孟雄等参加，貌示宽容。三中全会向忠发担任主席宣布开会，瞿在三中全会担任形势报告，瞿在报告中只是为本宗派作保全实力掩护退却，对国际大事吹捧，对立三批评是伤皮不伤骨，小骂大帮忙。说一九三〇年六月以前中央是完全正确，以后也不是完全不正确。师爷口吻，有气无力，大概他当时已气馁神昏，方寸凌乱，故不自知语无伦次。报告毕，在讨论中，向派列席者按照瞿做报告依样葫芦各诵一遍。我发言批评向忠发、李立三政策错误，作风不正，无辨别分析错误的能力兼缺乏承认错误的勇气，从来不知正视革命利益，只知各逞宗派私图，建议党的政策改弦更张，目前群众工作应放在第一位。接着何孟雄、林育南、李求实、史文彬诸人继续发言，针对向、李平日工作提出批评和建议。最后瞿秋白做结论，虚以逶迤地表示接受大家意见，但同时又说工作中不应有第一位主义，如果把群众工作当作第一位，那么其他（瞿意指武装暴动，不好说出口来）工作就不是第一位了。随后向忠发说孟雄、育南的观点不妥。育南立即问何以不妥？向急忙改口说："我不是说不对，也不是说有什么错误，不妥不是不好，不妥只是不妥……"何等见向理屈词穷，遂不再诘，但大家已经看出瞿派只是在原位上踏步、打圈子，中央政策并没有朝向挪动一步。至于瞿所写的三中全会决议挖空心思，咬文嚼字，语意混沌，护短曲说，大家均一致认为此会大可不开，决议有等于无，草草散场而去。但自向忠发、瞿秋白看来，三中全会是胜利完成了，政治上是换汤不换药，向瞿派牺牲了李立三，保全了更多的人，认为天大一场风波总算可以平息，他们今后仍可以控制中央，政治本钱确保无虞。

群起批评　东方部斥责

三中全会后全总党团与江苏省委及北方党与工会等方面纷纷表示对三中全会严厉批评，并指出目前立即召开紧急会议的主张，同时主张筹备全国第七次代表大会，从根本上清除"左倾"错误路线，前后用书面表达反对三中全会意见，使三中全会中央大伤脑筋，其中尚存林育南一信，现引述如次。

林育南在三中全会后由全总党团决定派往江西中央苏维埃区工作，林在出发前写了一封信给三中全会中央，仍申述前项反对意见，其原文云：

听说政治局最近决议认为三中全会的决议案是不正确的，是调和主义的路线，因此决定废除它，再来一个决议案代替它，这是更进一步的反对立三路线、接受国际来信的表现。我在临走的时候，认为这一问题关系于我党及革命前途，异常重大，因此不得不再把我的意见提出，以供采纳。

（一）废除三中全会决议，再来一个真正接受国际路线的决议，这是非常重大的事件，在党目前执行紧急任务的时期，必须很郑重的采用中央紧急会议的方式。这一会议由国际代表（远东局）主持召集，除中央委员外，应有工作上特殊有关系者参加。在紧急会议上应明白指出六月十一日前后数日中，中央政治局完全为立三路线所领导，中央的路线即是立三的路线，这一路线完全是反正确路线的。三中全会是站在调和主义的立场上，不但没有揭发立三路线的错误，反将正确路线和立三路线模糊混淆起来，说中央路线是正确的，是和正确路线一致的，并为立三路线辩护。谁要将中央路线与立三路线、国际路线对立起来,谁就是右倾,这给予立三路线以合法的保障,故在三中全会后许多地方的工作及中央的指导中,仍然有继续立三路线的错误。这就如国际来信所说模糊混淆这两条路线,那就有继续过去错误的极大危险。因此,紧急会议应该坚决的宣布三中全会的调和路线是根本错误的,完全废除三中全会的决议案,从新通过彻底接受正确路线,反对立三路线的正确决议案,以代替三中全会的决议,从此指导目前形势异常严重的全国的革命行动。

（二）在紧急会议上及会议后,中央应加紧改造,光明组织制度,严紧政治纪律,过去由于党的无产阶级的薄弱及客观环境的关系,使党的组织有历史遗留的许多病象,再加以政治上立三路线的流毒,使党的组织在组织上军事化,"家长式的领导"、"命令主义"、"委派制度"、"惩办制度"等等都继续扩大起来,这完全是违反布尔什维克、列宁主义的组织原则,这使党员达到消极、达到盲从,使党脱离群众,减弱党战斗力量。在家长式的命令主义和惩办制度之下,当然也就不能执行铁的纪律,尤其是政治纪律。"铁的纪律"是党的布尔什维克化的基本条件之一,党应该以最大努力去保证它,在紧急会议上应明白指出过去党组织制度的根本错误,从此应坚决彻底的改正,肃清一切家长式领导的命令、委派、惩办等制度,保证党内必要限度的"民主化",发展党内布尔什维克的"自我批评"和"政治讨论",尽量在秘密工作条件许可之下实行党的选举。总之必须以正确的"民主集中制"代替"家长制度",以说服和教育同志的态度去执行"铁的纪律"以代替"惩办制度"。对于过去反立三路线或其他处置失当的被处罚的同志,应重新加审查。对于三中全会以后,尤其国际来信发表以后,在实际工作仍然执行立三路线而没有坚决彻底改正错误的表现者（特别是负领导责任的同志）中央应严格执行政治纪律，撤换其工作，加强其政治教育。当然同时要严厉加强党内两条路线的斗争，反对一切错误倾向及小组织破坏党的活动。

（三）为适应客观的正发展的革命形势，为集中两年以来党的工作经验，为彻底改正过去的错误，坚决执行新的正确路线，紧急会议上必须准备——在不久的将来，召集第七次全国代表大会。在目前正在变动不定的形势中，当然不能很快的召集大会，当我们可以料想，在三、四月内有一个新的形势之开展。在这一比较明显的形势之后，党的大会是必要召集的。所以此时决定召集大会的大概时期是应该的。在预备全国大会时，中央及地方党部应在执行正确路线检阅过去工作，以备担任目前紧急任务及加紧实际工作中联系到大会的预备工作。——如收集各种材料，讨论党的各种问题等等。我认为我们如果是坚决执行正确路线，加紧实际工作，同时在实际工作上联系到大会的准备工作时，这是没有妨害的，而且更能提高同志的政治教育，使其彻底了解和执行正确路线，以加强党的战斗力量。

此信既送到三中全会中央，他们照例不理，置不作答。育南在某次会议上遇向忠发，严词质问何故接信不答。向诿称不知信内容。会后，向乃央我说："请老兄向老林疏通一下，请他放弃召开紧急会议与筹备七大会议意见吧。"并说："七大会在没有经过国际批准，就是再等十年八载也莫浪弹。"育南旋从我处获闻向语，愤甚，连呼"老废物"不已！（随后林因参加苏维埃准备会议担任秘书长，乃推迟赴江西行期，及准备会开完，林拟成行，但被临时中央阻挠，加以◇◇名义终于没有成行，此是后话。）

螳螂捕蝉，黄雀在后。三中全会闭幕后，向等怙恶不悛，拒绝接受正确意见，且自以为从此逢凶化吉，大难过关，今后补苴罅漏，仍可稳坐地下王位，不料米夫对驱逐瞿等，扶植陈、秦早已胸有成竹，决不因彼等偷天换日手段而有所改变，因此三中全会结束不久，立即发起新的进攻。一九三〇年十一月，米夫以瞿在三中全会首鼠两端及其宗派活动为借口，公开声言三中全会的决议是错误的，因此将瞿秋白驱逐于中央之外，同时将瞿派的中央委员会加以彻底改组。国际东方部随后对三中全会公开斥责，称三中全会瞿秋白草拟的政治决议是一个糊涂的决议，沙哈洛夫（Sachonof）在东方部说："秋白在国际很驯服听话，但回国变样，玩弄外交手腕，在三中全会说立三承认错误太过火了，会长右派的志气。"同时马基亚（Maziar）云："中共政治局内部的把戏国际莫名其妙！"

东方部对国际执委报告瞿秋白有两面三刀的风格（按：此系上海白相人语），其实瞿秋白主持三中全会确曾说过："中央并没有什么立三路线，向忠发中央路线就是国际路线。目前主要是反右倾，集中打击何孟雄等。"因此三中全会对立三路线错误造成的根源和责任是没有触及，也没有明辨是非曲直，而只是含糊囫囵下去。在瞿看来什么路线都是一样，只求自己不倒，便是革命胜利！后来瞿既被东方部废除，李立三便不打自倒，其余一伙也就树倒猢狲散了！

李立三本是一个不学无术、装腔作势的滑头流氓，这种流氓上海滩头多如蚯蚓。李立三平日那套政治油腔滑调，也不过用来吹牛拍马，欺骗吓唬小喽罗罢了。所以当他见到瞿秋白黔驴技穷，被东方部百般辱骂，浑身酥软，动弹不得的时候，他知道大势已去，无可挽回，于是立即向东方部屈膝做出沉痛检讨，摇尾乞怜以求自容。当时东方部断定立三路线是半托洛士基路线，是盲动主义，反马列主义。罪状是李立三主张过：中国革命与世界革命已充分成熟，决定六月到八月在武汉、南京、北京、天津、奉天、广州、哈尔滨、大连等处实行武装暴动，同时在上海实行总同盟罢工。又主张过：立即消灭富农，建立集体农场与国营农场等等。这些罪状一经公布后，李立三便跨台了，结果他被赶出中央。

至此如同"树倒猢狲散"，李立三首先拜伏在王、博脚下甘愿当小媳妇（引李立三自白文句）。瞿秋白老奸巨滑，也忙着投靠米夫，忍辱含垢，摇尾乞怜，以期死灰复燃。其他残余分子为了苟延残喘起见，也均摇身一变，追随其祖师爷之后，浑浑噩噩度其驯服工具生活。他们且聊以自慰，认为："留得青山在，不怕没柴烧！"就是这样，这一伙如盲人骑瞎马似地被政治棍徒牵着鼻子走向自我毁灭的泥坑中去了！

王、博多次谈话

一九三一年国际东方部非法召开六届四中全会，成立临时中央，是超越党章的非法行动。全党同志当时奋起揭露东方部祸党阴谋，予以反击，并纠正其错误。我自一九二八年中共第六届全国代表大会被选为中央委员（即第四次连任中央委员）担任中央工委书记与全国总工会党团书记。现就这一段时间亲身阅历有关革命史实，并参证当年党中央档案文献，扼要叙述如次。

一九三〇年三、四月间，莫斯科东大一批学生即将毕业回国，分配工作，中央会议要各部负责人预作安排，以便统筹分配云云。五月间，留东大学习班结业，学生先后回到上海，中央将派到全总的名单通知我，共十名。其中有王明、博古两人。我在全总会上提出此事，并请大家加以讨论。会上有人谈到王明质量有问题，在一九二八年"六大会"做翻译时作风不好，王、博在旅莫支部做无原则的斗争，两人为人缺点很多，最近又发生泄露党机关的严重问题。（一九三〇年，王明在上海被捕时，供认《红旗报》编辑部地址，按党章第二十六条规定，泄漏党秘密应开除党籍。）但是也有人解说他们在莫学习时间很长，此番回国参加工作，正可在斗争中锻炼。讨论结果，叫他们暂留全总工作，以观后效。

过了几天，二人同来全总见面谈工作。初见时二人向我说了些面谀的话。我说目前全总南北各线需人很急，欢迎你们来全总工作。工作虽然艰苦些，但比学校生活内容更丰富。王明听了颇感局促不安，立答说身体健康状况不好，请勿派往基层工作。博说自己素无实际工作经验，愿先在全总学习一个时期，做些内部工作。大家见王身体矮小，萎靡不振。博古意志虚弱，畏怯不前，全总商量结果，派二人暂在宣传部担任干事，并做些文字翻译工作。二人在办公室常主动找我谈话，并随时请我和他们谈各项工作问题。我虽然事忙，仍尽量为他们解答各项问题。

虹口公园游说。一九三〇年十月间，我因接见一位初次从外埠来上海中央接洽工作的工人同志谈话，王明闻讯跟踪而至，当我谈话方毕，正在离开公园的时候，忽见王从水池后面石山出现，匆匆走到我跟前，嗫嚅地问："你们谈完了吗？"我漫应道："谈完了，你有什么事？"他说道："现在有时间吗？我很久就想向您谈谈，可以吗？"我答："可以，请谈吧！"王开始谈。从谈话中知道他是有充分准备的，所以谈话条款分明，他一气谈了一点多钟，归纳起来有如下几点：1）王首先宣称他这次是负有国际特别使命回国来的。目前世界革命形势与中国革命形势都是非常有利，但是中国党的路线与国际路线并无相同之点，因此中国党的领导必须撤换，从上至下要彻底改组换班才能执行国际路线。2）王对目前国内外革命形势说右倾是主要危险，目前国际在轰轰烈烈反右倾，中国也应该加强反右倾，向忠发领导的中央是右倾，苏维埃区整个都是右倾，一贯右倾、严重右倾，具体表现是富农路线、枪杆子主义、军阀作风、农民意识等等，是道地的反马克思主义。3）王明特别着重介绍旅莫支部的英勇斗争事迹，说旅莫支部清除大批异己分子（指方维夏等），同时又说斗倒了校长拉德克、瞿秋白、张国焘、邓中夏等右派分子的详细经过，眉飞色舞，感到自豪，他强调说这是得到国际表扬的重大战果。4) 王说全总是工人干部精华所在,是党的中坚革命阵地,是反对机会主义路线的唯一强大支柱,国际对富有斗争经验和群众基础的全总同志寄以很大的希望,要求全总同志和他们一道完成国际所交付的重大任务。以后全总同志将会获得国际方面的更大信任,在中央政治局也将占有更重要的地位。他要全总写信给国际表明态度,着重说明与王、博双方合作情况。5) 王表示受国际委托回国进行上项工作,国际指定他与国际通讯用特别邮政信箱,外交信使往来便利条件等。他说全总经费可以考虑请准增加,全总报告可以直接寄往国际。6) 王毫不隐讳地炫耀他们已经组成强有力的小集团即二十八个半布尔什维克,是百分之百的布尔什维克!并说这是苏共党批准的组织,国际唯一批准的合法小集团。王向我游说很久,并转达国际方面负责人的问候。许愿说,今后我所提一切要求,均可满足。

继王明之后,博古(秦邦宪)多次见我请求详谈。博古自称原为苏州工专学生,面黧黑,右额际有瘢痕,以前由侯绍裘介绍与我见过面。他自称爱好理论研究,长于翻译写作。他蔑视润之等生平未出国门一步,不懂任何西文,连共产主义 ABC 都看不懂,他们对马列主义来说是个文盲,怎能让他们领导中国党与革命斗争。他说,国际希望这些人到苏联去学习一段时间,学习总比不学习好,这样才能挽救他们。博古又强调说:"目前中共主要危险是右倾机会主义,是实际工作中的机会主义,在苏区是富农路线。现在没有真正的红军,没有真正的工农兵代表会议政府。毛泽东等一贯右倾,是红军军阀。"博古谈到青年学生主张消灭中间势力,中间派是中国革命最危险的敌人,他们比反革命阶级更坏。

王、博多次谈话,内容颇杂乱,说话间必称米夫,意思是说他们就是米夫的代言人,一切是奉命而行的。他们强调全盘改组中共各级领导机构,说是再来个"清一色",问题就解决了。他们甚至透露已掌握了一个名单，哪些是应该打倒，谁该争取。二人直言无讳，毫无顾忌，对我表示坦白。二人向我一致要求对于国际路线（实即米夫的祸党方案）希望在中央工委系统和全总党委系统得到有力的支持。从王、博等人的谈话中，主要内容可概括为下列各点，即：通过召开四中全会实行篡党，成立王博领导的中央；撤换各苏区党、政、军的旧领导，成立王博领导的新机构，设立中央分局；以建立国际路线为名，推行瞿、李、向等更左的路线，宁左毋右，唯我是真正左派！王又说他们这次回来奉有特殊使命，所谓特殊使命不是回来做一般工作，而是做中央领导工作，乃是自上至下，党、政、军领导机构全部鉴定，全部清洗，全部改造。言外之意，劝大家"要吃敬酒，莫吃罚酒"。他们二人再三要求我在全总会议上介绍王、博出面做报告，我未予同意。于是又请我自己在全总会议上提出这个问题报告，做成决议、切实表态，拥护东方部所提出的全部方案，这样他们便可以此为据，回报国际，可以不费力气完成任务。当时我因王、博二人所谈问题独断专横，性质严重，拒不作答。

中央工委谴责东方部狂妄

我认为东方部狂妄行动关系不轻，随即在中央工委及全总党团联席会议（通常是联合举行）上做了报告。我把王、博集团的叛乱企图如实反映了，会议出席同志听了我的报告感到非常惊异，认为太荒唐了，确是一个意外的不祥事件。于是大家展开讨论，在慎重研究与详细讨论过程中，全体同志估计王、博此种狂妄言行不是东大支部所敢出此，幕后必然有更重要的主使者，王、博等不过是出面摇旗呐喊的小喽罗罢了。既然如此，王、博必然会有恃无恐，在党内掀起一场大混战，酿成一番大灾难。会议上全体同志激于义愤，表示坚决反抗王、博集团的错误言论和行动，也不赞成国际东方部的意见。立即写信给国际表明态度，坚决维护党章与革命大业，申斥王、博一切反党言行。(此信直接寄国际,不经王明之手。)信的主要内容说明王、博质量不良,无工作能力,群众反对,不孚人望,万难胜任领导中国党与革命的重任,请国际慎重考虑。会议严重声明,谴责米夫扶植私党,破坏党章。如果他们一意孤行,公开篡党,工委、全总同志为了革命正义,立即奋起组织反击,义无反顾,实行击败米夫集团的叛乱阴谋。

全总的意向,一经表态,当时不胫而走,瞬息传播全党,人心大为振奋!王、博闻讯以后自知不敌,不敢乱动,立即仓皇上告,以待外援。不久米夫得王报告,立即动身来到上海,亲自督战,导演夺权一幕。

米夫一行(Mif、Puchimof、Marziar)到达上海后,召集心腹开会,听取报告,研究对策。向忠发为了讨好起见,献媚道:"全总诸人既然不识抬举,现在只有'拉硬弓'一个办法,用力一压,他们就服贴了。"米夫乃决定蛮干,采取快速方法召开四中全会,只待"生米煮成熟饭",那时便是既成事实了。这样米夫一面潜思默运,忙于向各方招降纳叛,组织四中全会班底,以求一逞;一面迫不及待举行四中全会,实行篡党夺权!他的如意算盘是:一声号令,全党乖乖驯伏听命,决不会有人敢吭一声,谁敢反抗,谁就倒霉!但是米夫一伙错误估计形势,他们的祸党阴谋一经暴露,便受到全党一致的反击!结果事与愿违,虽然蒙混一时,但是最后竟至一败涂地,博得全党痛斥,米夫本人亦一蹶不振,身败名裂,请君入瓮,饮恨而死!

四中全会篡党之一幕

一九三一年初,上距中共"六大会"已历三年之久,在此漫长的岁月中,瞿秋白、李立三、向忠发先后所执行的错误路线,对中共与革命造成空前惨重的浩大损失。这样,全党同志是迫切要求召开全国代表大会，解决当前一切重大革命问题。当时中共中央工委、全总党团及多数"六大"中委通过多次向国际方面申述此项意见，这原来是极合理的建议，但是当时别有用心的人心怀叵测，从中阻挠破坏，致使向李错误路线向前泛滥，江河日下，造成全党的重大灾难！直到一九三一年迫于形势需要，本应召开全国性第七次代表会议，但他们明知故昧，仍加以顽抗。

所谓别有用心的人，主要是指东方部的米夫与瞿秋白等宗派集团，他们各怀鬼胎，都感到召开"七大"是对于他们自己不利的，因此瞿秋白等在三中全会结束后，方自庆幸，认为绝处逢生，临头灾祸总算滑脱过去了，从今以后如果拖延时日，仍可改头换面，重整旗鼓，卷土重来！所以他主张维持现状，不退也不进，反对任何改革建议。这是瞿秋白等人的心病，所以他们为了保全自己的派别利益起见，也不赞成召开广泛性代表会议，而附和米夫所主持的四中全会。

至于米夫却另有诡计，他多年以来处心积虑，千方百计想培植王、博一伙为其爪牙，但他们亦深深知道通过群众党大会的途径是决不能把王、博等哄抬出来，所以对紧急会议的主张也是极端反对的。米夫的策略是通过上层勾结，利用少数非中委的宗派讨价还价，虚张声势，才能把王、博等推拥上台。为了实现违反党章，名实不符的中委会议，为了为四中全会开辟道路起见，当时米夫等发动大规模的宣传攻势，力图在党内造成下面种种错觉：其一，将中国革命与东方部联系一致，即认革命只属于国际东方部代表，视二者为不可分离的统一体。其次，将米夫与王、博等视为代表国际路线的化身，由此得出结论：谁反对米夫与王、博即为反对国际路线，即为反革命。与此同时造成另一种错觉，就是说今日以前中国全党领导都无一人懂得马列主义革命理论，所以工作一贯右倾，一贯错误，一贯反国际路线，都是冒牌的马列主义，只有东方部几个人才是真传的马列主义。又由此得出结论,只有撤换党的旧领导代以新的"二十八个半布尔什维克",中国革命才有出路,才能成功!

如所周知:关于国际路线问题,瞿、李集团素以左派自命,并自以为过去已在国际备案获得左派专利权,因此他们每人都贴上一个左派商标,指斥反对他的人一律都是右派。王、博一伙看中这个商标对于党内斗争有意想不到的效力,所以首先是向国际方面把瞿、李集团的专利权一手夺过去,同时采取占据左方高地战术,居高临下,向一切非本宗派的人开火。这种火上添油的左的竞赛,他们奉为国际路线,东方部视为百分之百的马列主义。通过上述宣传攻势取得成效后,于是米夫便进一步策动自上而下改组全党,一举而攫取党、工会、军队等方面的全部权力,采用宗派组织路线建立自己宗派独裁的反革命理论。

米夫炮制四中全会方案的过程。米夫考虑到迅即召开御用性质的四中全会,乃是直截了当的有效办法,于是他藉召开"七大会"条件尚未成熟,紧急会议对他本人说来更无把握可操胜算,所以积极筹备四中全会。

当时中央工委与全总党团负责诸中委,估计召开七次大会阻力很大,目前难以实现,于是退一步倡议召开紧急会议以应急需,并可由此击退米夫的诡计,于是向国际提出召开紧急会议,以补救宗派性的三中全会。并建议紧急会议有广泛性代表,特别是工农代表参加。充分讨论党与革命诸根本路线策略等问题,借以挽救党与革命的危机。中央工委与全总党团所倡议召开紧急会议对于米夫极为不利,米夫是坚持破坏的。因为如果召开紧急会议,则由于王、博根本未参加过国内革命斗争,在会议上必然全域失败,难逞私图,所以米夫一伙坚决反对紧急会议,不惜采取一切手段破坏紧急会议。向忠发及其一伙自觉以前追随瞿、李犯有严重错误与罪行,在群众中威信破产,所以想向米夫讨好,立功赎罪。乃向米夫进言,主张维持三中全会门面，这也就意味着他们不同意召开紧急会议的办法。但米夫此时却不是这样想法，他认为三中全会虽然允许自己势力进入中央，但本派原定计划并未完全实现，因此乘机进一步反对三中全会，认为是调和路线。于是米夫、王、博继续攻击瞿向等，要他们从中央退出，把中央全部权力交出来，用米夫自己的话，就是"一锅端"。当时米夫的主要行动方略是采取分化办法，从瞿李集团内把向忠发、胡均和、徐锡根、周恩来等拉到自己方面来，借以摧毁瞿、李最后阵地，于是瞿秋白原定掩护退却计划遭到挫败。瞿见大势已去，乃改为对王、博逢迎投降。不过瞿深知本人不能有所作为，乃令向忠发、胡均和等出头对王、博递劝进表，借以保存一部分实力。

"六大"多数中委对米夫提出警告，反对召开四中全会。当米夫借口召开"七大"没有条件，已决定召开四中全会时，"六大"极大多数中央委员又向东方部提出合理建议说："如果为客观条件所限制而举行四中全会，那么四中全会只能遵守党章行事，即主要由'六大'中委组成，而不能由非中委参加作主体。再则四中全会既非全国性大会，也就根本无权改选中央委员及中央领导机构，否则便是违反党章，属于篡逆行动了。"这个主张本是合理的，而且是维护党的组织与纪律，人所共喻的办法。但是米夫得信后感到进退为难。他明知道违反党章是全体党员所不容许，如遵守党章办事，他的政变计划便无从实现。最后他利令智昏，不顾一切，硬着头皮、赤膊上阵，甘心与全党为敌了。他乃决定以闪击方式举行御用会议，实行篡党阴谋计划。

四中全会违法行为及其破裂。通观四中全会的特点是包办代替，指派代表根本不通过选举，以便操纵一切。米夫在导演四中全会的丑剧中，为了在四中全会撑持门面起见，在会议前他纠合了个别旧中委如向忠发等工贼败类分子作为招牌以资点缀，这是他们施行掩耳盗铃、自欺欺人的手法。其次是把东大"二十八个半布尔什维克"

王明、博古等十余人引进会场，作为临时代表，滥竽充数。这些人既不是"六大"中委，又未参加过革命实践斗争，只不过是东方部的"自己人"。但是即使这样做，估计还不能"足额"，于是又邀请几个政治掮客如周恩来等摇旗呐喊，做跑龙套。四中全会上，米夫、王、博集团方面代表十三人，国际代表三人，有王明、博古、张闻天、王家祥、沈泽民、夏曦、向忠发、瞿秋白、周恩来、顾顺章、胡均和等十多名，其中"六大"中委是很少的。米夫布置已定，觉得这样的场面，未免太不象话了，于是在万分不愿意的情况下，在开会前半小时勉强通知"六大"中央委员老史与我等二十六人出席会议。这些代表包括中共"六大"中央委员为主，以及中央工委、苏准会、全总中央机构的负责人，其姓名如下：史文彬、罗章龙、何孟雄、林育南、萧道德、张昆弟、袁乃祥、李求实、徐兰芝、沈先定、王凤飞、陈郁、王仲一、张金保等二十六人。（出席四中全会反对王明者有：罗章龙、史文彬、林育南、何孟雄、李求实、萧道德、张昆弟、袁乃祥、徐兰芝、沈先定、王凤飞、陈郁、王仲一、张金保、吴雨铭、徐渭珊、谭寿林、王克全、唐宏锦、余飞等二十六人。）

就上述出席四中全会代表成员加以分析，从出席人数数量与表决权计算，米夫方面均占少数，中央工委与全总方面占绝大多数，而且他们极大多数本身是产业工人或长期从事工会运动的领导者。米夫、王、博方面代表占少数，而且本身都是东大支部分子再加上几个一般机关工作吏员，长期脱离革命实践的游离分子，新型政治骗子等等。正因为这样，米夫明知要在会场通过有利于自己的决议，即通过合法程序取得多数，获取胜利，实现篡党夺权是丝毫无希望了！因此只有采用独裁方式，特务手段，操纵会议。特别是采用闪击式的袭击方式，用特务包围会场，制造恐怖气氛，使会议草草进行。四中全会的议事日程很简单，一是国际代表报告，二是选举中央机构。国际代表米夫出席负责实际领导会场，制定议事日程，起草决议，掌握会场发言，进行选举表决等重要工作，并在会上滥用否决权。主要出席人员，不是中委，但均有表决权。

在四中全会开始时，米夫首先宣布开会，会议按预先所拟定的议事日程进行。首由国际代表做政治报告，着重批判右倾思想，要求执行国际路线，强调彻底改造党的领导机构，成立布尔什维克化的中央机构。报告完毕，进行讨论。会上大多数代表对米夫报告深感失望，对王、博的篡党计划，代表们发言踊跃，认为违法乱纪，荒谬绝伦，抨击不遗余力，慷慨激昂，全场一片火热！最后由米夫起立宣布进行选举，提名王明、博古等名字，说明国际全力支持他们的决心。座中诸同志不耐，以脚擦地板，会场上一片嘘声四起，登时秩序紊乱。史文彬首先起立，代表今天出席的中委等二十六人声明选举不合手续，会议应即停开，宣告会议决裂。于是代表群起集体退席，走出会场。于是四中全会一幕滑稽丑戏暂告闭幕，腾笑中外，贻讥全党！

当时出席四中全会绝大多数"六大"中央委员以及中央工委、全总党团主要负责干部，江苏省委代表，全国苏准会代表，北方区委代表，上海总工会、全国铁总、海总领导工作干部一致表示坚决反对四中全会，随同我与史文彬等退出会场，以实际行动抗议米夫代表东方部的一切篡党行为。史文彬在会上讲话，强调指出四中全会是违反党章与党的纪律的。他说："中共党章曾经明白规定：全国代表大会选出中央执行委员会，为中共最高领导中央机构。全国大会以外任何会议或机构不能产生中央领导机构，否则视为非法，违反党章的行动。中共虽然是共产国际支部，但共产国际应尊重中共党章，不得随意任命本党中央执行委员会以外之个人担任中央领导成员，这也是人所共晓的道理。以上是全党党员共同遵守的原则，不得有例外，如果中共全党认为有需要改组中央领导，必须召集全国代表会议以解决之。"史的发言，简单扼要，斩钉截铁，闻者欢呼信服。

四中全会开会自上午八点半到十一点半，由于多数出席人坚决反对，被大伙吵闹散场了。（据盛岳著《莫斯科中山大学和中国革命》二八四页，注文引云：米夫一个通知全会立即召开，尽早开完散会，这次会只开了四、五个小时，全会只能对一些已执行的事实履行批准手续，使得反对派（指我）没有机会准备和在会上提出他们的意见。）原来米夫采用闪击式开会也只是为了挂出临时中央的牌子，完成一个提名王明等人加入中央的形式，因此会上更没有通过任何决议和文件。如果有什么文件的话，都是后来米、王集团事后编造自欺欺人罢了，实在不值得一提。

临时中央的犯罪行为

在出席四中全会多数中委退出会场以后，米夫事后公布改组"六大"中央委员会，米夫以加强中央领导为名，命令提命加选王明、博古、张闻天、王家祥为中央委员，夏曦、汪盛荻（汪浩）、陈昌浩、沈泽民为候补中央委员，王明、博古等为政治局委员。四中全会临时中央分工如下：书记向忠发，少共书记胡均和，宣传部张闻天，组织部王家祥，妇女部孟庆树，江苏省委书记王明（兼）。四中全会的特色是未经中委及党代表会，由米夫、王、博集团等实行自我选举。四中全会僭组中央初称正式中央，因受广大党员严厉指责，乃改名临时中央，外间则称假中央。中央之外，各省也仿照中央办法改组，如法炮制，在各地成立临时性的永久组织。

又"六大会"时曾成立中央监察委员会，由史文彬任主席。因史为人梗直，瞿、向、李曾横加阻挠，中央监委会遂久不集会，形同虚设，四中全会正式取消监察委员会。

临时中央决定给予瞿秋白停止工作处分。向忠发名义上是书记，实际仍过其傀儡生活。李立三死党若干人分别停止工作。

四中全会临时中央主要干部以东大支部所谓"二十八个半布尔什维克"为骨干，主要为下列各人：王明、博古、张闻天、王家祥、沈泽民、夏曦、陈昌浩、汪盛荻、王云程、杨尚昆、何子述、孟庆树、殷鉴、张琴秋、陈原道、朱阿根、朱子纯、何克全、萧特甫、李竹声、李元杰、盛忠亮（岳）、孙济民、宋泮民、杜作祥、王保礼、王盛荣、袁家庸，加徐以新半个，合计为二十八个半。上述诸人均分布中央或地方担任重要职务，除王、博、张、王任中央要职以外，如沈泽民派往湖北省委，夏曦任湘鄂西区书记，陈昌浩任四方面军政委，汪盛荻任江苏省委委员兼宣传部长，李亚克任河北省委书记，于芝生任天津市委书记。米夫亲自提出排斥异己的组织路线与干部任用标准，更规定对非宗派人员如"六大"所选中委等一律拒绝分配到重要部门工作。后来更进入苏区同样进行反右倾，反富农路线，排斥苏区革命干部的领导地位，杀气腾腾，短兵相接进行残杀同志的斗争。

当时东大支部还有下列各人：李耿、潘闻宥（问友）、王忆子、于芝生、宋明诗、费侠、王琳英、刘明仙、周曼卿、李亚克、湘农、高其度、李沛泽。还有李剑如、李伯钊（女）、陈铁争（孔原）、傅继荣、孙冶方、郭绍棠、王舟之、章汉夫、陆定一、唐虞、竺廷章、朱盘盟、高文华、王备、杜廷、沈欢满、恽玉堂等，但他们大多数是反对四中全会的。

花园会议　在所不惜

四中全会破裂后，出席会议反对王、博集团的代表廿六人联名写信给米夫，内容是综合会上发言谴责王、博的意见，重申会议为非法，会议一切决议及违法选举应宣布无效。请转达国际，采纳多数中委的意见，重新召开紧急会议或七次代表大会，以解决党内的分歧。

花园会议发生的原因，当时由于广大党员群众与干部坚持召开

"七大"或紧急会议，反对四中全会决议及其所僭组的中央，所以有人说当时米夫的胜利乃是头重脚轻随时可以垮台的，说到工作更不用说是寸步难移了。

临时中央成为僵局，一筹莫展，王、博感到惴惴不安，米夫为此事感到极大的苦恼，特召集部下商量对付方略。当即决定由米夫亲自出马对反四中全会中委等劝降，同时施展压力迫令就范，于是发生一方为反四中全会中委等人（此时非委尚未正式成立，未遑用此名词叙述），另一方为国际代表的双边会谈。双方会谈是在静安寺路地区一所花园洋房举行，所以称为"花园会议"。

米夫的策略，原来内定夺权的方略总的说来是拉一派，打一派，联甲制乙，从中得利。他们认为瞿秋白、李立三是正面死敌，必须打倒，方弭后患。至于向忠发、刘少奇、周恩来等素来是两面派，二三其德，没有主见，可以加以利用，做猫脚爪，为他们火中取栗。只有中央工委及全总诸同志坚持原则，正气凛然，不可侵犯，又有广大群众基础最难对付。除此以外诸人更为余子碌碌，不足重视。

根据上面的分析，他们的具体办法是对中央工委和全总党委诸负责人要十分忍耐，尽纠缠的能事，企图实现分化瓦解，达到他们的罪恶目的。所以花园原定计划就是对我和史等人施行利诱威胁，刚柔兼施，意在尽力拉拢，实行釜底抽薪。如我等仍不入圈套，则设法拉拢史等工人干部，使我孤立。如二者均无效，最后便采取蛮干、残斗等毒辣手段对付，虽两败俱伤，在所不惜！

米夫集团计议已定，于是派秘书洪扬生向我征求同意，大意是说："国际代表米夫对四中全会发生的事件殊感遗憾！但这纯属党内意见分歧，双方原可以设法解释，使大家言归于好，因此建议双方举行一次座谈会，出席者一方为给国际写信联署名的同志参加，另一方为国际代表三人，要求真诚坦率地交换意见，直言无隐，如荷同意，请决定时间，以便回复。"我当即回答说："可以，你先回去转告国际代表明晨再来听回信。"秘书去后，我在开会时即席向大家报告此事，在会上有人赞成，但是也有更多的人表示断然拒绝。不同意的理由是：大家的意见早先已用书面送给国际代表，他们既悍然不顾，召开四中全会，似无再举行会议的必要，徒然浪费时间，且米夫诡计多端，其动机何在亦难预测。赞成的人认为国际代表既提议会谈，不管其动机如何，还是可以向他做最后陈述，以促其觉悟。如能改弦更张固好，否则我们的主张也可藉此大白于天下。这样，会上就决定同意与国际代表举行会议。次日，我即将此项决定通知国际代表，并经双方同意决定由中央政治保卫科主持布置会场以及警卫等等事务。

　　花园会议是在一所花园别墅举行的，所以称为花园会议。会址是在英租界新闻路附近空旷地区洋房楼上举行，由政治保卫局负责布置安全工作。会址有西式洋房一座，上下二层，房二十多间，附近有中式楼房一座，上下二层楼，有走廊，共有房十余间，附设厨房、汽车间，周围茂木繁花，地颇幽静。别墅四周有竹篱围绕，有前后两门分通中、英地界，出进甚便。前门临小巷，装有警铃，后门通大街，另一侧门极窄，通第三条马路。屋内有保卫人员若干人，各门进口设有岗位，装置电铃，高矮窗口设有了望哨，屋外亦有巡回哨，由顾顺章负责，各配给短枪，以策安全。顾向我交代云："如有警讯，一面抵抗，一面突围，统一指挥，分途脱险，一切听从我的吩咐，不得各自单独行动。"

　　一月中旬某日黄昏时候，参与会议诸人来到花园楼房，与国际代表举行会议。是日晚九时，我与其他同志分批来到花园楼房。进屋后，顺章引我到梯侧小室，与育南、孟雄同住，空气闷塞，令人难受。顺章在旁陪坐片刻默无一语，随即外出，有顷复入，神色有异，低声向我耳畔说："请叫大家安静，莫慌……"语未毕，匆匆而出。我往常知顾出入禁区，开枪杀人，面不改色，为何今夜神情不安如此，亦不便再问。孟雄见状，因问顾作何语，我便以顾所语告孟，孟略沉吟诧异道："想此中必有文章……"我急止其往下说，并道："不必多疑，小心就是。"随即就寝。我倦极，倒床便熟睡，半夜醒来，聆孟雄尚转辗反侧，低声与育南小语。因问何以尚未安睡，明天怎样做事。孟说："我担心大家安全，实在睡不着。"稍停又道："我们目前面临着局面正是夜长梦多，伤透脑筋！"我怕他不能入睡，影响工作，因劝二人暂且抛却一切，莫想什么事，一定要争取把明天的会开好。我临睡前仿佛闻有人声自远而来，开抵门首嘎然而止，大门即启，有几个人脚步声自外走入。从窗中外视，见憧憧往来，微闻有金属互相撞击声，顾往来指挥，以手势代说话。总之，花园之夜，情况暧昧，预料意外之事，随时可以发生。此时孟雄从梦中惊醒，甚觉有异，巡视室内外各地，向史文彬耳语道："难免无事，我们一定武来武对，给他个有力的反击。"老史笑说："大家是阶级弟兄，断然不可动武，头脑要十分冷静些！"二人议论一番，久久不能平息。我想到对方不顾大体，只逞意气，加以米夫诡谲多端，难免不出事端。一念及此，转辗反侧不能入睡。李求实见状，也感到不耐烦，于是二人起坐，绕室而行，筹思良策。李抚膺太息道："目前情况是工人遇流氓，学生遇土匪，难处实在多。"我说："用不着考虑太多，我们光明磊落，但求问心无愧好了，大家上床去睡吧！"这一夜大家在十分紧张的气氛中度过！

次日清晨，我起床后将门悄悄带上，到邻室与育南商量问题（孟雄还在睡觉），商定今日会议由我、史、林三人主持，会场警戒由何孟雄与萧道德等三人负责。过了一会，翻译来见，面称奉米夫命，约我上楼谈话。我即登楼，进入客厅，米夫已先在，我乃与米夫先行谈话。当时没有翻译在场，双方直接对话。米上前与我握手，貌甚亲切，随即让坐。米坐沙发上抽烟，悠闲地发问："您好！近日很忙吗？"我答："Ganz gut！"米说道："我们今日来此和大家一起交换意见……今日会谈，本来有许多话要谈，主要方面希望你先了解国际的意向，认真说服同志们，让他们消除误会，减少分歧，目的在求得对各项问题的共同一致，使全党发挥更大的力量。"言讫继续抽烟。我答："我只能按自己的意见说话，不能代表别人……"米夫忙插话："不是这样说，你是党的老同志，有责任把事情担当起来，向来他们都听你的话，你不能推辞。你同意了，一切事就好办了。今天的会议很重要，大家都希望有很大的收获和决定性的成果！"我答："我也希望这样（Wie so！）。"

此时另两个国际代表从邻室进入室内，谈话继续进行，其中 Ma 至郑重开言道："我们三个人谈话是有关中国革命的关键问题，关系全党与你个人都是极其重要的，我愿意用全副力量来对待这个问题，请你也要同样慎重考虑，如果不能实现预期的结果，那么，我们双方对共产国际就会感到失职了。"米夫继续劝说道："除你以外再无其他适当的人能够完成这个任务了！所以我们今天一定要向国际保证此举，只能成功，不许失败！"语意甚为坚决。国际代表三人轮流发言，滔滔不绝，其目灼灼瞩我，希望我口中说出一句肯定的词句。但我聆毕，只是淡然答道："你们的话，我都明白了，我们大家的意见已在致国际信中表明，今日应请米夫同志当众答覆，一切问题当可迎刃而解。"米夫说："此信已转国际，我个人暂不能代为作答，要求你今日把会开好。"我道："（非委）全体的意见自非我个人立谈可以解决，一方面应让大家充分表达意见，同时请你详细考虑。"话尚未完，另一国际代表 P 从旁窥察，见双方神情谨肃，气氛不甚融洽，乃乘机进言，故意打趣说道："请允许我来说一句吧，目前问题看来很复杂，其实也很简单，Ja oder Nein（同意或不同意）！你说对吗？"我答：Ja wohl（确系如此)！大家勉强一笑而散。（Ja wohl 一词，语意双关，有两可的意思。）

我辞出。从短短的谈话中看出来米夫为人老奸巨滑,城府极深,喜愠不形于色,擅长外交词令,是其特征。其余随从P、M诸人大都是鲁莽无知,唯命是听的打手式人物,不必多表。室内育南、文彬等怀着焦急等待的心情问我:"毛子们讲些什么?"我说:"没有什么!大伙到客厅谈谈罢!"大家坐定,我把三人对话情况一一向大家讲明白了,大家齐声说:"不要动摇,站稳脚步!"

花园会议的政治逻辑:强词夺理

花园会议是一方为"六大"中委我等二十六人,对方为国际代表米夫等三人所举行的双方会谈。当日上午八时会议开始进行,出席者:一方是部分"六大"中委,江苏省常委,苏准会,全总常委我、育南、文彬、求实、孟雄等廿六人,另一方是国际代表M、M、P等三人。翻译二人冯乃甫、李梅羹。会场主席我,记录育南。国际代表首先发言说:"今日会议是说明性质的会议,但是非常重要的会议。目的在传达国际对四中全会的所采措施的理由,同时也听取许多中委与监委及中央级省委以上干部的意见,以便传达国际。"他说话时态度温和,语气凝重,目视众人,以观会场气氛。随后语气忽转,继续往下说道:"今日会议是不包括瞿、李分子的重大会议,所以也是行动性质的会议,是推动工作进展的大会。因为徒有决议而不实施,决议亦成空谈。"又说:"四中全会是国际所决定,中国老一辈中央干部有责任贯彻会议决议,同志们应迅速行动起来,努力工作。"其次说到成立临时中央问题,做了冗长的解释,谓中国同志理论水平低,王等为学习较好的马列主义者,应该受到全党的重视。并且此举在中国已有前例(按,指"八七会议")中国同志怎样能采取前后两种不同态度来对待。继又对于反四中全会同志占党的绝对多数的事实加以解释,说:"形式的多数不能算多数,赞成四中全会的虽占少数,但也不能算少数。"语多强词夺理。最后说到党章问题说："党章不是天生的,是人工制造的,既然是人工造的,也可以把它宣布作废。国际是有权批准一切的,也就是说可以授权任何人,剥夺其他人的权利的。你们对党章问题,多数与少数问题纠缠不清,这是学究式讨论,有何意义?大家应理解:国际具有无限权力,必要时可发挥否决权的作用。"他在为王明叛党事件辩论时有如下妙论:"王明虽然犯过组织纪律错误,但他们是真正的布尔什维克,政治上很正确,革命没有他们是不行的。有些人虽然没有犯过这类错误,但在政治上一贯右倾,我们是一个不容许的。有些人虽然犯过更大的政治错误,但是现在只要拥护新的临时中央,国际一切可以不问,这就是你们的榜样,难道还不明白吗?"

米等三人先后发言,近二小时之久,翻译时间又加了一倍。当他们重复地说上述教义时,大家已不耐烦,为了会场纪律计,仍保持静穆,直到词毕,已届午餐时候,报告才告一段落。这天国际代表三人说话前后经数小时,说话时由翻译分段口译,讲话完毕时并将发言大纲底稿交我阅看,同时在座的国际代表又做了若干补充。全部讲话翻译完宣布休息。在休息时间,国际代表约我到小屋里,表示下午要我好好掌握会场讨论,并问我有何意见?当时我十分生气,但不好立即发作出来,只说:"让大家发表意见再说吧!"随即离室。大家见状,上来把我团团围住,问东问西。我说国际代表要求直接听到每个人说话和你们的真实意见,大家可以自由发表,直言无隐。午餐后继续开会,按报名先后发言,每人限制时间为十五分钟至二十分钟。

会议开始,首由史文彬发言说:"中共是共产国际的一个支部,已经十多年了。我们全体党员热爱列宁手创的第三国际,尤其是热爱中共,热爱中国革命。我们尊重国际东方部,欢迎他们的正确领导,但不欢迎错误路线!这次四中全会是非常不幸,原因是违反了中国党与革命的根本利益,这是国际受了蒙蔽所产生的结果,我们不能盲从,请求国际以中国革命为重,对四中全会决议收回成命,定期召开'七大'会议，解决党的一切问题。"史又说："我们素来爱护国际，正由于他领导工人们走正当的革命道路。现在中国革命面临危机，但是只要路线不错，中国革命到底是会成功的，用不着过分担忧。不过四中全会的路线仍然不能称为正确路线，我们已经屡次用书面向国际和全党说明这一点了，我们大伙儿不乐意拥护它。但是国际为私见所蒙蔽，忽视绝大多数党员群众意见，可见国际对中国革命是不够重视，这是不负责任的表现。总归一句话：目前问题中心是革命利益高于一切，千万不要拿革命当玩意儿。国际处理问题要对中国全体劳动人民，对全世界革命群众负起责任，我们始终拥护国际这样去做，而不同意违反这种精神的任何其他的做法。四中全会就是严重违反了这种精神，必须赶快纠正过来，如果不纠正过来，一定要给中国革命带来重大损失，到那时候任何人都不会衷心拥护它了。"史的说话义正词严，斩钉截铁，全场肃然叹服。

随后常委唐宏锦继史发言，说明四中全会再次超越中央的做法是违反党章与党纪的。党章、党纪是革命的根本，对于为了方便私人，破坏党章党纪的事，国际有责任出来加以制止。广大党员群众是坚决反对取消"六大会"合法中央另以非法的少数人宗派统治去代替它。应立即召开紧急会议纠正四中全会的错误，这样才能从根本上消灭宗派循环统治现象，才能端正党的政治路线，才能保证革命迅速成功。

唐说完，王凤飞起立，针对上午国际代表论点一一加以反驳说："我们为了保卫革命，保持党的尊严和革命传统，不能不向国际进逆耳忠言。国际要保持威信，就应立即停止四中全会临时中央行使职权，撤消向忠发书记，召开'七大会'或紧急会议，重新树立正确的政治路线。如果不是这样做，那么将来跟随四中全会后中央所发生的一切危害革命的恶果，国际应该负严重责任。"

苏区代表萧道德、陶兰、徐朋云各就所主张加以解说，并用事实驳斥王、博等对于苏区政策的诽谤谩骂。徐说："国际一再取消全国大会选出的中央机构，而另换一些与革命不相干的私人组织中央，试问还要党章不要？还要党纪不要？长此下去将引导党走向哪里？"萧说："我们在城市革帝国主义与资本家的命，在农村革地主的命，王、博则从东大回来革工农的命，这是何道理？国际应做说明。"

　　还有其余的十多个出席代表根据提纲内容做了专题发言，差不多每人都就一个专题表明了自己的看法，要言不繁，讲明白了。他们对米夫与王、博集团的错误言行，针锋相对，毫不放松，像连珠炮发射似的一一加以驳斥和谴责，劝他们以革命为重，停止篡党夺权行动，悬崖勒马，知过即改，这样全党方能原谅。否则东方部负责人一定会垮台的。各代表并向国际严正声明，东方部滥用职权，建立宗派统治，违法乱纪，应受纪律处分，并一致要求否决四中全会及其一切决议，定期召开"七大"或有广大革命工农群众基础的紧急会议。国际代表听了上述诸言论，面面相觑，理屈词穷，无言以对。

　　唇枪舌剑，米夫败下阵来。

　　国际代表一面听凭口译，一面阅读李梅羹送给他们的在座各人发言译文记录。他们起初故作镇定，抽烟静听，继则表示难耐，离座起立，绕室仿徨，最后竟抑制不住激动的心情，气急败坏，要限制大家继续发言。主席佯为不理，让大家继续讲下去，这样，出席的人差不多都表达了他们自己的意见。会议已历时十个小时，时间已近黄昏，随后主席总结一下，随请国际代表说话。他们推出一人讲了一刻钟的话，总的意思是：我们（国际代表自称）对于今日会议完全感到失望，这证明你们是有组织、有纲领地来反对四中全会，已经走向反国际反党的道路。最后几句话语气气促，致无法译达，但口气仍然是很武断的。当他们听到代表们责难国际，指斥东方部处理失当，要求国际严肃处理，竟抑制不住心中怒火，圆瞪双目，面色铁青，愤不可遏，一怒而起，破口大骂："你们反对四中全会领导就是反革命，叛徒特务，一律开除中央委员和党籍。"词毕，三人相率退席，怒气冲冲，踉跄下楼而去。

此时会场主席宣布会议停止讨论，并即席宣布对国际代表退出会场的错误行为表示抗议，并做成简短决议，作为这次会议的结论。嘱秘书处将决议全文附会场记录一份，送交国际存案，双边会谈至是告一结束。大家觉得这次大家把观点说明白了也是一件好事，而米夫等竟是一无所获，他们预期的分化瓦解工作，只是徒劳梦想罢了。

众志成城，化险为夷

花园会议结束，当时大家目送国际代表踉跄下楼，然后大家起立，准备有组织有步骤分批离开这座房子，由育南统一指挥，立即行动。不料一波未平，一波又起！此时，顾顺章忽然匆匆走进室内，满头大汗，神色有异，冲口而出说道："外面似有警情，大家不要动弹，不要出门。"我道："既然有警，准备突围，速行！"顾又改口说："不必声张，稍等一等。"因问我："谈话会破裂了吗？"我告他会议已经结束，你应负责送走他们三人，让他们安全离开我们再走。随即闻外间汽车发动声，三人匆匆登车。估计他们已离去远了，此时顾忽传达向忠发有话："你们今晚留此过夜，以后再走。"原来向忠发有命不放代表出去，藉施武斗。何孟雄洞悉其奸，不待顾词毕，大声喝道："别胡闹！我们工作十分繁忙，平白耽误了一天，损失已属不小，再留此为何？你们想捣乱吗？太不自量，要放明白些！"育南发令各小队准备立即出动，顾坚持饭后再走，我上前向顾问话："为何不让大家走？"顾语塞，只见顾身微偏斜，右手握手枪插裤袋内，他后面还有某生跟着，甚有剑拔弩张气氛。大家见状立即上前，以身相蔽我，此时顾面色如铁，急促向我道："请叫大家今晚勿要走，如果走就难保安全。"仲一不待其辞毕，斥顾道:"我们一定不留!"顾说:"这样我就不负安全责任了。"何说:"不关你事,安全不安全,我们自己负责。"育南即教大家分组排队分三班六小队由前门、后门、侧门分批离开会场!并决定我、史二人先行,自己断后。我说:"史可先行,我愿等待大家安全离去后最后一批走。大家安静些,否则要出乱子。"育南即令第一批出发,走到门口,门已上锁,有人把守,不能出去。回报我,我即去找顾,但一时没有找到他,想已匿不见面。几个工人冲到门口,守门人略一迟疑,一个工人同志上前夺去其手枪,守门人立即启锁开门放行,第一批同志才出去。此时顾匆匆来找我解释,说话支吾其词。我责以大义,要他不要听向忠发乱命,不要胡思乱想,好好保护同志安全,顾诺诺连声说:"是!是!"夺门一幕遂告结束。

时已深夜,顾又出现在院中。我、求实见顾咳声叹气,频频摇首,盖深恐向忠发见罪。我和李二人立在客厅,估计大家已安全脱险,二人乃最后一批自侧门走出,顾临行犹来门口相送,表示歉意。此时街上行人绝迹,我和李二人回顾今日之会,众志成城始告脱险。李对我说:"我们对米夫总算仁至义尽了。"事后克虔告仲一,始知顾原想奉命扣留我等过夜,相机行事,后见事机已露,兼畏群众威力,无法执行,遂尔中止,否则龙华惨案早先在花园演出。

出门后,我与伟森及另一青年工人同志走在最后。时已深夜,他们都不便回沪东寓处,三人即往日升楼附近小旅馆投宿。我与伟森共榻,久久不能安睡,回思花园会议诸幕,内心十分痛楚,觉得今日党内反常现象,苦恼万分。伟森说:"我欲辞去一切职务。"我答:"如为你个人早就该辞,何待今日。事到如今,若任米等这群奸人闹下去,结果将同归于尽,更何以对党员大众?"伟森同意一切问题应付诸明日全体大会具体解决。

中共中央非常委员会

我出席花园会议回寓后，由于胃病复发，大家劝我卧床休息。正在这个时候，有几位中委及各省负责同志前来看望，谈到今后工作有关问题。大家认为国际单方面召开四中全会失败以后，随后又举行花园会议，双方谈话由于米夫专横，所以仍然无结果。经过两次群众教育以后，国际代表毫无悔祸之心已昭然若揭，显然不是凭口舌可以令其改悔的了。

又自一九三〇年三中全会到四中全会期间，米夫为了策动王、博篡党，实施夺权计划，扰攘了很长时间。在此期间，全党日常工作中断，完全陷于瘫痪状态，而四中全会以后，王、博等怙恶不悛，忙于党内施展残酷斗争，无情打击，不遑他务，所有革命工作更无法推动。此时大家正感束手无策，乏计可施。由于革命工作旷日废时，迫切需要加强党的领导，基于上述种种客观原因，他们说党内各方面已开始酝酿成立中共全国委员会，以便继续工作。同时主张去函第三国际说明理由，请求迅速派公正大员来中国实际调查，解决纠纷，以利于迅速开展革命工作。

对于采取非常措施的辩论

但是建立中央的问题在党是无先例可援的，而客观要求却非常迫切，因此必须征集各方基层，询谋金同，才能付诸实施。为了慎重处理问题，征求大多数同志意见起见，非委中央负责人决定从下至上，从中央到支部发动对此问题进行充分讨论，完全采用民主方式解决这个问题。在讨论的过程中先后存在着不同的意见，并且发生过很激烈的争论。绝大多数人站在革命正义方面，主张采用明确的组织形式与米夫及其爪牙做斗争。但同时也有些人从另一角度考虑问题，主张等待机会，采取保全实力策略，虚与透迤，经过相当时期后，等待米夫等政策碰壁后，必遭到党内攻击，那时我们乘机反击，如此则事半功倍，方是上策。其次也有人说：当前米夫已抢先成立了一个临时中央，如果再组织一个中央的话，岂不是分裂行为，这是冒天下大不韪的事，做法是不明智的。因此主张逆来顺受，听其所为，米夫多行不义，自会倒台，那时问题自然也就解决了，何必做费力不讨好的事。还有人认为四中全会临时中央既是东方部米夫所支持的组织，它是正统，所以也是合法的。如果另立组织就是对上级的反叛，一般人对于以下抗上认为是理所不容许的。此外还有其他种种类似的说话。总括一句话，是保守思想，怕牺牲，怕乱，怕冒风险，怕吃眼前亏，主张妥协，主张息事宁人。"以柔克刚，不战而胜"，这是主张保守的另一种说话，骨子里，他们对米夫策划篡党事件怀有深厚的沮丧心情，认为是不可抗力，除沉默忍受外，更无他途了。

　　另一方面是主张向米夫做斗争的同志们的意见。他们的人数更多，占有全党绝大多数。他们认为上述各种议论是似是而非的说话，认识糊涂，行为怯懦。要知道：一个政党发生路线斗争原是平常的事，革命事业就首先是对正反是非真伪有个分辨，有个标准，千万不能不分界限含糊了事。下面就各支部讨论发言中批驳前述论点引证作例：如吴淞铁路支部发言记录说："从目前米夫言行分析，他是支持王、博篡党集团夺权的，不能视为合法。这一方面违背共产国际二十一条规定的精神，同时也破坏了中共六大通过的党章。因此，断定米夫是瞎指挥，完全是无理取闹，我们不能服从。如果对此种乱命不思反抗，并积极纠正其失，反而唯唯诺诺，奉行为谨，那就是愚蠢的懦夫行为，没有丝毫革命气息了。"老史（文彬）早已在花园会议当众指斥谴责米夫，驳斥过他这种无理的说法。史说："中共尊重国际，并愿意接受他的正确领导，但不欢迎他的错误路线。四中全会违反了中国党与革命的根本利益，这是胡闹，中共不能盲从。"最后梅根引经据典说："按目前情况实与一九一九年列宁处境相似，正当党与革命危急存亡之秋，布尔什维克（多数派）与孟什维克（少数派）双方对抗，无法苟同的时候，列宁代表中央多数毅然与少数派决裂，成立新的中央，此举对于挽救革命危机起了重大作用。"这一启示鼓舞了党员群众的情绪。

随后反对与米夫妥协的意见在各支部占有压倒的多数，主要认为米夫的罪恶真相现已大白。党内同志受其荼毒，吞声饮恨，革命危机日益尖锐化，我们不应该从成败出发，以求保全实力。如果与米夫妥协，就必然为虎作伥，先自堕落，结果如同豺狼共事，就必须吞噬羔羊。试问与米沆瀣一气以后，附和他们残害革命同志，双手沾染革命者鲜血，有何面目对同志与革命群众？就算保全了实力又有何意义？当年参加革命说为何来？因此断然反对向恶势力投降。他们的意见归纳起来为一句话："宁居叛逆，不做癫狗！"经过充分讨论后，各党团及支部表示，绝大多数一致赞成成立中枢机构。

当时，这个从下而上的群众要求，促使大多数中委与负责干部，考虑成立一个非常规性的中共中央组织机构，继续领导工作，以代替非法篡夺的王、博临时中央。这样，中央非常委员会便可以正义组织对抗叛乱性的临中组织，名正言顺，壁垒森严，这是挽救全党的最重要的部署，理论与实际一致结合的必要措施。最后中央会议一致决定采取革命的非常措施，成立中共中央非常委员会。

中共中央非常委员会成立

中共中央非常委员会（以下简称非委）是在一九三一年一月正式成立的。成立大会地点是：上海英租界中共中央工委办公厅。出席者有中共中央六大中委（留沪者）二十六人，北方、顺直、唐山、江苏、苏北、山东、浙江、湖北、江西等省市省委书记及负责干部。其次是中央工委、全总、海总、上总、铁总、与共青团中央及省市委书记。苏准会代表团，各苏区首席代表，全国革命文艺协会党团负责人，共计出席代表五十二人，列席代表若干人。

大会议事日程如下：1）政治报告；2）工作报告；3）讨论（小组与大会结合进行）；4）决议案（各小组委员会起草）；5）大会宣言，告全党同志书；6）选举中央执行委员会。

大会推选史文彬等五人为主席团轮流执行主席职务，林育南为秘书长，李梅羹、谭寿林为秘书。大会政治保卫负责人陈虞卿。

有关大会议程各项问题通过全体代表与小组委员会详细研究和群众性讨论，一致决定成立中共中央非常委员会，通过《反对四中全会，力争紧急会议提纲》[1]的重要决议案，《共青团工作问题决议案》《女工问题决议案》《军事问题决议案》与《文艺工作决议案》等。最后选举中共非常委员会中央执行委员会，通过大会宣言，告全党同志书及大会致共产国际信等。

关于《反对四中全会，力争紧急会议提纲》，是由大会推举五人小组起草，即我、史文彬、林育南、李求实与何孟雄。由我执笔。定稿后交小组讨论通过。由执行主席提交大会讨论，修改文字，三读通过。交秘书处付印（并译成西文），交代表签名作为正式文件并盖"秘"字，只在党内传阅，不准外传。后来王明诬指非委中央公开散发传单，即影射此文。王明之说纯系捏造，全无事实根据。

---

[1] 文件不是"提纲"，是"报告大纲"，叫《反对四中全会力争紧急会议报告大纲》。

大会经过充分发扬民主精神，一致选出中共中央非常委员会执行委员二十二人，候补委员十五人，组成中央机构，继续领导革命工作。

中共中央非常委员会成员表（姓名、职务、原任职务、备注）

罗章龙　中共中央非常委员会主席　中共中央工委书记、全总党团书记　六大中委

史文彬　中共中央非常委员会常委兼组织部长　中央监委主席、铁总主席、铁总党团书记　六大中委

何孟雄　中共中央非常委员会常委兼宣传部长　江苏省委书记　六大中委

林育南　中共中央非常委员会常委兼秘书长　上海总工会常委、苏准会秘书长　六大中委

李求实　中共中央非常委员会常委兼文联书记　少共中央书记、上海反帝同盟书记　六大中委

唐鸿景　中共中央非常委员会常委　东北区党委书记　六大中委

李震瀛　中共中央非常委员会常委　上海总工会主席兼党团书记　六大中委

王仲一　中共中央非常委员会常委　北方局书记、铁总组织部长　六大中委

张金保　中共中央非常委员会常委兼女工部长　全总女工部主任　六大中委

袁乃强　中共中央非常委员会委员　京奉铁路总工会主席　六大中委

沈先定　中共中央非常委员会委员　上海总工会组织部长　六大中委

于谓珊　中共中央非常委员会委员　上海纱总主任　六大中委

张昆弟　中共中央非常委员会委员兼天津非委书记　北方局特派员　六大监委

王凤飞　中共中央非常委员会委员兼上海非委书记　原九江书记后任上海闸北区书记　六大监委

谭寿林　中共中央非常委员会委员兼秘书　全总秘书长　六大中委

陈　郁　中共中央非常委员会委员兼海总非委书记　海总党团书记　六大中委

吴汝铭　中共中央非常委员会委员兼北方非委书记　北方工委党团书记　六大中委

刘峻山　中共中央非常委员会委员兼沪西区书记　江西省委书记　六大中委

孙秀峰　中共中央非常委员会委员兼济南非委书记　济南党委书记　六大中委

徐兰芝　中共中央非常委员会委员　陇海铁路工会委员　六大监委

童昌荣　中共中央非常委员会委员兼湖北非委书记　湖北省工委书记　六大候补中委

霍锟镛　中共中央非常委员会委员兼武汉非委书记　湖北省委工委书记　六大候补中委

韩麟符　中共中央非常委员会委员兼北方军事特派员　北方局农民部部长　六大中委

萧道德　中共中央非常委员会委员　江西中央苏区代表

罗章凤　中共中央非常委员会候补委员兼军委书记　武汉政府独立团营政委

陶　兰（女）　中共中央非常委员会候补委员　江西中央苏区代表

徐朋云　中共中央非常委员会候补委员　豫鄂皖苏区代表
郑芹瑞　中共中央非常委员会候补委员　豫鄂皖苏区代表
陈元昆　中共中央非常委员会候补委员　洪湖苏区代表
王士青　中共中央非常委员会候补委员　青岛市委书记
卢福坦　中共中央非常委员会候补委员　胶济铁路工会主席
六大候补中委
马人骥　中共中央非常委员会候补委员　天津海员工会
冯　铿（女）中共中央非常委员会候补委员　文联秘书
姜　英　中共中央非常委员会候补委员　东北军委书记
中共中央非常委员会候补委员还有下列各人：李进、刘鄂（女）、李梅羹、徐彬如、伍仲文（女）、王春熙（女）。
（陈寿昌（中委）、朱宝廷（中委）、邓发（监委）、刘义（监委）、毛简青（监委）、刘俊才（监委）、龙大道、胡也频。）

石路宾馆座谈

花园会议以后，中共中央非常委员会正式成立，并发布庄严声明（反四中全会提纲），号召全党共起救党运动。从此时起，党内大是大非问题已十分明朗化了，大家鼓足勇气共同奋斗，但是还有个别同志认识模糊，特别是那世故阅历较深的同志仍不免瞻前顾后，不敢挺身向前介入正义斗争。说什么"一朝天子一朝臣，认庙不认神！"当时非委宣传部经常收到各地同志来信，要求解释有关非委纲领或其他当前有关工作实践问题，也有些同志关心非委工作情况，亲自来访提出问题并请求解答。非委一律予以接待，进行解释。

非委中央成立不久，一日，我忽接夏曦（蔓伯）一信，内称他已回国，盼望有机会和我谈话。我随即给他覆信，约时与他见面。（夏为新民学会会员，与我交谊十余年，北伐时共寓汉口友益街）届时我偕刘炎同往石路宾馆（非委中央对外交际处）晤夏（刘与夏同乡，亦识夏）。夏见我，略作寒暄，话别后三年以来生活。夏曦见我时口称"老友"，说："我是私人拜访性质，并非来做说客的。"我笑答："只要于革命有利，什么话都可以谈，畅言无阻，何必拘束。"于是夏从东大学习三年事谈起，并及长沙旧友何叔衡等人现状。叹息大革命时机稍纵即逝，岁月催人，中年哀乐，迥异畴昔，不胜今昔之感！随后谈话渐渐转入正题，夏动问非委与米夫等人的分歧可否设法消除。刘说："你见非委公布的纲领否？"夏云："见到，已略知梗概。"因问非委这样做不怕冒分裂党的罪名吗？我说："分裂党的工作是米夫设计，王、博执行，授意者当然尚有其人，他们应负分裂党的责任。非常委员会成员大都是六届中委，非委所属的组织都是原来党的组织。反之米夫王博的中央才是从东大支部搬来的，所以王博的临时中央实在是与党无关的野孩子。"夏云："这自然是非委的正统逻辑，而不是米牌逻辑，一个革命党应该通权达变，难道野孩子不能变成家孩子吗？"我道："蔓伯兄，你是富有官场生活经验的人（夏曾任湖南省工农厅长），非常委员会的人恕无此雅量。他们只辩正谊，为革命打抱不平。"夏自解嘲说："老兄莫讲笑话！我知道你们是瞧不起王矮子的，老实说，矮子人小，本不值得大家反对，可是他的后台很有份量，难道不值得考虑么？……"时刘鄂在侧，插言道："蔓伯先生，你也是一个星主（按，夏亦二十八宿之一），也是很有份量的人，但是我们革命总不能抹煞是非，专论份量，要知道任何有份量的庞然大物如果违反工农革命利益，也不免会土崩瓦解的，何况……"夏不等刘语毕，起立近前对我说道："文虎老哥，你我老朋友，所以不嫌冒昧，披肝沥胆向老兄进一言，革命道理是有弹性的，可方可圆；权力是现实的，不折不扣。你们的调子实在太高，调子太高就不符合实际，缺少适应性，我奉劝老兄把格调放低一些，要讲点策略。我看清楚米夫已下定最大决心，不把非委问题解决，决不离开上海，他们有什么做不出的事……你们在大革命以后苦学苦干，工作卓有成绩，有群众基础，同样也受到国际重视。现今国际方面的观点是你们与王、博合作是革命需要，分则两伤，合则两利。目前问题的关键是在你身上，你占举足轻重的地位，只要你一转念，诸事就好办了，你说对吗？"又说："国际路线如水在盂，可此可彼，是有可塑性的，权力是现实的，不可动摇。国际对王、博成立中央已是一年前久已内定的事，纵有强大阻力，也不会甘心中止。如果同志们不估计到这一点，双方坚持不下，互不肯让，那么将来一定会两败俱伤。如果不幸这样，后果真是不堪设想！历史功罪，关系非同小可，想老兄是完全理解的。"夏上述一番议论所谈诸话，自然是真实情况，也是代表米夫的论点，他是各为其主，原无足异。我正容说道："今日问题关键确在双方，决不在单方面。大家一致说王博不能领导中共中央，如果米夫认识到这点，就是勇于改过的人了。系铃解铃，全在米夫一方，要明白这决不是私人斗气，是历史是非问题，也是个党章问题。"夏说："原来我见不及此！自己有些主观，但就米夫一方言，要他们认清这一点却是不大容易的事。他们先入为主，不是今天才如此。大水牯行小巷内实在转不过弯来。"双方正谈话间，老史、老林从外面进来，手执非委告全党同志书，致国际信等文件，顺便送交一册，夏重复坐下翻阅一过，向育南说："提纲中文字对米夫方面批评很深刻，一方面是有胆量，但同时也未免太意气用事了。毛子说，你们的文件说得未免过火，一切话不留余地。"育南正色对夏说："你要明白这是关系到革命前途成败问题，关系到革命历史上的重大是非问题，关系到千百万党员与工农群众的生死存亡问题。如果你们不从这几个方面去判断，那才真正是意气用事了。"夏面红语塞。育南又云："我看国际无此勇气正视自己的错误，如坚持错误，什么也是白说，难道要我们告饶不成？烦你回去进言米夫，好好劝说一下，要他们严肃注意自己的错误决策可能发生的一切严重后果，不要拿中国革命开玩笑。这就够了,再没有别的可说的话了!我们是要争百年是非真理,不管一时成败的。"此时夏见林、何、史有些动肝火,态度庄重,知不可撼动其心志,暗自思忖,纵往下说也是无用的了。此时刘炎向夏说道:"蔓伯先生如能提出一个方案,既不损害革命,又可和平息争,那就很理想,否则群众是不能理解也不能接受的,你看怎样?……"夏说:"目前大家火气正高,老兄应该好好说服他们勿趋极端。"我答:"你难道不晓得极端不能单方面存在,你应回去向矮子多多开导。"夏又说:"相骂无好言,打架无好拳,对方是很恶毒的,什么事做不出来?矮子在国内名不见经传,无籍籍名,但是很受国际重视,这一点应有认识。"谈到这里,夏起身告辞,临行握手道声再见,旋又站住俄延一会,自言自语地向我说了几句珍重治疗胃疾的话,忽说道:"此一去恐后会无期。"言迄自去。夏旋赴鄂苏区,任书记,在洪湖落水而死,遂成永诀。

　　夏曦去后,来找非委谈话的人络绎不绝,有赞成非委主张的,也有抱调解态度的。柯庆施(怪君)亦来晤见我。柯怪君,安徽歙县人。一九二二年往北京,原是北大马克思学说研究会会员,由北京中共小组派遣参加远东会议的一个代表。他写过参加远东大会经过的通讯,在北京党报上介绍大会情况。一九二三年我在上海中央工作时,怪君被派到安庆,是安徽党组织负责人之一,因此,多年以来与我交往相识,很谈得来。

　　怪君此次访我,自称是第三者。他虽与王明同乡,但与王素昧生平,毫无关系。他说:"这回我是来上海看灯的(意指走马灯)。我阅读非委发布的提纲指名批评米夫及临时中央的主角与副角共有十人之多(副角指附王分子),真是敢于捋虎须、批逆鳞的行为,但是树敌过多,未免太不讲策略了。我个人很为非委同志担心呢!"伟森在旁忍不住答道:"老柯同志,你的话固然有理,但是只知其一,不知其二!你应了解非委同志当前任务,主要是要尽力把革命大船抢救出来，因为如果大船被人弄翻沉了，革命全域都要遭受牺牲，自己也莫想得救了，所以决不能从个人利害着眼看问题，否则就没有正确的路可走了。"怪君闻言，笑道："请同志们不必动气啊！我们是多年知交，我今天披肝沥胆向老朋友进一言，请勿见疑。"他说，大家都认为王、博在党内是微不足道的小人，正因为这样，他们才能显出特种作用。在政治上王、博一伙原属鼠窃狗盗之辈，其本身属于宦官宫妾寡廉鲜耻之流，但这样便构成他们搞阴谋诡计与宫廷政变的优越条件，舍此以外老爷们是再也无法找到这样一群喽罗的！所以你们不要小觑他们，他们成事不足，败事却是绰绰有余的。由于上述理由，所以在米夫与王、博方面说起来不管有理无理，目前国际批准王、博组织中央，同时也有心排除王、博以外的人领导革命。这是千真万确，决不含糊的事。你们虽然有强大的群众基础，但是如果反对他们，他们便会假借国际路线做挡牌，东方部为靠山，狗急跳墙，不顾一切，进行不客气的残酷斗争。就是把整个革命断送了，他们也不在乎。他郑重说："我这些报导你们不会完全不晓得，既然知道，又偏要在太岁头上动土。我很佩服你们的勇气。俗话说：'打狗欺主'，你们这样干，未免太不识时务了。老兄岂不闻识时务者为俊杰这句老话么？反党、反革命的大帽子马上就会搬出来给戴上的，你们赶快醒悟过来吧，还不算迟呀！"他又说道："米夫本身无甚力量，临时中央几个少数分子也不过空头政客，但支持米夫的人却在目前拥有实际权力，立于举足轻重的地位，这是逆流主力。因此目前与米夫等硬碰或者不难可以将其驱逐，但他们必不甘心失败，他们疯狂至极时一定会不择手段，采取报复，造成对内恐怖。如此我们将处于内外夹攻地位（双重恐怖），革命前途非常危险。"他最后诚恳地向我建议"急流勇退"，这是上策！办法是暂时出国休养。他劝我把胃病治好要紧，百尺竿头，姑让一步，何必与他们争一日的长短呢？……

我沉思一会，婉言谢道："这些事我们都知道一些，大家也仔细考虑一番了。我们决心用群众意志回击王、博，扭转米夫一伙的错误做法。我们目前所说的话对某些人来说，不免是沙漠弹琴，我们目前所干的可能一时还办不到，但是锲而不舍，持之以恒，时间总会解决问题的。即令我们今天没有能力完成此项任务，不过大是大非既已公开提示出来，后来的革命同志也会继起奋斗，跟着我们的脚迹前进，我们不会寂寞的，最后一定使是非辨明白的。米夫一伙也一定会遭受历史的嘲笑的。革命大业难道就只顾目前成败和名位吗？难道赤裸裸地信仰'有奶便是娘'的原则就算心安理得吗？……"怪君不待我辞毕，忙改口说道："我自知有些失言了，请老兄不必见怪！但是我向你说的是真话，供你参考罢了。我姑妄言之，你姑妄听之就可以了。"

王首道主张息事宁人。非委成立后，从湘赣边区来到上海接谈者有王首道。王通过陈虞卿到非委找我谈话。王原与陈虞卿（罗章凤）在广州农运讲习所同班肄业，后二人同参加农暴。王回乡间领导游击战争，开辟湘赣边苏区。王曾参加占领长沙十天战役，王与我在车站界路旅馆共宿一宵，对占领长沙经过报告极详。并说明当时处理苏先骏问题的经过。随即问及王、博临时中央事。我将近年党内情况与王细谈，并告非委会对党事的主张。王认为米夫宗派活动是革命当头大灾难，上海如此，苏区恐难幸免，他很同情非委主张。虞卿说："见蛇不打三分罪。"力促王及时奋起，共同把党从危机中拯救出来，迟恐不及。但王首道明知米夫罪行，却主张息事宁人，静候东方部安置。他又说："王、博行为，大失全党同情，所谓多行不义的人，决无幸存的道理。"王回湘后碍于事势，隐忍不发。王后回到湖南东区苏区与张平化、王恩茂等被王、博判为右派分子，同受处分云。

王任谈东大支部状况。王任新近自苏学习归国，他在东大时素不屑米夫等人所为，回到上海即流落无处栖止，但坚不找临中。虞卿介绍其往某工厂参加生产，王欣然同意前往。刘鄂把身着外衣送王典当暂维生计。一日，王来谈到东大支部生活，史问王、博是何等人，东大支部斗争些什么事？王说："在米夫导演下的东大支部斗争是很残酷的。当时人人检讨，个个戴帽，闹得天昏地暗。王、博一伙是附和米夫积极为恶的，除他们自己外，别人都是右派。但是大多数同志是向米夫坚持抗争的，不顾诬陷，一律给顶回去。有一个同志名齐冠森，原为下关铁路青年工人，眼见残斗种种不合理惨象，痛斥米夫说：'支部作风将来带回中国，他们还能不剥人肉、煎人膏、吃人肉馄饨吗？还能不像军阀一样穷凶极恶去犯滔天罪行吗？'"支部同志龚明在东大时因反对米夫，归国时，支部不为做正确鉴定。龚不理会。归国后适四中全会斗争发生，龚更耻于依附王、博，要求非委给他工作，他向人说："用棒打狗才是好法子。我学习三年，体会到这一点，总算没有空过。"又说："王、博等人原来都是草包，他们是在大腿挟扶下爬上领导地位。演出这场木脑壳戏，不仅是当前中央耻辱，同时也是国际革命史上的怪现象。党事如听米夫蛮干下去，不分青红皂白的大砍大杀就要搬演到中国来，主持革命正义的人将无一人可以逃避！"王任又说："王、博一伙原来是一群小鬼，但米夫别有用心，却把他们化装成'布尔什维克'打手，来吓唬胆小人。米夫多次在党内因风纵火，就是利用这些东倒西歪、假充醉汉的喽罗为他呐喊。"他又谈到米夫党内斗争的基本策略是首先诱降全总为中心的中委及工运干部。如果这一着成功，就可以说掌握了全党。至于其他的人只要把右派帽子一扬，他们就会乖乖听命的，用不着费多大气力。最后谈到王明个人人格卑鄙，善窥人颜色，承上司意旨。在东大时期奔走米夫门下，胁肩谄笑，顺口接屁，对米亲昵有逾寻常。王明在"六大"任翻译趋侍上司，日夕不离左右，对出席代表飞长流短，乘机进谗。因此许多代表说王极其下流，心怀叵测，鄙其为人。王明在米夫门下受到长期的党内斗争训练，构成一种特坏质量。东大支部曾为王明写了一种群众鉴定，大意是：王、博披马列外衣，打革命旗帜，对党包藏祸心，非破坏到底，誓不甘休。胆大妄为，专好下大赌注，赢则归己，输便抵赖，毁人成己，见好必妒。其拿手好戏为陷害同志，狐假虎威，残酷斗争。综王思想和行动可称为革命队伍中的败类。大家都认为这鉴定与王质量行为完全吻合。

在东大支部中积极从恶的只是少数几个人。他们心目中只有个人私利，所以不惜卑躬屈节，仰面事米。他们甚至说："天下无不是的领导，领导命令不容怀疑！"但是这些谬论是不值一驳的。后来米夫倒台，更证明他们自称布尔什维克是丑化了布尔什维克，并为中国革命丢脸！

阿郁（陈郁）原是海总主任，全总常委。在四中全会上积极反对米夫，认为米夫一帮真是无理取闹，破坏革命，并判断他们犯罪行为一时不会收场，今后还会发展。郁随后参加中共中央非常委员会工作。由于米夫发动残酷斗争，龙华惨案发生后，在政治上发生动摇，他便不能坚持，表示消极，离开战斗岗位。他向我说："我们非委对米夫总算苦口婆心的了，但是对牛弹琴，牛耳不闻。如果能在它脑门上砍三大斧，说不定才会发生一点动静，但是不能采用这个手术，所以目前只好避开一着，听其演变下去。因此，我打算仍回海轮工作。"经我向他解释，勉强留下。后来他又向非委中央陈述个人对东方部表示失望，他说："四中全会就像一场噩梦，以后中国革命灾难重重，更难乐观。"最后他写了一封信给我，表示请长假，要离开上海。我闻言百般劝告，勉其做海上田横。他说："回船上去自觅生活，再不问什么事了！"又说："非常委员会有这样多人，缺了我一个也没有什么关系。看米夫一伙横行到几时，将来自会栽筋斗的。"非委中央后来又派寿林前往挽留，恳切开导，但是已来不及了。寿林归报："阿郁趋炎附势，未能免俗，他将是官僚队伍中人。"后阿郁仍投靠新主，自称虚与周旋，在"七大"当选中委，于一九七四年病殁。

"非委"组织系统及其所属各级机构

中共中央非常委员会组织基础是建立在"六大"中委（二十六人）中央工委、少共中委、全总党团、苏准会党团、革文联盟，江西、江苏、浙江、湖南、湖北、福建、云南、北方、东北党组织（包括山东、河北、河南等省）以及其他各省党与少共组织等。总之，非委组织范围，凡全国中共少共组织全部包括在内。

少共中央非常委员会仍由李求实继续担任书记，少共中央及地方非常委员会人员大部仍旧。李被害后，王、博另立少共临时中央，改任胡均和为书记，胡叛变投敌后，少共临中全部瓦解。

1. 中共江苏非常委员会，原中共江苏省委全体同志在反王、博篡党斗争中是站在最坚决的立场，后来在花园会议对米夫等给予彻底批判，伸张正义。随后在原有组织基础上成立了江苏省非常委员会。江苏省本身直辖江苏南部与北部，两个特委，上海市由省委自兼，市内计分闸北、法南（法租界与南市）、沪中（英租界）、沪西、沪东、吴淞等五个区委，均产业工人集中地区。

中共江苏省非常委员会成员：何孟雄，江苏省非常委员会委员兼书记。王凤飞，江苏省非常委员会委员，上海闸北区委书记。王新元，江苏省非常委员会委员，上海法南区委书记。卢涤尘，江苏省非常委员会委员，上海沪东区委书记。张权，江苏省非常委员会上海吴淞区委书记。欧阳立安，江苏省非常委员会委员，少共沪东区书记。林育英，江苏省非常委员会委员，上海沪西区书记。王任，江苏省非常委员会委员，上海沪中区书记。柔石，江苏省非常委员会委员。汤士仁，江苏省非常委员会委员，苏北特委书记。汪德，江苏省非常委员会委员，苏嘉特委书记。冯铿，江苏省非常委员会委员。马骥，江苏省非常委员会委员。

2. 中共上海市各区非常委员会，中共上海闸北区非常委员会：王凤飞、徐大妹、戴小红、陈重文、陈元昆等。中共上海沪中区非常委员会：王任、张路、朱英、冯铿、朱伦、刘瑞农、金同、左刚、罗湘南。中共上海法南区非常委员会：王新元、吴天鹏、郭妙根、夏采◇[1]、费琴、龚无唯、刘德承（顾卓新）、徐彬如（文雅）。中共上海沪东区非常委员会：卢涤尘、刘子载、李超时、李易元、熊中和、王德、王平。中共上海沪西区非常委员会：林育英、江文祺、林纪望、蒋涤生、陈谦和。中共上海吴淞区非常委员会：马骥、熊本立、杨月林、漆树平、黄春森。中共江北非常委员会书记王春熙。

3. 中共北方非常委员会，北方区直辖：河北、河南、山西、山东、察哈尔、热河、绥远、陕西、奉天、吉林、黑龙江等省市党组织工作。北方区委兼管北京市工作。天津、唐山各成立市委。

中共北方区非常委员会成员：吴汝铭，北方区非常委员会书记。张昆弟，北方非常委员会委员兼工委书记。唐鸿景，北方非常委员会委员，沈阳非委书记。傅景阳，北方区非委委员，南满洲铁路工委书记。韩麟符，北方区非委委员，察哈尔非委书记。袁乃强（乃祥），北方区非委委员，唐山区书记。李希逸，北方区非委委员，天津市委委员。李渤海，北方区非委委员。刘德承，东北非委委员，沈阳市委委员。张金刃，北方区非委委员。曹竹之，北方区非委委员，天津市委委员。王士青，北方非委委员，青岛市书记。李江英，东北非委委员，哈尔滨市委书记，军委书记。张昭德，东北非委委员，哈尔滨市委委员。王昭泉，东北非委委员，哈尔滨市委委员，工委

---

[1] 夏采◇，可能是夏采曦。

书记。[1]

中共天津非常委员会：李希逸（书记）、叶玉川、刘蕊、袁静、曹竹之、吴慰名、李竹声、孔原等、

中共唐山非常委员会：袁乃强（袁乃祥）（书记）、龚得元、马老五、彭振纲、邓福金、阮章等。

中共山东非常委员会：刘俊才（书记）、孙秀峰、王国元、李宝成、李青山、卢福坦、韩文玉、王士青等。

中共北满非常委员会：张介夫（书记）、陈方（工委）、江英（军委）、李俭英、张慧贞（女工部）、宋大方（特派员）、张超德（工专支部）等。

中共南满非常委员会：傅景阳（书记）、唐鸿景、徐旭生、顾作新、赵淮山等。

中共湖北省非常委员会：霍锟镛（书记）、吴芳、季陶君、李清、杨共奎、法尚之等。

4. 中共其他各省非常委员会：

中共江西省非常委员会，刘俊山（书记）、刘九峰、方铭达、锺复田等。

中共安徽省非常委员会，江朝海（书记）、施勉予、叶继善、文群之、黄鲁风等。

中共云南省非常委员会，刘少猷（书记）、张至刚、王纪方、王儒廷、张兆怀、李金龙等。

此外，福建、广东、广西、四川、贵州等省均有非委主管各该地区党的工作。

5. 中共中央非常委员会的群众组织，中共中央非常委员会所属群众组织是构成当时革命势力的中坚。这些群众组织在非委中央正

---

[1] 北方区非委成员中遗漏了王仲一。

式成立，继续领导革命工作以后，人心振奋、空前活跃，人人奔走相告，组织学习"提纲"内容。认为党自临中叛乱而后，内外交困，岌岌可危。现在非委既已新建，形势好转，革命形势危而复安，绝而复存。于是发扬蹈厉，勇往直前，为了争取新的成就，到处积极开展各线工作。现将中共非委所属革命群众组织简介如次：

1) 中华全国总工会：中华全国总工会（简称全总），由全国各产业工会、各省工会联合组成，为中国革命工人群众的最高组织。全总中央执行委员会设有全总党团，内设书记一人，管理全总中共党员的垂直系统有关事物。全总党团书记通常由中共中央工委书记兼任。中央工委通常由中委三人选任组成之，设书记一人，在中央常委工作，书记出席常委会议。

中共中央非常委员会工委与全总党员成员：我（书记）、史文彬、童昌荣、溪石、袁炳辉、谭寿林、金志成等。

非常委员会在全总系统各省组织中特别注重对于过去组织较弱的地方，初步发展了革命工会的组织，如：上海兵工厂、太原兵工厂、沈阳兵工厂的工会，香港产业工会（造船、港务、电车等），厦门工代会，四川自流井工会，云南个旧矿工会，江西景德镇瓷业工会，湖南苏区平浏总工会，福建苏区总工会等，共计有地下组织工会会员五万余人。

2) 中国铁路总工会：中国铁路总工会（简称铁总），由中国境内全国铁路工会的最高工会联合组织。包括：京汉、京绥、京奉、津浦、道清、正太、粤汉、陇海、胶济、沪宁、沪杭、广三、广九、中东、南满、株萍等约二十条铁路。有组织的铁路工人初期为十万，后发展为三十万人。铁总成立于一九二四年，铁总党团书记负责管理全国铁路垂直系统的党委工作。

中共中央非常委员会铁总党团成员：吴汝铭（书记）、张昆弟（组织）、刘俊才（宣传）、孙秀峰、傅青山、朱盛荣、孙明、李宝成、徐兰芝、傅景阳等。

3）中国海员总工会：中国海员总工会（简称海总），由中国沿海、沿江轮船工会组织的联合会。海总有组织的工会会员为十万至十五万人，在上海、汉口、香港、广州等处分设分会，并参加国际运输港务工会的组织。（地址设在德国汉堡。）

中共中央非常委员会海总党团成员：刘达潮（书记）、朱宝廷、马骥（秘书）、陈郁（组织）、李清（武汉）等。

4）上海总工会：上海总工会（简称上总），后又改称上海工会联合会，由上海市各业工会联合组织之。主要是纺织、缫丝、印刷、机器、造船等业工会。

中共中央非常委员会上总党团成员：沈先定（书记）、李震瀛（组织）、江元清（少共）、沈先元（纱总）、丘泮林（纱总）、黄寄岚、郭洪等。

5）中国革命文艺联盟：中国革命文艺联盟（简称革文联）是一九三〇年下期由李伟森同志等组织起来的。王、博篡党事件发生时，革文联全体加入非常委员会、坚决反对王、博，与临中做斗争。当时临中招降左联分子田汉、周扬、夏衍、徐懋庸、阳翰笙、潘汉年、丁玲、胡乔木等。在北京、天津等地非常委员会所属革文联负责人有刘新、一鸿、禹贞、草非等。

李求实曾向非委中央建议改进文艺工作，他草拟了一个《革命文艺新工作计划》，经非委通过，即付诸实施（亦名"播火记"）。李求实提出建议，主张立即成立集体写作机构，把真诚革命的文艺爱好者引进工农革命阵地，从事革命文艺创作计划。该计划主要是动手写工农斗争作品，以罢工斗争、农民战争为主要题材，同时进行编写有关一九二一年以来历次伟大工农群众斗争的史诗、小说、剧本等（包括过去铁路、海员、矿山、纱厂等罢工斗争，以及李味农、伦克忠、王中秀与大革命失败后无数牺牲壮烈史事等），并决定创办一个工农文艺期刊，由文联主编。这个计划谭寿林称之为火种计划。

中共革命文艺联盟非常委员会成员：柔石（书记）、胡也频、殷夫、阿虎、伍仲文、舒可、一鸿、草非、刘新等。

6. 结句。以上简单介绍中共中央非常委员会及其所属党与群众组织的一般情况，略表轮廓。至于王、博集团当时的组织情况除临时中央机关住有几个住机关的"布尔什维克"分子及招降的少数人以外，基本上是没有甚么党员与工会群众组织的，他们只是些空头机关在发号施令罢了。有人问临中头人："你们既没有党员群众，又没有工农群众组织，能搞出甚么名堂来？"向忠发答："米夫支持就是党，中国人口几亿男女都是我们的自然群众组织，这就是临中的名堂哩！"其颜厚无耻与无赖，可见一斑！但是他们向国际做工作报告时，却把非常委员会的组织工作与斗争冒名顶替写到临中名下，还自夸成绩，洋洋得意！与此相应，他们更写了不少假材料以欺人。总之他们是从极左的空头政治理论到空头的组织，这是人所共喻的。

中国苏维埃准备会议

于此应特别提到中国苏维埃准备会议及其活动情况，特别是参加非常委员会中央工作的情况。

一、当时，在全国范围内已有若干地区建立红军与苏维埃政府，一般称为苏维埃区，主要分布如次：

1. 中央苏区：以井冈山为基地，包括江西、福建、湖南等省组成，以瑞金为中心的中央苏区。当时管辖三省的数十个县。

2. 赣东北与闽浙地区：一九二九年成立信江区工农兵政府，包括弋阳、横峰、上饶、万年、德兴、贵溪、玉山、余江等，一九三〇年夏组成红十军。

3. 湘鄂西北苏区：一九二七年秋收起义后，以洪湖为中心如监利、石首等县，由段德昌领导。湘鄂西部如桑植、鹤峰等县由贺龙领导，建立红军。一九三〇年二军与六军会合，组成红军第二军团，两个革命根据地连成一片，共有十一个县。

4. 鄂豫皖苏区：一九二七年秋收起义，信阳、罗山、黄岗、黄陂、云梦、孝感、麻城等地进行游击战争。一九三〇年扩建为鄂豫皖苏区。

5. 闽西：闽西来人谈当地农民斗争发生与发展经过云：一九二八年七月闽西龙岩、上杭、永定三县武装编成三个团，成立闽西暴动总指挥部，进攻龙岩县城未下。八月将队伍改编为中国工农红军第七军第十九师分途游击。一九二九年闽西六县（岩、永、龙、汀、连、武）农民普遍成立武装队伍，到处开展了武装斗争。一九二九年三、四月，红四军两度进军闽西，击溃军阀陈国辉及地主民团，八月在蛟洋第一次召开党代表大会，就闽西各县原有暴动武装改编为红四军第四纵队，以傅伯翠任纵队司令，党代表张鼎丞，政治部主任谭震林，参谋长罗瑞卿。九月攻下上杭，十二月在上杭古田召开第四军九次党代会。一九三〇年春三月，闽西五县苏维埃政府成立，拥有人口百余万，成立工农红军第十二军，共六个团，兵员三千多人，建立闽西根据地。（包括龙岩、上杭、永安、长汀、宁化、陆浪、武平等地）。

6. 广西左右江地区：一九二七年广州起义失败后，一些参加起义的工人退入广西左江地区，领导农民进行游击战争。一九二九年秋，张云逸等率领广西警备队的一部分，联合当地农民游击队，在右江起义，成立红军第七军。十二月成立右江工农兵政府，占领百色、德保、思林等全部右江地区。一九三〇年，驻在左江的广西警备队也响应起义，成立红军第八军，组织左江工农兵政府，曾一度占领龙州。

7. 海南岛区：海南岛地区先有游击队活动，一九三〇年成立海南岛工农兵政府，革命势力曾经遍及琼山、文昌、定安、万宁、陵水等地。在广东东江的南山区，曾经建立过普宁、潮阳等地工农政府。

8. 陕北区：一九二七年刘志丹等先后在陕西各地组织武装起义。一九三一年后游击队不断发展壮大，奠定了以后陕甘宁边区的基础。

（罗按：以上内容原文有缺佚处，故内容详略失均，现姑仍其旧，其详俟续考补入。）

二、全国苏维埃区代表大会准备会议。先是，一九三〇年二月一十七日，中共为召集全国苏维埃区代表大会问题，致函全国总工会，建议五月卅日举行全国苏区代表会议。预定开会地点在上海，由全总筹备一切。随后中共与全总为此事发表联合宣言，说明苏代会主要任务是：使农村斗争与城市斗争配合，保证工农联盟，建立工农政权，扩大红军与农民武装等。

后来湖南、湖北、江西、福建、广东、广西、安徽、河南等省各苏区及城市工会均派代表出席。各省代表先后集中上海，但是由于战时交通困难，全部代表不能如期到达，改期为一九三〇年底在上海召开。当时，江西中央苏区代表为萧道德、陶兰等，豫鄂皖苏区代表为徐朋云、钱伯符等，赣苏区代表为刘畴西、吴先群，鄂西苏区代表委段德昌、张国兰等。此外尚有海南岛苏区代表与广西右江苏区代表等。按照一九三〇年三月一十八日全总致中共覆信，同意双方共同派专人负责筹备大会工作。先行到达上海的各苏区代表举行筹备会议，会议决定一九三〇年十二月开始进行苏准会筹备工作，设立常务委员会负责会议经常工作，并公开推林育南为大会秘书长，陈虞卿为政治保卫处长。

在四中全会党内斗争期间，苏准会代表首先在反四中全会提纲文件上签名赞成，并立即加入中共中央非常委员会作为非委成员之一。嗣后在工作中继续坚持反对米夫、王、博集团破坏革命的罪恶行径。在实际工作中,动员苏区城市工人与农村雇工加入工会,建立工会组织的强固基础,使成为苏区革命柱石。在此同时,苏区工会建立了城市工会与农村工会的联合组织,逐渐扩大为地区工会作为省工会的部门组织。

中共中央非常委员会苏准会代表团党委:林育南、陈虞卿、萧道德、陶兰、郑行瑞、徐朋云、张汶秋、段德昌、钱伯符、刘畴西、吴先群等。

"非委"的纲领提要

中共中央非常委员会成立,在第一次常委会议上讨论工作时,决议发表对党内宣言,此即后所称为"反四中全会报告纲领",当时决定成立宣言起草委员会,推定史文彬、林育南、李求实、我等为起草人,旋即由起草人将纲领全文提交非常委员会中央第二次会议讨论通过。纲领内容简述如下:

1. 向忠发中央政策错误的历史根源,理论方面继承瞿秋白的盲动主义,实质是反动性流氓帮会的宗派统治。

2. 东方部指导中国革命的错误,包括政治路线与组织路线。政治路线驾空而行,超越实际,组织路线煽动非无产阶级性的宗派斗争,破坏党内民主,广泛实行命令主义与野蛮的惩办制度。

3. 目前革命形势要求全党艰苦卓绝的奋斗,使工人斗争与农民斗争取得有机配合,克服一切困难,战胜反动统治,为争取中国革命完全胜利而斗争。

4. 党的任务在继续彻底肃清瞿秋白、向忠发、李立三等人的非无产阶级的政治路线与组织路线,因为他们的领导已完全破产,使中国革命蒙受重大损害。

5. 三中全会的中央,其所执行的错误政策变本加厉,重复做着以前的错误,因此必须改弦更张。唯一挽救方法便是召开紧急会议或七大会。

6. 非委坚持召开紧急会议一劳永逸地纠正瞿秋白、向忠发、李立三、王明的一贯换汤不换药的做法，终止党内宗派斗争。

7. 紧急会议是保证党领导中国革命胜利的必要步骤，非委慎重考虑结果，对于紧急会议建议以下几点：A．列席成员废除由国际指定的包办方法，代以符合党章的民主推选。B．取消三中全会以来的错误决议与选举。C．彻底肃清宗派主义统治。D．重新讨论党的总任务，重新制定党的组织、工运、农运、土地问题等方案。E．根本改造政治局。F．确定第七次代表大会日期，恢复党内民主及自我批评。G．执行纪律，维护党纪。

8. 三中全会中央破坏紧急会议，一面佯称同意全总决议召开紧急会议，向忠发、瞿秋白曾对全总声称服从党员群众意志。会前国际代表也声言全总党团决议正确，并声明政治上保证其实现，但他们却暗中布置四中全会，实行篡党。

9. 纲领中指出绝大多数中委及各级党员均一致主张召开紧急会议，建议紧急会议者包括下列各党员：A．六大中委的绝大多数中委。B．全总党团的全部成员。C．海总党团的全部成员。D．铁总党团的全部成。E．上海工联（上总）党团的全部成员。F．上海反帝同盟党团的全部成员。G．苏维埃区代表团全体代表党员。H．苏区准备会全体工作同志党员。I．江南省委外县委员会书记及全体党员。J．北方天津党部全体党员。K．山东省委全体委员及书记并所属党部全体党团员。L．青岛市委全体委员及书记。M．上海市各区委全体委员及书记，上海闸北、沪东、沪西、法南、沪中等区全体委员及书记。上述各地多数产业支部、中心支部、中央直属小组全体党员与团员。N．全国工会党员团员干部包括：山东、济南、高密、青岛、四方、福州、厦门、汕头、广州、香港、九龙、上海、南京、杭州、江北、南通、天津、唐山、沈阳、大连、长春、哈尔滨、汉口、长沙、南昌等地。

10. 纲领中略述紧急会议被破坏经过，指出王明本身即向忠发、李立三路线，他们是站在左倾立场去反对瞿、向的。因为王明在十一月十三日意见书上明白提出：A．在中央工作人员会议讨论六月十一日决议时，声明完全拥护全国暴动、总同盟罢工策略，说不要对六月十一日决议估量过低。B．说紧急会议是右倾分子的活动。四中全会指使人是国际代表米夫等。米夫曾经公开地向全总党团、工联党团、海总党团负责人说，要他们离开反向忠发、李立三路线，服从王明的领导。当时立即遭到各党团负责人严词申斥，断然加以拒绝。米夫乃擅自独断决定召开四中全会以代替全体党员主张的紧急会议。

11. 纲领中谈到四中全会问题，指出四中全会的非法性。会议成员由米夫指派，米夫在会议上实际拥有否决权，可以操纵一切。会议时间为十五小时，每人发言不过十五分钟。议案事先既没有通知，对于许多干部发言稍持异议者临时辄加以右倾取消派恶名禁止他们发言。纲领指出米夫所主持的四中全会既不讨论实际工作，解决当前迫切的政治任务，同时对瞿秋白、向忠发等历经事实证明其为错误路线，在行动上继续支持。米夫以全部力量建立王明的新宗派统治，与全体党员为敌。结果指定的新中央主要成员为王明、博古等宗派分子，向忠发仍做傀儡书记，助米夫、王明集团继续为非作恶，无所不为。

12. 纲领指出米夫站在东方部小组织立场上故意制造宗派，联甲倒乙，藉逞私图，以致酿成党内无休止的互相火并，使革命组织陷于混乱失纪的状况，因此号召全体党员奋起与恶势力奋斗，立即撤去米夫职务，清算米夫自一九二七年来，以及在六大会上先后做出的错误。

13. 纲领郑重昭告全体党员团结起来，一致以群众力量否认四中全会的非法的一切决议案和命令，停止王、博非法所组织的中央的职权，并开除王明等祸首，予以党纪制裁。

在纲领上签名者有九十六人，包括上述第九项各级党组织负责人。纲领由非委中央秘书处负责人铅印五千份，分送党内各支部作为报告讨论之用。同时将纲领转寄各苏区支部。纲领译文送第三国际、赤色职工国际、少共国际以及各国兄弟党。

由上述提要可知：中共中央非常委员会公布的反四中全会纲领是一个庄严的声明，它以鲜明的政治面貌，堂堂之鼓，正正之旗，公开谴责东方部非法纵容内奸篡党的罪行。这是代表党员群众的正义呼声，捍卫党与革命事业的重要文告！发聋振聩，实大声宏，影响深远！纲领公布以后，如春雷震荡，全党响应，风起云兴，对党奸纷起声罪致讨，米夫一伙闻风丧胆夺魂，无地自容。

溯自中共过去党内斗争包括：瞿秋白、李立三、向忠发、王明等人发动党内斗争一般是站在宗派立场，暗中进行苦得达的阴谋诡计，实行篡党夺权。非常委员会认为这种做法是极坏的作风，因此主张公开表达自己的政治观点，树立鲜明的旗帜，采取光明正大的行动，向篡党分子进行斗争。基于这个要求，中共中央非常委员会决定发布斗争纲领，这是中央非常委员会对外的政治意见与组织方案。提纲任务是发扬党内民主，杜绝宗派独裁，使全党新陈代谢，永远青春焕发！这是一个划时代的文献！

非常委员会工作新貌

中共中央非常委员会成立后的工作是千头万绪的，外埠党与群众组织负责人纷纷来沪向中央非委联系工作，应接不暇。非委首先宣布中国党与革命面临非常危机，一方面是非常委员会的继续领导革命，另方面是王、博等反革命组织背叛党与破坏革命。因此，非委宣布否认王、博伪中央及其一切决议与命令一律无效。党的一切问题听候召集临时会议（即紧急会议）成立七大会合理解决。关于组织宣传阶级斗争全面工作，按当时实际情况说，在白区广大地区临中只是王、博少数人高高在上，深居简出，凭空发号施令罢了。临中是并无群众基础可说的。所以全党革命斗争都是由非委中央及地方组织全力承担。因此，非常委员会剑及履及，争取时间，戮力加强开展各线阵地的工作。此时，非委中央乃派人分途出发，前往北方、南方与中部地区布置新任务与新工作。决定我赴北京、唐山、辽沈、哈尔滨各地，李伟森到长江上游，李梅羹与谭寿林分赴两广地区指导工作。又决定苏准会代表迅速回到本苏区开展武装与工农群众工作。全国革命文艺计划按新播火记积极进行（详后）。上述诸部署使非常委员会工作面貌为之一新！

残酷斗争祸延全党

米夫策动残酷斗争

米夫及四中全会错误路线经过花园会议严厉批评以后,米夫等恼羞成怒,临时中央立即宣布采用残酷斗争方法消灭非常委员会,并决定用一切比对待敌人更恶毒的方法打击非常委员会的负责人及其各级组织。其结果是祸延全党,并深切危害革命群众组织,断送当前的中国革命。

残酷斗争的理论和实践。党内残酷斗争,文献无征,乃从东方部输入的新事物。最先始于瞿秋白,但瞿尚不敢公开提出宣传。向忠发、李立三窃位后,乃明白提出"党内斗争,你死我活"的口号。实际上是在宣传残酷斗争,并且做得很露骨。他们把一些干部排挤出革命队伍,送入监狱,不加营救,听其自毙,同时对其他持异议的同志乱扣帽子,实行"惩办主义""一言堂"等工作作风。王明、博古等又把东大支部党内斗争手法继续大规模搬到中国来,明白无忌地提出党内残酷斗争、无情打击的口号,认为这是毁人成己,出奇制胜的唯一办法。

本节所述临中残酷斗争经历全程,也就是叙述王、博篡党集团先后对党施行空前大破坏与危害中国革命的种种罪行。

当临中成立之初,认为篡党工作即告完成,后来由于客观迫切需要,中共中央非常委员会成立乃给予临中以有力反击,王博集团大起恐慌。此际临中党员人数寥寥无几,群众组织全无基础,对目前革命工作一筹莫展，自觉难于鬼混下去，于是对非常委员会因嫉生恨，乃计划掀起一个全面毁党的残酷斗争高潮，企图苟延残喘，勉度难关。他们由国际东方部搬来一套残酷斗争经验，加上中国军阀、政客、工贼、流氓组织的固有传统，凑成了一套古今中外高度结合的火并夺权办法。

在临中一次会议上，大家正愁眉不展，面面相觑的时候，国际代表米夫发言说："当前所有重要问题是个组织问题，现在可先从理论上加以分析。目前非委组织力量远远超过临中之上，非委组织能力也较强，这是事实，必须承认。在这个事实前面，要面对现实，研究对策，这就首先要按步骤进行考虑。"他认为："第一步要求敌我双方力量平衡化，然后进一步才能压倒对方。"在实现临中与非委双方力量对比变化中，他认为："首先是削弱对方力量（不管采取甚么方法都可以），任务是使对方力量逐渐削弱与降低，这就意味着临中力量增大。"因此他主张"用尽一切力量打击对方，然后临中才能站住脚跟，进一步消灭非委"。根据这个理论，他们拟定下一个残酷斗争的作战计划："原则是大幅度消灭非委力量（党与群众组织的力量）。应该为目的不择手段，越快越好，越彻底越好！这就是目前压倒一切的任务。"

临中认为：如果按照正常工作途径，双方自由竞赛去获得双方力量平衡，这就是绝对办不到的，也是毫无希望的。因此只有通过采取一种特殊方法才能消灭对方的有生力量，这就是掀起大规模的残酷斗争高潮，才能把非委组织给以完全歼灭与彻底歼灭，把他们收拾干净！才是一劳永逸的做法。

关于消灭非委实际措施，临中提出了许多毒辣的办法。首先是利用南京的强大军警特务力量，对党内进行斗争，比较省力。办法是秘密向南京联系，提供情报，借南京敌方力量来消灭党内敌人。这样做法，可收事半功倍之效。在蒋介石政权以外的地方，同理也可以运用上述办法向各地方军阀（冯、阎、张，及粤、桂等军阀）秘密联系，也可以通过国民党各派系、各工贼、各反省院分子，第三党等，假藉他们之手，实行对非委进行围剿。这个方略，临中称之为"杀人不见血"。于上项办法外，为了扩大战果，临中认为应组织地下武装力量，实行恐怖手段，就是说临中如果认为必要时也可以采取直接行动，消灭非委组织与个人。理由是临中对非委内部比较了解，在行动时也比较便利了。

上述计划已定，便用全力去争取实现计划，限期完成。经过充分设计与筹备以后，临中自书记向忠发起，全体动员，去贯彻工作。首先从上海地区非委组织着手破坏，取得相当经验后，再行在全国推广。其次是在北方非委集中地——北京、天津、青岛、东北、内蒙等处，从事大规模破坏北方非委的组织活动，掀起了一个毁党高潮。临中号召在残斗工作过程中，必须用全力造成强大的宣传攻势，同时采取无情打击的组织手段。

在实施残酷斗争计划中，临中规定全力造成强大的宣传攻势，宣传攻势主要内容是一大堆杂乱无章的行动口号，包括："绝对服从国际路线"，"右倾是主要危险"，"反对严重右倾和一贯右倾"，"反对富农路线"，"反对中间阶层"，"反红军军阀作风"，"反枪杆子主义"，"做驯服工具"，"更加布尔什维克化"（在东大二十八布基础上）等等。临中运用谣言攻势，不惜诬赖栽赃，颠倒历史事实，颠倒是非，混淆黑白，旨在把"异己分子"打成"反革命、反党、反苏、反共、反国际"，"特务分子""托派""日本汉奸"等等（见一九三一年一月二十六日开除中委决议）。

在发动宣传攻势时，临中是在党内刊物上连篇累牍，刊载又长又臭，毫无事实根据的文章，用谣言攻势制造党内舆论。王明为此单独刊行一种小册子在党内党外大量发行。又用各种形式公开党内斗争内幕，在群众中大肆宣扬，不惜把党的机密泄露出去，予敌方以可乘之机。临中同时派人到北方、南方、各省市召开党内斗争宣传会议，刘少奇亲到华北参加北方会议，又到东北召集同样会议，大张旗鼓，大扬声势，大造舆论。

非委成立以后，临中即放出多种毒氛以掩饰他们自己的罪行。用大量空洞无内容的文章说非委是反马列主义、反国际路线。说非委反对临中即反党、分裂党。又随便把叛党、特务、反苏区、反红军、托派等等强加在别人头上。按他们的判断，如果有一于此，便是罪该万死！满门抄斩，家属连坐！临中群丑们深深懂得，谎话多遍变成真理，"众口烁金""积非胜是"的官僚哲学，所以认为谣言詖词可以从心所欲，解决一切问题。他们在组织手段处理方面对党内不同己见的人强调"残酷斗争"，"无情打击"，"不讲客气"，"不要手软"，"一不做、二不休"，"彻底肃清"，"肉体消灭"等精神来创造残酷斗争高潮！

无情打击

继此之后，对党员同志就是实行无情打击，主要是采取组织手段，对于六大中央委员，原则上规定凡属参加非委各级组织者，一律开除党籍，不得申诉。临中事先做成黑名单一份，罗列反对四中全会中委及地方干部共三百余人，分批采取组织处理，一律开除党籍（刘建议永远开除），但对外不公开。后因参加非委反对四中全会人数过多，处理不胜其繁，规定凡参加非委中央及地方基层非常委员会人员，一律自动失去党籍，作为"锄奸"对象。

临中又决定对于采取组织手段处理者一律视同敌人，得进一步采取特务手段消灭之。所称特务手段，包括查抄、秘密逮捕、暗杀、向敌告密、狱中派人指证等等方式机动执行。这样，全党在无情打击不断发展中，闹得人人自危，一夕数惊，加上国民党白色恐怖交织起来，于是引起肃反扩大化，特务人员到处兴风作浪，深文周纳，故入人罪。这样造成屠杀遍地，冤狱充满，暗无天日！

残斗方式可分为隐藏与公开两种方式进行。前者是不出头露面，由特务人员暗中策划，从事政治陷害，栽赃架诬等，其中最有效的方式主要是借刀杀人，如向反动政治官方告密，此种方式诡谲多端，进行残酷斗争，无情打击，藉此消灭异己，歼灭他派组织力量。但有时又采取公开与秘密两种方式混合运用。总说一句，就是不拘一式，为目的不择手段！

上次花园会议虽然奸宄落魄，当时不敢公然逞凶，但从石路宾馆对话却机锋毕露。由此并可以见到四中全会临时中央在东方部指使下，其隐藏的杀机是随时可以爆发的。为了对付非常委员会起见，他们经过密室策划，随即见诸实际行动，于是党内残酷斗争在全党范围内开展起来。这个以米夫为领导，发动全国范围党内大规模一系列的残酷斗争延长达五年以上！临时中央残斗过程始于王明告密，中间经过上海龙华惨案，临时中央书记向忠发等倾巢投敌，中共南北方惨案，临中推动全国反省高潮等具体事例。这些案件大都由米夫所属临时中央设计导演，幕后策动，其具体执行者主要为王博集团向忠发等。这样上下配合，残酷斗争遂蔓延全党与全国，造成不堪收拾的局面。后来竟使全党白区组织瓦解，丧失百分之百，苏区损兵失地百分之九十五，被迫长征。最后米夫本人亦告败亡！

关于王博集团对军警告密渊源颇远，非一朝一夕使然。先是潘闻宥在上海被捕，潘是东大学生，回国后任向忠发秘书，经常代写文章刊在《红旗》发表，向因此自诩为东方革命理论大师，对潘十分重用。潘后即投敌，尽力追捕党内"异己"同志，向忠发暗自得计，深秘其事。随后王明亦被拘，向工部局警长把《红旗》办公处向敌告密，以求宽释。时李求实因住在《红旗》报机关，敌警按地址搜查时，李几被捕，幸机警得脱险，出外暂避，《红旗》报因此搬迁。当时王向敌方吹嘘自己身份，愿报效自赎，敌方允许，并由王向捕房保证以后继续效劳报答。

王明告密事违反党章第二十六条规定,理应开除党籍。但向忠发奉令严守秘密,禁止传播。后李求实在江苏省委谈到此事,党内传播不胫而走,同志大哗,各支部纷纷提出建议,要求严肃处理,按党章应开除党籍。王明恐慌万状,急电东方部求解救,东方部来电诿称候查明处理,其实是藉此推拖过去。后来米夫亲来上海,坚持国际有令,应从轻处理,问题遂无限期拖延下去,久悬不决,四中全会遂以不了了之。王明志得意满,益肆无忌惮。四中全会前,王明、博古二人到中央全总工作,全总亦发生警讯,工作同志对二人均感不安,随后便发生中外震惊的龙华惨案。

上海东方饭店事变

上海东方饭店事变(亦称龙华惨案)是中共中央非常委员会极其重大的历史事件,是三十年代中国革命史乘的壮烈诗篇,气壮山河,彪炳日月,其意义伟大,影响深远,照耀千秋,人所共晓!

东方饭店事变(龙华惨案)是国民党在上海龙华对于中共中央非常委员会干部二十三人的大屠杀,是中共成立以来党员牺牲人数最多的重大事变。东方事变发生的原因,主要可以从下列两方面去说明。

首先应该指出,自四中全会成立临时中央以后,米夫等对于全国形势感到万分苦闷。因为各地群众工作及组织均属非委范围,临中几乎没有插手余地,他们自认被群众封锁得水泄不通,所以一切正常对敌斗争完全陷于停顿状况。因此他们感到只有对非委加强残酷斗争才是挽救自己的道路。他们虽然表面上标明中央,但下层既无群众,又无组织。他们认为惟有消灭非委才可以接收非委的群众,同时妄想藉此扩大东方部宗派实力。基于上述米、陈策略所要求,于是随后就爆发东方饭店事变,实际上就是米夫、王明打击非委策略的实现。

其次应说明上海龙华惨案是在大规模党内残酷斗争以后直接发生的，由于临中党内残酷斗争政策直接削弱了党的一切组织，同时更鼓舞着东大支部不肖党员肆无忌惮为敌作伥，使非委组织处于内外夹攻地位，此种形势下面，敌人乘虚而入，于是龙华惨案随之发生。

先是花园会议后，求实曾向我谈到，为推动江苏上海工作，应积极召开全苏沪活动分子大会。随后孟雄正式建议举行全苏沪活动分子大会。孟雄最初提出各方参加会议名单为五十人。当时我向求实、孟雄表示，认为在目前环境下不应召开人数过多的大会，最好分区举行。但是孟雄认为目前工作紧急，如分区举行必然要延长会议的日期，影响工作，因此仍坚持召开扩大会议，并计划尽量把开会时间缩短到一天开完。最后非委正式讨论开大会问题及会议程序等事，同意举行大会，不过指示要特别注意安全问题，开会时间要短，会场布置要严密，以防不测。并决定由我出席大会做报告传达《纲领》精神，会场具体布置由孟雄、大汉、育南、虞卿四人负责。大会日期定于一九三一年一月十七日晚上。开大会前由孟雄主持开了一个预备会，决定下列事项：大会主席由孟雄担任，我代表非常委员会中央做政治报告，并决定约请苏准会代表一人做关于苏区工作报告，孟雄与大道做关于工作布置的报告。会场借用原苏准会所租之三马路东方饭店房间举行。同时在泥城桥世界旅社准备一个房间，作为必要时迁往开会或代表临时集合的地方。会场外部设警戒哨两重，虞卿负责指挥。开会前半小时，我因接见外地同志，改由育南前往做报告。

一月十七日午后二时，江苏省委、上海工联、非常委员会秘书处分别通知会议出席人分途到八仙桥青年会、恩派亚电影院、日升楼茶楼附近等处集合，临时再派人分途引进会场，预定六时整开会，但实际开会时间比预定时间提早二小时举行。

会场内外共计四十六人，除出席人外，尚有负责会场事务、交通、警卫等八人，其中住在会场邻室者三人，担任室外守望，往来巡视，传递消息等事。

会议按预先规定项目进行，会议将结束时，警卫人员发现饭店附近四周情况有异，急往报告虞卿，虞卿立即以紧急情况通知会场主席，嘱大家火速散会。会场主席何孟雄当即吩咐虞卿布置转移工作。虞卿随即退出会场进入邻室，做应变准备。虞卿自己乃化装为旅馆茶房，从另一梯口转至楼下，以手势密告警卫人员阻止非委会其他人员继续上楼，并接应会场外出同志。虞卿部署毕，乃到泥城桥准备迎接脱险同志。

当孟雄宣布会议结束，布置从会场撤退时，大队英工部局老闸捕房巡捕及中国政府便衣警探五十余名已登楼据守，随即把住会场房门，入室搜查，遂将在会场的全部出席人逮捕，每人先加弹簧手铐，随即搜身，将个人身上所怀钢笔、手帕、眼镜及其他纸片只字搜索无遗（但因事先做准备，所以并未搜到出席名单、会场记录等文件）。随用大号黑色囚车将捕去的二十九人带回老闸房捕房听审，当晚略加审问，即引渡交南市公安局拘留所收监。

东方饭店事变发生时，我正在闸北某缫丝厂出席小组会议，讨论该厂新近提出斗争纲领（罗按：我接见外地同志后，来到闸北开会）。史文彬从世界旅社回到非委中央办公室，不见我，随即跑到闸北将消息通知我。我与史文彬见面后，立即召开非委中央紧急会议，商讨对策及营救办法，以及有关处理善后诸问题。当即推举三人小组，进行调查与营救，由陈虞卿负责主持小组工作，同时募集现金、衣物送往狱中慰劳。经过调查，查明此次在东方饭店当场被捕者二十九人，临时脱险者为：陈虞卿、宋大方（非委中央秘书，非委军事工作同志）、纪南勋（警卫，制茶厂工人同志）、徐有珍（交通，南通大生纱厂工人同志）、杜芳（江苏非委秘书处）、姜辰英（湘南之夫，沪东五金厂工人同志）、葛官澄（苏北来沪同志）、谢祺（交通，德士古油厂工人同志）等八人。十七日晚与十八日又在他处捕去十二人。

在东方饭店事变发生后，曾由刘鄂将消息通知被捕各人家属，一面设法调查事件发生原因及真相。第三日清晨，育南夫人林真向刘鄂谈：今有老闸捕房工部局某包探头目（包打听）透露消息说："东方饭店被捕诸人尚押在南市公安局，如速设法可免解往南京。"某包探自称如馈赠办案人相当现金，他愿尽义务奔走效劳。我与史文彬共同研究后认为应迅速进行，并多找门路进行，营救狱中诸人出险。即由林真归报其父引陈虞卿与某包探见面。因林岳父与某包探有金兰之谊，某探一力担承斡旋营救育南，其他诸人不能为力。虞卿问某探需用多少钱，某探自称他本人不沾分毫，筹措一千五百元应酬点缀出力人就是。虞卿立即应允某探所提出现款要求，同时并请他帮忙对全案诸人不分彼此进援救，如果不能全部释放时，就运动减轻处刑，将来对出力人员一律都有报酬，决不空劳。同时并请某探介绍派人前往南市拘留所探监致送食品衣物，某探同意照办。非委根据虞卿交涉情况，决定责成史文彬、刘鄂、林真等负责筹措现金、衣物，办理营救事宜。并派人到南市探监致送衣物食品等。刘鄂、林真等立将个人首饰衣物典质变卖，所得现金一千余元全部交作营救费用，并动员家属继续筹款。

虞卿收到冯铿、育南、孟雄、求实等自监中寄出明密信件。孟雄自狱中遣专人送一信到梧州路104号楚春酒店交陈虞卿（章凤化名）。信云："虞卿先生大鉴：我与南北平同住，现安，惟布店小伙无理纠缠不止，请留意。周五可来人接见，并告贞嫂勿念，江伯英即晨泐。"信中所云南北平即育南、求实，布店小伙即东大二十八布之一的告讦分子。育南自狱中来信给非委，内有二语云："心平如水，去易留难。"经过两星期积极营救，大家对在狱中同志案情逐渐了解，据估计其中有部分人毫无证据，可望释放。不料事态忽生变化，急转直下！全案人员均被解往龙华淞沪警备司令部法办，使营救工作忽陷于更大困难。

临中阴谋内幕

东方饭店事变是王、博临时中央有组织的阴谋策划。陈虞卿主持营救事宜，通过小组织活动及当地党组织与工会大力协助，了解到东方饭店事变发生系向忠发、王、博集团所策划。根据事实证明，临中曾派遣特务三人专门负责办理此事。当时向忠发、顾顺章与王博等密谋定计，亲身参与其事。他们运用手段，企图把江苏省非常委员会人员全部铲除。这样，上海中国与租界军警遂由眼线临中干部唐虞与丁觉等引导军警在东方饭店开会地方逮捕江苏省扩大会议出席代表人员。非委经多方调查获悉临中所派遣的特务姓名即唐虞（禹）、丁觉（小丁）、王琳英（女）、汪盛荻等临中工作人员。他们原系东大支部归国，奉王、博命令及向忠发指示，事先早已对非常委员会进行严密监视，平日跟踪吊线，提供活动情报，掌握了"黑名单"，积有充分材料，这次与敌方采取联合行动，因此很顺利就做出东方饭店的案子。唐虞与潘闻宥为连襟关系，二人均东大支部成员。唐初回国，在中央秘书处，在工作中负责兑换金饰（苏区送来的黄金），时唐从中贪污黄金情弊，因此，王、博令唐改任特务工作，刺探非委活动情报，已非一日，深为王、博所倚重。开会前，王明、向忠发等侦知江苏省委开会时间与地点，嘱唐报告敌方包探，说东方饭店会议乃中共非委最重要会议，非委中央全部负责人均出席会议，时不可失，速往捉人。所以敌方军警采取迅速行动，全副武装，乘大型警车前往东方饭店包围搜捕。这次唐、丁均立了大功。参与此次告密的王、博部属还有王琳英、汪盛荻等人。

东方饭店事变发生后，东大支部"布尔什维克"分子王琳英、唐虞等向敌方提供被捕人名册一份，内载何、李、林等二十余人姓名、籍贯、身份、简历、现在职务、住址、面貌特征等等，甚为详明，敌方按图索骥，并不费事。随后由军法处派员调查核对，经过侦查手续完毕后，曾提审一次。由于王、唐、汪、丁等在临中工作，所以对何、林、李诸人均认识，伪法官吩咐，在提审时王、唐、丁等坐帘后一一指证人名与相片。审讯时，伪法官照例询问口供，被询各同志对伪法官提问相约缄口无言，拒不作答。伪法官再三追问中共情况，领袖何人？同党姓名与住址？并交代政策立功可赎罪，违抗加罚，大家一律不作回答，坚贞不屈。伪法官最后提著名册说："我们已经调查清楚，你们说与不说都是一样，反正我们都有了材料。"遂宣布停止审问，并判断全案二十三人为正犯，还有首犯等未获。上海警备部据情详报南京军委会办理，南京方面立即批覆，决定判处死刑，就地枪决，其余首犯人等继续通辑归案务获究办。

结案后，敌方对龙华案有功人员分别给予奖赏，以资鼓励。对于王、唐、丁、汪等认为功劳最大，赏赐特优，除现金外，另拨给苏州城内洋房一所及自卫手枪等，汪后任知县。

关于唐虞等告密问题，王明做贼心虚，妄想抵赖，事后假装不知，以推卸责任。王对外宣称，唐是何孟雄的干儿子，此话极为荒唐！何与唐向不相识，且唐年龄比何还长，可见全系捏造，这是掩耳盗铃的手法，自然不足取信。

在二月中旬龙华大屠杀后，临中幸灾乐祸，无以覆加。向忠发忻然色喜，告人说："我们头一炮就打响了，给他们一个措手不及。大家等着，好戏还在后头哩！"顾顺章事后语李梅羹说："此事我们当时早已知道。"李问："你们事先何由知道？"顾笑而不语。再问时，顾答道："这还待问！我们那边谁个不知！这是苦肉计呢！"言外之意，可以推知。后来临中文件公认何等二十三人为反党，为叛徒，公然宣称他们不是烈士，这更可以证明当时临中与南京的暧昧关系。

当时上海龙华警备司令部军法官黄非，日本留学生，学习法律学。上海沦陷后，黄到后方避难，一九三七年转辗至◇◇大学任教，曾为同事道及审讯东方饭店案经过。据黄云：按照往例，上海被捕政治犯通常应解南京，经过审讯，分别处刑。但是此案由于汪盛荻等东大分子向蒋告密，指证案中重要同志真实姓名，蒋因知捕者多属中央非委重要分子，或南北各省非委书记与著名干部。其中且有苏区来沪代表，并有人指林育南为苏准会秘书长。南京伪军委会对林、何、李等二十三人案非常重视，认为他们是中共"实力派"，既然用尽方法，无法争取投降，就只有斩草除根，免留后患。加上临中暗地煽风点火，必欲置诸死地而后快，因此他们就不免陷于绝地了。从这些报告可悉全案内幕及其真相。又事后判明：国民党上海市党部、工整会、南京公安局、上海英工部局与龙华警备司令部等机关事先在临中内部获得情报后，会前已密切注意非委行动。上述军警的联合行动又与前次王明告密有关云。

龙华二十三人就义

在审讯过程中，全案拘获四十二人，其中林、何、李等二十三人，经过特务王、唐、丁、汪等指证，判处死刑。其他诸人系外埠同志，由于特务均不认识，未加指证，通过营救俱获省释。二十三人为众所知名者均党与革命的精华。

行刑前夕，敌警备司令部预先在龙华寺旷地上挖掘长壕一处，深五六米，长三十米。夜深四点，拂晓前时分派兵一连，提出二十三位同志，（首蒙白布）立在壕沿，兵士用机枪从背后扫射，他们纷纷中弹倒下，有身中十数弹者，一片血肉模糊，惨不忍睹。时为二月七日。

东方饭店事变非委牺牲同志名单：林育南，湖北人，中共非委中央委员。何孟雄，湖南人，中共非委中央委员。李求实，湖北人，中共非委中央委员。龙大道，江西人，江苏省非委委员。汤士仁，江苏人，非委江苏省委委员。汤士德，江苏人，非委江苏省委委员。冯铿（女），广东人，非委妇女部。伍仲文（女），江苏人，非委妇女部。王士青，安徽人，北方非委青岛市书记。欧阳立安（杨国华），湖南人，非委团委。柔石，浙江人，非委革文联。胡也频，福建人，非委革文联。殷夫，浙江人，非委革文联。王春熙（女），江苏人，非委江北特委书记。金瀚，江苏人，非委浙江省委。韩宗海，山东人，山东非委常委。章明◇，江苏人，非委无锡县委。费达扶，江苏人，非委杭州县委。赵选英，浙江人，非委温州县委。蔡博真，湖北人，非委海门县委。王冠青，湖北人，非委江苏淞江县委。恽雨棠，浙江人，非委江苏崇明县委。王冠清，安徽人，非委淮阴县委。

结论。从前章石路宾馆诸同志往来谈话所见所闻，透露出米夫帮派在篡党以后的种种苦闷情况，同时也在酝酿着党内更大的残酷斗争。他们秘密策划，暗中进行，果然东方事变便首先爆发了。从上述事变中可以证明四中全会叛党集团确实参加破获机关，逮捕同志，审讯判案等项工作，证据确凿，百口莫辩，这是临中诸丑奸人的严重罪行。这种手段首先表现在上海龙华，以后更推广到北方地区及全国各省市，造成党内空前巨大损失，同时革命事业也遭受了铩羽不振的打击！这一切说明米夫的临时中央那种日暮途穷，倒行逆施的破坏革命的行为在全国内泛滥了，正方兴未艾哩！紧接着就是临时中央书记向忠发赤膊上阵，公开投入反革命营垒，大砍大杀起来！[1]

---

[1] 作者写此文时，未看到后来出版的一本有关康生的书（《龙爪》），书作者写道："一个名王云程，原是党的六大中央委员（引者注：实际上是二十八个布尔什维克之一），一九三〇年至一九三三年初，曾任过江苏省委书记，一九三三年二月被捕叛变，当了国民党特务，他在二月二十四日的自首中写道：'共产党在派别斗争中，采取暗杀告密手段，如何孟雄二十余人，都死在赵容等所领导的赤色恐怖之中。'赵容即康生的化名。"

以上注释是罗氏后人的一段补充说明。有关康生涉案的说法是指一九九二年纽约出版的一本康生传记（翰拜伦著），中文译本名《龙爪》。

党内生活印象

愚园路地下生活

自一九二三年至三二年间，我居上海中央前后约十年，地下生活惊险多奇，不可悉纪！初至沪时赁居百老汇路汇山码头附近德邻里某号房，房东格林，荷兰芬逊人，在耶松造船厂为工长，妇为奥国维恩人，环境颇幽静。格林夫妇不问外事，均健谈，偶然亦涉及租界工部局内幕琐闻。

警务处探长有名叫几温斯（C.Patrick Givens）最凶悍，其手下有不少受过严格训练的外籍亡命（包括白俄）做警探，酗酒残暴最为可怖。开始租界以全力缉捕绑票盗匪，办案人员获奖赏颇多，后来渐渐注意租界内反帝反国民党政治活动。当时关于执行逮捕政治犯有不同的情形：一是经过搜查发现"罪证"即行逮捕；二是经过搜查，不问有无罪证一律逮捕；三是不经过搜查先行逮捕，事后再作搜查。至于中国军警在租界执行逮捕政治犯，原则上须通过公共租界巡捕房签发逮捕令，事后再行引渡。但事实上警备司令部可以直接派人到租界住户抓人押解回部，免除引渡手续。不过经过租界不得显出武装，因此中国军警常隐蔽车内，不令租界巡捕发现，暗将政治犯载往南市。

一九二九年我从百老汇路迁到下海庙附近某里，房东为印度人柏兰辛（Balansing，印度西北部邦遮卜省人），在工部局当巡捕，其妻陈凤英，江北盐城人，纱厂女工。柏兰辛为人颇通达，对其妻参加女工会活动不加制止。某晚自外归,饮酒大醉,出手枪自戕,伤重身死,其原因不明。陈凤英谓柏兰辛逝世,失去掩蔽,力劝我迁居。自此以后,我数易寓处,数月一迁或一月再迁,迄无宁处,最后赁居霞飞路某美容院后院。房东为法国妇人,同住为一朝鲜女人,彼此言语隔阂,相安无事。约半年始迁徐家汇教堂附近某里一家花边作坊楼上居住。房东江北人,不久因邻居发生政治谋杀案,不能安居,只得再迁。至于中央其他机关情况大抵相类似。特别是对外联络机关因接触方面较多,有时一月数迁,不遑宁处。

当时中央机关在愚园路一带,住守人大都选定对于当地生活熟习的女同志担任。有时虽数遭军警破获,如应付得当仍可安全度过。中央机关工作人员一般无事不外出,不涉足戏院及娱乐场所,个人不到照相馆摄影,不写日记,以防万一。有时外出时随时警戒如临大敌。出门前自己必加以检查,如信封地址、电话号码、人名、记事簿一律不得携带,此外凡不合身份的物品也在禁止之列。但应随身携带一点零用钱及水笔拍纸簿邮票等等,以备万一被禁时应用。出门时并应与同居人约定晋门时的暗号以及在住宅发生搜查事件后会见的街道或旅馆、被捕后拟用的代名及口供及失去联络时登报寻找广告等等。

关于交通,全总利用铁路、轮船、邮电等产业工会系统建立全国性交通网,一般可以输送内部书籍报刊畅通无阻。对于苏区交通大都在苏区与白区毗连地区设置特种交通站。如对闽赣苏区交通是经过福建汀州、上杭县才溪乡附近进入小苏区(四面均白区)。如武装运军用物资通道,然后转达瑞金。凡属军用物资如:西药、电池、汽油、电线、文件、书报等均由此通道进入苏区,派往苏区干部亦由此道出入往来。此外可由浏阳经赣边进入苏区,湘南湘赣边县有时亦可通行。至于由其他豫皖湘鄂各苏区均经附近边界出入比较便利。

中央内部交通负责人为周顺昌,对外交通负责人为杨尚昆、王警东。交通站接头处在上海法租界洞延春酒店。全总及非常委员会交通站在闸北桥堍楚春酒店及李宽平命相馆内。内地交通站随时随地设置，一般为饭馆、伙铺、杂货铺、旅馆等。关于直接电报通讯，一九三〇年间有无线电台三部，直接与各苏区通讯。又当时上海地下机关时遭破坏，交通机关变动频繁，对外联络发生极大困难，刘鄂乃建议向邮局租用信箱作为永久通讯处。但按邮局章程，租用信箱须有公司企业证明才获得允准，刘鄂乃组设中华实业年报社，公开对外办理刊登广告征求订户，搜集实业资料等，经过一个时期后乃向邮局申请登记租用四七四号信箱。信箱间每日开放十二小时，随时可以取出信件，从此以后对外通讯大感便利。

各苏区来人到沪均可按照事先约定密号通过信箱取得联络。平时书信往来均用密写，秘密通讯方式多端：有用密码书写于字里行间或册页背面，反面叠折，装订成书发寄。有用拼音字母拼写土语乡音，除受书人外他人不识，又凡含盐酸溶液、硝酸银液、牛奶、柠檬酸等物均可作密写用，但其显影剂各有不同。

一九二二年夏季，上海法租界巡捕房派警车搜查法租界铭德里仲甫寓所，将仲甫逮捕押解于嵩山路巡捕房特室。中共中央大为震动，乃设法进行营救。时马林在沪建议托人向法巡捕房交涉，乃转展设法央请租界"闻人"褚慧僧出面营救。褚平日慕朱家郭解为人，慨然允诺，遂向官方交涉。巡捕房索赂美金万元，当经褚疏解云：陈先生乃穷教授，生活清贫不足自给，安有财力缴此巨款。后经多次斡旋，言定具五千元保金结案了事，付款后即释出。

仲甫出狱后乃离沪北行，先往北京暂住休息，距上次天桥案狱约经三年。一九三二年岳州路永兴坊发生案判刑八年。

生死战友

一、史文彬，山东人，原长辛店京汉铁路总工会主席，一九二〇年中共首批入党的产业工人。一九二三年"二七"罢工领导者之一。一九二八年中共六届监察委员会主席。一九三一年非常委员会中央常务委员。

史文彬少年时，家极贫苦，随其父进入德州兵工厂为学徒，出师后转入京汉铁路长辛店机车厂工作。辛勤学习，对革命有深刻理解。史品德纯正，不知声色货利为何物。赴事魄力雄伟，富贵不能淫，威武不能屈，有担当大事见识和能力。在全国铁路工会组织发展中，史为北方书记部最先发起人之一，也是北方铁路第一个中共党支部的建立者。

在创立铁路工会过程中，史不畏强暴，不为利诱，为革命正义直道而行，对革命事业做出了卓越的贡献！在一九二三年"二七"大罢工中，他与我并肩战斗，当史等被捕入狱时，我亲率纠察队冲进火神庙，进行抢救史等出狱，并因此负伤。牺牲虽重，但气壮山河，全国人民同怀感奋！由于中国工人努力奋战，一年后军阀曹吴旋告崩溃，史等遂胜利出狱，得庆生还。史出狱后，大革命期间任武汉政府劳工司司长，在任内多所建树。史在劳工部任职经年，兼管部中财务行政，身任繁剧，任劳任怨，平日一尘不染，离职时两袖清风。中共对他倍极尊重，公开表扬认为史为模范党员，可谓独立特行，号召全党向他学习。史文彬在党的三大至六大被选为中央委员。

王明集团篡党事起，史出于维护党与革命事业的热诚，义愤填膺，挺身而出。他不顾个人利害，生命安危，在四中全会上申斥米夫等道："上梁不正下梁歪，国际行动世界各支部观瞻所系，如处置不当，遗害很大，现又变本加厉，不知是何居心！你们不为中国革命着想，也应该为自身的利害着想，如果中国革命遭受破坏，你们以后还有脸见各国工人阶级吗？"米夫等面红耳赤，窘态毕露。但因此史更受到王明集团的嫉视与攻击。

一九三一年他当选为非常委员会中央委员兼组织部长。在花园会议上，他对米夫等犯颜直谏，慷慨陈词。

一九三二年，非常委员会决定史赴北方工作。

二、林育南，字南平，号湘浦，湖北黄岗人。他是一个勤学苦干，正直，具有强烈革命正义感的人。一九二一年他在北京由亢慕义斋介绍参加马克思学说研究会，并作为该会的永久通讯会员。他回到南方后，在湖北开展了革命的宣传和组织活动。一九二二年，他代表武汉党小组来到上海出席党中央会议，住在上海英租界新闸路。此次开会的主要目的是开展中国工人运动，在上海、北京、武汉、济南、广州各地成立劳动组合书记部，他被推为武汉劳动组合书记部主任。书记部成员还有许白昊、李求实、唐济胜等同志。随后武汉工人运动就轰轰烈烈发展起来了。在发展过程中，育南领导书记部同志首先开展武汉市纱厂、码头、海员、人力车、兵工厂等工人运动，后来成立了湖北工会联合会，领导了多次的工人斗争。

一九二三年一月，京汉铁路总工会在郑州成立，他率领湖北代表团到达郑州，参加了郑州全塘里普乐园伟大斗争。随后举行京汉全路政治大罢工，京汉铁路总工会党团派育南同志担任武汉地区罢工指挥，把武汉市几十万工人都组织起来，以支援铁路大罢工。当时武汉工人斗争形势非常紧张，育南同志不顾危险，不辞辛苦，领导湖北劳动组合书记部坚守阵地，把局势稳定下来。事后调到上海工作。他在上海深入基层，在沪西区领导工人运动，组织纱厂工会数千人，确定了上海工人运动的基础。他在上海工作一年多，取得很大的成绩。

一九二六年，北伐军来到武汉，育南同志回到汉口，担任湖北总工会宣传部长，他亲自参加组织和宣传教育工会群众，创办了数以百计的工人革命学校，亲自编教本讲课，朝夕工作，使武汉广大工人群众革命觉悟大大提高，增加了工会的战斗力。

他同时又担任汉口党委的组织与宣传工作。一九二七年育南同志参加五大会，并当选了中央委员。

一九二八年他担任上海总工会宣传部长，策划全上海的工人运动。他身临前线，到沪东、沪西、吴淞等地区组织工人斗争。他参加当时上海出版的《斗争导报》的编辑工作。这个报纸由我主编，在工人群众中发行很广。育南同志写了很多文章，同时又在《上海报》与李求实同志一道参加编辑工作。

一九二八年六大会国际内定向忠发为中央书记，育南闻讯大感惊异。他告人说向为石码头流氓，混进革命阵营，本不应接受向入党。况向在大革命中卷款潜逃，脱离党组织，怎能担任领导工作。又说：革命干部不能单凭口头说话，应从言论、质量、道德等全面做鉴定。如果按照政治条件，向做一个普通干部尚且不够，如果勉强决定，便要发生错误，必然造成未来的革命灾难，将贻后悔不迭。

一九三一年他出席四中全会和花园会议，有系统地驳斥米夫、王明等人的荒谬言论，义正词严，毫不宽假，呼吁全党同志速起匡救，以挽救革命危机。他谴责米夫刚愎自用，敢于犯众怒，将自食恶果。一九三一年中共中央非常委员会成立，育南当选为中央委员兼常委秘书长，参加起草非委"提纲"工作。

东方饭店非委扩大会议时，中央指定育南出席做报告，在会议进行中，由于临中叛徒告密，他乃被捕入狱。他在狱中，临危不乱，镇静肆应，使敌方所施威胁利诱种种阴谋悉归徒劳，敌方乃深恨之，对其加害之心益切。

湘浦自狱中寄书给虞卿，信中四语云："西望有山，东归无计。心平如水，去易留难！"

"西望有山，东归无计"二语出自徐霞客诗。徐霞客为清代地理学家，步行全国，著有徐霞客游记，有名于时。先是徐拟步行中国，考察山水地形，乃约其好友某出游，行至中国西部，途中友忽病死，徐护柩还乡，葬毕，仍独身出游，完成全国旅行计划。徐于其友逝世时,作诗悼之,中有句云:"西望有山生死共,东归无计去留难。"

"去易留难"一语,语本《左传》,伍尚告其兄伍员云:"我为其易,子为其难。"意思是说:"死的事很容易,一死便了。活着的人们,报仇雪耻,任务却是很难呢!"

育南就义时年三十四岁。

三、何孟雄,字楚王,号江因,湖南郴州江华县人。一九二〇年暑期投考北京大学,刻苦自学,博览群书,实行泛劳动主义。邀集同学张树荣、贾纻青等组织工读互助团于北京斗鸡坑。女高师同学缪伯英、易群先等闻风响应,慨往助之,愿做义务劳动。从者既多,声动京师,《新青年》曾介绍工读互助食堂成立经过,号召社会人士捐款救助之,各方参加青年愈多!何、缪等往来于北大亢慕义斋,遂与我接近,互相砥砺,力争上游。何旋加入组织马克思学说研究会,为发起人之一。后参加北方工人运动书记部,深入革命,斗争在最前线,在京绥路领导罢工胜利,卓著功绩,向中共北方区委取得中共党籍。

一九二二年孟雄被选任为出席远东各民族大会代表,与王铮等出国赴俄,号称北路代表。北路代表路过哈尔滨(龙江)时一部被当地军警逮捕,何亦在内,陷龙江狱中。我闻讯乃请蔡子民(元培)出面,用北京大学名义向黑龙江督军孟思远请求省释,何、王等十余人遂恢复自由。自是以后,何在京绥铁路总工会任秘书,后又调铁总任秘书,我出国时由何代理我的职务,在铁总工作。五大、六大均被选为中委。

一九三〇年,何孟雄担任中共江苏省委书记,对于李立三、向忠发的错误路线,由于何久在工人运动基层工作,深悉其奸,独排众议,多次向国际写信指斥其错误路线,同时又在会议上公开揭露,口诛笔伐,不遗余力。因此对方感到非常恐惧,大施讨伐,诬何为右倾，为反党，为分裂，誓与不共戴天。他们公然宣称："有了何孟雄，我们的戏就没有人看了。"可见何立场坚定，义声远震，不是偶然的了。

一九三一年，王明回国进行篡党，召开四中全会。何本耿耿为党，为革命一片忠心，即起仗义执言，申斥王、博，对米夫力加抨击，冀其悔悟。在花园会议上何与育南等不顾情面，针锋相对，申讨其罪行。王、博对何等恨入骨髓，日夜设谋必思置之死地而后快，于是便发生了龙华惨案。这次不幸的事变，完全是王、博、向忠发诸人一手造成的。

在龙华案审讯时，王明党徒，东大支部回国夺权学生唐虞与王琳英、小丁等当场向敌方检举何、林、李等二十三人的姓名，及其在中共非委中央党组织所担任的职务，与过去参加革命事迹。敌方据此材料，得以定案，何遂遇害。

先是，一九二二年何与师大同学缪伯英结婚。缪先入党，曾任北方劳动组合书记部女工委员，劳动通讯社主编。伯英在何被害前一年因积劳患疾，医治无效，在北京病逝。

四、李求实，字伟森，号北平，湖北武昌人。少就学于湖北外语专修学校，初加入利群学社，与育南友善。毕业后在河南中州艺术学校任教。一九二五年我在开封组织河南总工会发动焦作矿山大罢工，李往郑州参加书记部工作，负责领导河南青年革命运动，被选任当地少共书记，协助河南工人运动工作。一九二六年后转广州少共任书记兼《中国青年》主编。一九二七年大革命时代，调任武汉少共书记，湖北省委委员兼宣传部党报编辑委员会主任（时我任宣传部长），一九二八年转上海，任《上海报》主编，负责江苏少共省委书记。五大、六大均被选为中委。

一九二九年，求实与我、育南同寓上海虬江庐，合办《斗争导报》与《上海日报》，该报抨击时政，发扬革命正义，风行南北。求

实并在此时组织革命文艺译作会，刊印文艺书籍多种。（Dostovsky 传记，即于此时出版）

一九三〇年，求实出席四中全会，反对米夫、王明篡党言行，退出四中全会，参加非常委员会，当选为中央委员兼中共非委少共书记。并于此时亲自组织革命文艺联合会被选为主任，与左联对抗。一九三一年一月为王、博、向忠发告密遂陷龙华狱中。

求实既入狱，亲见王、博叛徒深入敌方活动，卖党求荣，无恶不作，自知不可幸免，乃勉同志以革命大义，朗诵张巡旧文语曰："男儿死耳，不可为不义屈。"（语见韩愈引张巡语。）闻者感奋，愈益坚强不屈，通过虞卿派人探监，他从狱中寄书给我，附五言诗一绝云："革命危言在，成仁取义时。新春人日好，虬江寸心知！"（何、李、林等二十三人就义时间即旧历春节元旦，号称人日，故诗中称"新春人日"。）虬江即虬江庐，在上海，我、南平（育南）、北平（求实）三人所寓。

五、王震异，字仲一，山西榆次人，一九二一年太原学联会主席。与高君宇等进行反军阀活动。一九二二年进北大旁听，同时加入北大马克思学说研究会为会员。一九二三年加入中国共产党，旋被任为北方劳动组合书记部秘书。仲一奉令到浦镇组织津浦铁路工会，在南方号称英勇善战，多次罢工屡获胜利，被选为津浦铁路总工会委员及秘书。在"二七"大罢工中，仲一响应长辛店通电声援，并亲赴各路组织同盟罢工。

一九二五年河南总工会成立时，开封、郑州、洛阳、安阳与焦作一带，工农齐起，声势浩大，中原鼎沸，工农群众运动如海门潮涌，汹涌澎湃，局势空前。仲一对组织群众工作贡献独多，在河南总工会成立大会上，他写了一副对联，悬在大门口，联云："世运突变，六代豪华灰尽；历史重光，工农群众登台！"

仲一在中国大革命时期负有盛誉，全国知名。他代表北方出席中共三大会议，在一九二八年中共六大会上当选中央委员。仲一当时与向忠发、李立三等进行了一系列的路线斗争，所以很不为向、李所喜，仲一屹立不动。仲一对工作恒怀大无畏精神，奋勇前进，尝自书"挽狂澜于既倒，障百川使东流"二语于座右铭，以自勉励！

一九三一年，王、博危害革命，仲一出席四中全会，大声疾呼，谴责米夫罪行。仲一正告出席代表不要放过王、博罪行，做好好先生。大家应明白自己的神圣义务，要认识"一日纵敌，数世之患"，王、博因此恨他深入骨髓。

仲一仪表威猛，气韵沉雄，笔有文采，富正义感，一诺千金，疾恶如仇！有古并州游侠气派。

仲一在狱中备受酷刑，牺牲于北京狱中。

六、张昆弟，字芝圃，湖南益阳人，一九一七年湖南长沙第一师范毕业，新民学会会员，一九一八年赴法留学，三年后归国，到北京北方书记部工作，受命担任正太铁路总工会秘书。一九二八年六大会上当选中央委员。一九二九年任铁路总工会东北特派员。一九三〇年参加反对王明集团的斗争，出席非常委员会会议，当选为非委中央委员。他坚决反对王、博、向集团破坏中国革命的罪恶行为，他与夏曦为同学、同乡，但对夏曦的行径极为不满。他认为应该按照革命原则办事，勇往直前，有进无退。

昆弟为人朴实，不追求名利权位，朴实沉毅，熟思而后行，行而不挠，信心益坚。向忠发、王、博屡施分化政策，欲收买昆弟为己用，昆弟深恶痛绝之。又申斥米夫为老奸巨恶，怙恶不悛，及革命败类，害群之马。因此王、博集团衔之入骨，遂终为所害，死于湘鄂西苏区洪湖地区。

有遗诗一首，其诗云："前犬后狼，中国不祥。孰令致之，祸起宫墙。愿以热血，遍洒北荒。志士仁人，永矢勿忘！"

七、韩麟符，字令夫，河北天津人，南开大学学生。五四运动时,任天津学生会主席。后加入北京大学马克思学说研究会为会员。一九二三年加入中共,卓著勋勤。一九二五年起先后任北方区委委员兼天津市委书记。一九二八年六大会上被选为中央委员。一九三一年当选为中共中央非常委员会委员兼北方区委委员。前此守常倚为左右手,尝云令夫北方之强的代表人物,意气飞扬,大才盘盘,今日国士,当之无愧。

一九三一年令夫对中央非委多所建树,龙华惨案后,令夫专程来沪,请求非委中央北迁,以避王、博集团迫害。当时因我往东北未返,未果行。令夫乃独自北返,主持北方工作,往来北京、天津间,后又在察哈尔、张家口、多伦等地区组织群众武装斗争,成就卓越,人所共晓。他说:"我们为远大目标奋斗,决不计较一时的得失成败,也不管个人的利害,公道自在人心,历史当作鉴定,唯有时间可以公平合理解决问题!"由此可见他的光风霁月、磊落不群的胸怀。

八、罗章凤(即陈虞卿),湖南浏阳人,他是龙华惨案后牺牲烈士之一。一九二四年加入共产主义青年团,参加革命时年十七岁。

一九二六年入广州农民运动讲习所,加入中共为正式党员。同年毕业后派往湖南安乡主持农运工作,担任农民协会主席兼武装部长,冲锋陷阵,卓著成绩。一九二七年调任武汉中央工作,任警卫营政委(时陈赓为营长),整军经武,少年有为。一九二七年秋送莫斯科学习,分配在炮兵学校深造,参加中共六大会与刘伯承同为军校支部代表。一九三〇年毕业回国,任苏维埃准备会议保卫科长,为该会组织委员会委员。深得各苏区代表的爱护,团结一致,共同反对王、博集团的篡权行动。向忠发等深忌其能,多方加以非难,格于群众力护,无可如何!·

上海龙华惨案发生,虞卿担任营救工作,深入监狱,冒险营救被难人员,在极端困难条件下,终于解救六同志出狱,并且对牺牲同志吊死唁生，抚恤家属，做了充分工作。临中书记向忠发投敌后，多方设法将虞卿逮捕，牺牲于狱中，时年二十四岁。

九、金人（张金刃），字和尚，陕西关中人，北京马克思学会组织干事，一九二五年加入北方共青团为西安团委书记。工作作风，大开大阖，能起能落！以"雄才大略"自期。众惊其勇。自是以后往来北京、西安间，宣传组织革命群众，为北方区委所倚重。一九二八年出席中共六大会议当选为少共中委，在大会上斥责李立三、向忠发的严重错误思想与行径，怀有先见之明，同志无限信服。

一九三一年他在上海出席中央非常委员会，回北方区委任职。后被王明集团所害。

十、李墨耕，原名梅羹，湖南浏阳人，北京大学德文系毕业，为北大马克思学说研究会发起人之一。一九二二年被任为北方书记部委员兼秘书，党报《工人周刊》编辑。多次参加领导北方铁路矿山罢工斗争，贡献极多。墨耕精通德国语文，一九二四年至一九二九年留学苏联，深知东大支部内幕，对米夫深鄙其为人，拒不为米工作，米深忌之。一九三一年任中共中央非常委员会西文秘书，主持中央印刷出版事宜。一九三一年，顾顺章前往实行武装夺取印厂，李脱险出走，后在南方牺牲。

十一、谭寿林，广西贵县人，一九一八年北京大学文学院学生，五四运动中与我主持该学院学生会工作，参与火烧赵家楼运动，"六三"风潮中与我、君宇等同学共入狱。北大校长蔡子民向政府抗议、营救，以去就力争，他们终于被释出，继续参加群众斗争。寿林一九二一年加入北大马克思学说研究会，为基本会员之一，开展革命宣传活动。

大革命失败后，他到上海，在严重白色恐怖下进行工人斗争，任劳任怨，百折不回。一九三〇年他参加四中全会。坚决反对米夫、王明的篡党行径。他面斥米夫所倡议的残酷斗争与无情打击，说："你们的行径酷似落后部落'打冤家'！无丝毫近代革命政党的气息,此风一开,冤冤相报,一叶障目,不见泰山,如鼠斗穴中,成何体统？岂不令亲痛仇快！我号召全党同志坚决与你们讲理,直到你们认识错误才止。"因此王明集团用告密手段把他推入监狱,一九三一年五月三十日牺牲于雨花台,年三十七岁。

十二、宋天放,原名克钦,湖南浏阳人,少年时就读于南台小学、长郡中学,均与我同学同班,二人深相友善,常相约出游,登山临水,赋诗自励。天放所居与谭嗣同旧里相邻,谭氏莽苍斋所藏图书极富,二人恒同往借阅,因此对谭氏所写仁学手稿及诗词观摩机会颇多。前言往行,耳濡目染,所受影响极深。

天放美风仪,处世待人,风度泱泱,人称其有叔度之风。幼时诵习古典文学,精通英、德文,博及群书,下笔千言,所著诗文传诵一时！一九一八年天放北行,入北京大学文学院肄业。北京大学创建马克斯学说研究会,天放为发起人之一（发起人我们北大同学十九人）。自此以后,他先后任长辛店学校教务主任,北方书记部秘书,北方中共党报《工人周刊》发行部长,劳动通讯社社长,为北京共产主义青年团部委员等繁剧工作,是我的重要助手。

天放能文章,擅演讲,宣扬革命学说,雄辩滔滔,言论风采,四座倾服。他热情对待一切革命工作,助人为乐,因此北京与长辛店工人对天放倍极敬重,昵称之为"我们的博士",凡有疑难问题时,均向其请教益,天放谆谆告语,诲人不倦,工人群众视为良师益友,称为书记部优秀教师。天放加入中共后,先后参加长辛店八月全路大罢工,开滦五矿大罢工,"二七"大罢工,仆仆风尘,席不暇暖,竭其全力,争取工人群众的政治自由与经济条件。每遇到成功则欣然色喜,感同身受,遇挫折则忧心如焚,再接再厉。全体同志,无不敬佩其革命作风。

"二七"罢工失利,北方书记部负责人成为众矢之的,纷起攻击我，说我"躁进"，有些别有用心的人甚至怀疑罢工意义与北方书记部决策。纷纷毁谤罢工，以恶语相加，飞短流长，恶意中伤我。当时天放扬言此等宣教均敌方谰言，非革命词典中所应有，乃多方解释，我亦力斥其谬。反对者毋从施展其技，其风始息。罢工大义，遂如日月经天，江河行地，成为家喻户晓。

一九二六年，天放在工作中积劳成疾，南归养病，后来武汉政变，大革命失败后，天放隐居天马山麓。他看到北京大学亢慕义斋时期旧雨飘零，书记部同学存者无几，感怀前事，忧愤益殷，终于身抱沉疴，赍志以没。身后萧条，平生所著诗文积存颇多，由于国步方艰，未加董理行世，闻者无不惋惜。

天放所写文章散见北京党报者颇多，其所作诗词独见风格，惜均散佚。他在少年时曾写过一首国耻纪念小词，词云："五月七日，正是去年今日！断肠时，南关铜箭冷，金马泪如丝！个里兴亡感，更谁知？"吉光片羽，足见一斑！

十三、刘炎，字青萍，湖南安化烟溪人。长沙周南女中高材生，一九二六年任本校共青团书记，后调任新化锡矿山党支部书记，兼武装部长。一九二七年马日事变，矿山骚乱斗争爆发。刘炎率武装部队反击，战败被围，据险死守，经夏到秋，未决，突围至湘乡，入长沙，参加秋收起义。事毕，与我同调往上海中共中央工作，与金淑共事。抗日事起，组织妇女队赴前线劳军。一九三三年与陈廉思等参加蔡子民所组织的民权保障同盟会工作，亲往南京积极营救政治犯沧海等出狱，杨铨被刺后移居汴梁，会同魏郁等组织新笔会。中原沦陷于日寇乃播迁入四川，寓成都花溪，与石瑞予、季醒等共办报刊。

此外与刘炎同时代战友尚有上海女中同学王春熙（江苏维扬人）、席咏怀（浙江海宁人）、陈廉思（江苏盐城人）与贺士媛（湖南湘乡人）等人，其事略另见。

十四、谢怀龙，字黛茜，浙江杭州人，上海伊默氏 Emers 女子高级英文学校毕业，一九二五年北京大学英语系肄业，在北大加入中共，任北大共青团支部书记，北方劳动组合书记部西文秘书，中共《远东日报》外文版记者（后停刊），北京印刷厂案发生后，伊寓被军警查抄，谢子身往天津，旋被通缉，由海道南下，一九二七年到武汉任湖北省委宣传部秘书长兼鲍罗廷（Borodin）夫人秘书，B 夫人陷北京狱中，被派北上营救伊出狱，护送归国。大革命失败后，调任上海市委委员兼妇女部主任，一九二七年在浙江被捕入狱，与陈焦琴等共同牺牲，年二十四岁。临终前有遗书长五千言，诗若干首，辗转欲致我，时我远居欧洲，书未达。我归后，其同狱女友为诵其诗一首云："百年世事难如愿，沧海尘身◇再现。昆仑东倒海西移，双龙头角何时见。"余诗均忘，不悉其内容云。

十五、金淑，字至诚，浙江镇海人，一九二五年浙江女师毕业。加入共青团，在岱山一带渔村从事组织渔民工作，后又回宁波做妇女运动。一九二六年与王亚璋在上海组织丝厂女工会并领导女工罢工与穆志英争夺领导权，屡获胜利。一九三〇年任中共中央工委秘书，并积极参加非委斗争后被临中所忌，自戕而死，年二十六岁，遗孤◇◇托刘◇抚养。

同时浙江宁绍方面又发生傅阿堂与陈焦琴被害事，傅为浙江宣绍工会主任，陈焦琴（女），年二十五岁，为镇海县委书记，均在残斗中被逮，入狱，旋均被杀害，同案唯徐梅坤入杭州反省院保释出，转任◇◇事。

上海非委烈士追悼会

非委诸英烈均属一九三一年临中篡党以后全国牺牲的烈士之一部分，非委中央曾先后公告烈士名单，并于上海沪中区某中学隆重举行追悼会，到会有当地工会、农会、学生会、妇女会等团体及群众数千人,中共中央非常委员会江苏省,上海市内六个区委负责同志均临会参加追悼会,宣读诔词,中央及省市非委等送花圈、挽联甚多。

一九三一年三月非委中央挽联云:

血泪堕申江,百万工农齐首俯;
龙华横剑影,吾党精锐恸销磨。

江苏省非委挽联云:

人杰地灵,鏖战大江南北;
千秋景仰,热血飘洒龙华。

北方区非常委员会:

劳动组合,齐心协力;
亢慕义斋,与子同仇!

铁路总工会:

是琦瑰磊落之生,生当媲诸禹墨;
为中国革命而死,死有重于泰山。

上海总工会:

碧血瘗江郊,一代兴亡宣正气;
雄魂归天上,九霄日月失重光。

追悼大会于公布上述诸人事迹外,尚有下列诸死难同志事略,数十人大都属于北方与南方书记部工作人员,因限于篇幅,不及备载。(罗按:一九二五年中共北方区党委出版《劳动英烈传》[1]可以参考。)

各英烈姓名如下:

李大钊(河北乐亭)　范鸿劫(湖北武昌)　高君宇(山西静乐)　恽代英(湖北武昌)　邓中夏(湖南宜章)　蔡和森(湖南湘阴)　王瑞俊(山东济南)　邓培(广东香山)　王荷波(福建闽侯)　姚佐唐(安徽桐城)　马净尘(河北大兴)　安庆生(河北天津)　于方舟(河北天津)　游泳(游天洋,福建)　孙云鹏(河北)　辛克让(河北)　辛璞田(河北)　高克谦(河北)　王忠秀　伦克忠(山东四方)　邵飘萍(苏州)　胡信之(山东青岛)　陈焦琴(浙江)　席咏怀(浙江)　葛树贵(河北)　李味农(安徽)　白眉珊(洛阳)　安体诚(乐亭)　梁鹏万(广东)　阮章(广东)　黄壁(安徽)　王复申(江苏)　茅延祯(安徽)　王铮(湖南浏阳)　郝英(河北大兴,北大印厂工人)　王有德　王儒廷　王懋廷　刘◇(四人均云南)　杨善楠(湖南)　江浩(河北天津)　江镇寰(河北天津)　谭辅仁(女,湖南长沙)　李季达(四川)　何叔衡　罗纳川　毛简青(以上三人均湖南)　蔡以忱(湖北)　陈荫潭(湖北)　蔡瑾璜(湖北)　李启汉(湖南江华)　赵世炎(四川)　何今亮(浙江宁波)　向警予(湖南)　张俭贞(黑龙江)　江英(黑龙江肇东)　萧礼卿　蒯去病　龚际飞　陈章甫　罗湘南(女)　贺集媛(女)(以上六人均湖南)　萧道德　陶兰(以上二人江西)　徐朋云(徐朋人)　钱伯符　郑芹瑞　曾锺

---

[1] 《劳动英烈传》可能是《革命战士集》,见本书另注。

圣（曾中生） 熊◇宣 广◇力（以上六人特立所杀） 佘立亚（湖南长沙） 陈延年 陈乔年（安徽安庆） 郭亮（湖南长沙） 童昌荣（湖北） 马尚德（河南确山） 彭湃（广东海丰） 杨殷（广东中山） 赵振坤（四川重庆） 陈潭秋（湖北武昌） 毛泽民（湖南湘潭） 罗亦农（湖南湘潭） 陶静轩（上海浦东） 彭礼和（湖南长沙） 李涤生（湖南浏阳） 陈赞圣（江西赣县） 赵醒侬（江西南昌） 方志敏（江西景德镇） 寻淮洲（江西浮梁） 张万兴（江西万安） 魏野畴（陕西米脂） 张春木（江苏常州） 王一飞（湖南长沙） 林蔚（湖南醴陵） 傅书堂（山东胶县） 李青山（山东博山） 李宝成（山东历城） 王辩（女，山东济南） 庄东旭（山东聊城） 王右木（四川重庆） 杨闇公（四川万县） 漆树芬（四川成都） 萧楚女（湖北武昌） 熊熊（四川） 罗学赞（湖南湘潭） 夏明翰（湖南衡山） 蒋先云（湖南衡阳） 李九铭（湖南浏阳） 胡九阳（同上） 胡里英（同上） 邓诚（同上） 陈楚梗（湖南醴陵） 侯绍裘（江苏松江） 田子英（湖南邵阳） 卢春山（湖北黄冈） 阮啸仙（广东） 江秀珠（同上） 周文雍（同上） 张铁军（同上） 潘心元（湖南浏阳） 田波扬（湖南浏阳） 熊亨汉（湖南益阳） 王咏梅（湖南长沙）

以上诸同志都是中共反帝国主义反封建的先锋战士！他们反对党内残酷斗争，拥护党章与党内团结，他们为正义而斗争，为革命而牺牲。他们言论行动光明正大，无可非议，他们的光辉事迹，应载于革命史册，传诸后世以无穷！光荣属于革命先烈与忍受牺牲英勇奋斗的战士！（完）

"二七"五十周年

（罗按：龙华惨案以及南北各地牺牲烈士由于牵涉到王、博、向集团，他们一方面多方狡辩，否认告密，同时又万分怀恨非委并否认非委及龙华诸案死难诸人为烈士，一九三四年一月王、博集团控制中央苏区，进行"反右"，在同年一月苏代会上，临中公开否认非委南北诸惨案牺牲者为烈士。）

附，文虎悼仲甫联：

半生革命，半生著述，血幻昙花，终有令名垂宇宙；
辞尊居卑，辞富居贫，尘生沧海，更无同国觅宗师。

邓安石（中夏）轶事

安石原名隆顺，后改名隆渤，入北大后易名邓康，至上大更改名安石，号重远或大壑，笔名阑汀与新劳等。安石在锺英时期负 C.Y. 中央重任，对青年运动贡献极大，本文仅就其在上海前后轶事略纪数则如次：

安石在北大时期锐志于文学，能诗文，但自谓非大手笔，欲在政界有自见，故改号安石，且渐倾向革命运动。他在北京大学毕业时年二十六岁，一九二一年春赴保定师范学校任专职教员，是为从事粉笔生涯之始。他在保定师范自编三个月教程，题为"讲授新文学、新文化普遍概念"，其中所选教材十余篇，内有胡适文章六篇，（并特请胡适到保定讲演，胡已应允，临时因故未去。）周作人三篇，蔡元培、陈独秀、李守常等各一篇。（原讲义所载时间为一九二一年六月七日编。）

安石教书经年后乃弃职南行，漫游江苏、上海、浙江、杭州与四川重庆等地，最后仍执教于上海大学。

先是自一九二二年夏国民党酝酿改组，国共负责人在上海集议，决定双方合作在上海创办一个高级学校作为政治革命教育宣传阵地。旋即进行筹备并决定人事等问题。起初定名为远东大学，后改称上海大学。国民党推亲共派于右任出任校长，中共派邓安石担任总务长。邓于一九二二年七月间即负责筹备，布置上大具体事务，经过几个月后，于一九二三年一月开始办公，四月开学。上大开办筹集五万元作为租房建校设备及前三个月维持费用，校址初在庆云路，继迁摩西路。教员由中共选派，学生多数由中共党团与工会三方选送，其余公开招募。因物质设备简陋，当时被外间称为野鸡大学。

于右任为逊清举人，擅诗辞书法，风流倜傥自赏，颇合野鸡大学校长身份。在政治上极其左倾，与张继格调齐同。某次仲甫与我同访于右任，适张继亦在座，主客闲谈中，于云近年北方革命多由南方革命党策动，此乃"运会"使然！张以指击桌太息道："中共革命生长力量发展很快，我们却成老大，不易振作起来，即如'二七'就比三月十九规模浩阔几十倍，且震惊世界，可见新兴的组织能干非当年同盟会所可企及，苏联援助革命更比华侨杯水车薪来得广远。"于右任续言道："过去国民党内部政见不一，争权夺位，各行己意，遂肇衰落。中共今日改弦易辙，另有一番兴国现象……"二人所说，均似不假思索脱口而出，其实亦言不由衷，彼等日后行动可以证明。

于右任在上大时对C.P.极亲近，尝谓C.P.人才众多，邓安石可比宋遁初，罗◇可比黄克强。上大教员中有王陆一、沈玄庐、张秋人、瞿秋白、沈泽民等。学生有何秉彝、黄仁、刘剑华、沈剑华、林钧、杨之华、瞿景白等。（何秉彝、黄仁、刘剑华等均在一九二五年牺牲。景白乃秋白之弟，夙患先天性梅毒，鼻梁溃陷。景白格于语音不清，不能接近群众，乃肆志于英文，欲在译述中有所贡献。景白中年追求一女友，女友嫌其不洁，常远避之，景白大感痛苦，旋自杀。）

自上大桃色案发生后，安石即屡向锺英请求另调职。事为于右任所闻，竭力挽留。于语安石道："圣人有言，'食色性也，动物本能'。"因道白云："我曾为牛马，见草豆欢喜，又曾为女子，欢喜见男子。"安石聆语，知于有意讽上大桃色风波事，十分难堪，后坚决辞职赴广州，从此放弃粉笔生涯，正式投身工人运动，这是他一生革命的重大步骤。

安石在任教时工作认真，生活严肃，但有时谈吐幽默，流露无限谐趣。如某次团中央会议，但一闲谈南平（求实），两次婚姻均不如意，现又与怡真勃溪。楚女云："李郎貌似莲花，夫人何故尚不知足？"北平（育南）解释道："想必是好看不中吃。"安石在旁说："夫人不言，言必有中。"合座闻语大笑。

上大同事刘某生意委琐，气质平庸，曾央安石作书，安石书词以贻之云："世上儿曹都蓄缩，冻芋旁堆秋飓。"刘见字，怀惭而退。

东大支部学生某平日好酒，耽于恋爱，不努力学习，精神表现十分委顿，安石作诗嘲之，诗云："糊涂庙里糊涂爷，竟日醺醺过酒家，道白不离春梦姥，作书字字绾秋蛇。"又尝称彭述之所为文章活似党八股，依样葫芦全无生气，许多地方如同讲梦话一般。更谓阿秋为文艺书词，乱敲梆板，有如民间所传呆女婿装扮，形象累赘，音调仿佛罐头筒，一片嘈杂！凡此足证明安石文词锋利，不同流俗。

安石一生自惜羽毛，一切生活谨守革命党人纪律，因此对友人失德亦不轻易宽假。一九二七年大革命后，他亲见不肖分子改宗国民党，纷纷向南京请求收容改编，并弹冠相庆，曾屡著文以斥之。他在《中国工人》第六期以笔名新劳发表《从纪念二七说到中国工人奋斗的前途》一文中指出："国民党军阀怕中国革命不断的大爆发以致其生命于死地，故他尽九牛二虎的力量对付中国的革命。现在他一方面用法西斯蒂的政策镇压中国革命势力，另一方面雇买一般反革命资产阶级的知识分子（如陈公博、施存统、李达等），大鼓吹什么三民主义、劳资合作、劳工立法，以为欺骗革命民众以掩饰其狰狞恶兽的面目。"当时安石为革命激于义愤，鸣鼓而攻，发为此文，不肖者为之气慑云。

安石初婚于同邑杨氏，杨氏未尝离家乡。继婚于丁郁（上大学生），未五月离异，到广州与李华同居。李华，江华人，原名瑞华，即李启汉之妹。（启汉一九二二年六月入上海西牢，一九二四年十月十三日出狱，出狱后随安石赴广州省港罢工委员会工作。）先是安石在六大会前一度在香港被捕，因无人指证，月余释出，七月到上海晤我，提出纠正党的路线意见，无结果。六大会后表示愿意留苏学习，其夫妇旅居莫都时曾育一子，后李华归国时因不便携小孩，寄养莫都某托儿所，归国后儿子竟无下落。安石归国依违于左派角逐之间，彼明知其误，而不敢自作主张，对王博亦顺应大势，委曲求全。王博知安石与北方书记部渊源，深恶之，必欲诛锄之而后快，一九三一年派安石到沪中区委互济会工作，住法租界麦琪路某理发店楼上写油印，送文件。安石益自韬晦，终日戚戚不语。一九三三年五月十五日夜九时，安石在新迁寓所（法租界环龙路骏德里）被法国巡捕房逮捕，（化名施义）当被拘留法捕房凡五十二日，旋即被东大支部回国学生，曾在临时中央互济会担任救济部部长的王琳英指证，引渡南市警察署，八月二十七日转解南京宪兵司令部，经由东大支部回国工作学生王云程、李竹声、孙际明等作证检举，于九月十四日押往雨花台被害。安石被捕后，李华亦被逮入狱，为东大支部同志某（萧光夫人，已先在南京）指证，陷狱二年始释出。据李告我：在延安时，王明为陷害安石事，见李华辄低头走避，不敢正视云。

关于安石就义事，因邓系北大马学会会员兼书记部成员，不为临中所重视。临时中央疑邓与非委通声气，自洪湖撤职后即停止工作，后派他到互济会做下层工作，为王琳英告发，在上海公共租界被捕。

中夏被捕后，化名施义，因无佐证，拟释放，后经同案人（东大支部回国女生，萧之妻）指证，解往上海（南京政府）拘留所监禁，一月后转解南京宪兵司令部。初未判刑，中夏自知短时无出狱希望，在狱中壁端题"十年养晦"四字以自勉。随有同狱某将中夏在洪湖工作情况报告,事为湖北省地方官绅所闻,遂由张难先等呈请南京政府将中夏判处死刑,十月被杀。

关于邓康在北方学习期间情况,考诸文献记载,一九二〇年九月在北大中文系毕业,赴保定育德中学任教。一九二二年七月赴上海出席少年中国学会,九月返京,十月赴上海,任C.Y.工作,筹办上海大学,上大成立后任总务长。一九二五年赴广州参加省港罢工,是为中夏全力从事实际斗争之始。因此一九二二年八月京汉路罢工,一九二二年十一月开滦罢工及一九二三年"二七"事变,中夏均不在北京。另据《"二七"运动》一书曾有如下的记载:"一九二二年的一个傍晚,在长辛店街上,两个下班的铁路工人边走边说:张大哥,邓老师离开我们这里已经一年多了,这一年多,长辛店的变化可真大呀!"青年工人说:"可不是,去年工人俱乐部成立,路局方面还不把我们放在眼里,今年夏天罢了那次工,他们就不敢明目张胆欺压咱们了。"中年工人回答。(《二七运动》中华书局一九五九年二月出版,第十一页)由此页记载可证邓是一九二一年离开北京。

邓著《中国职工运动简史》评议

中共六代会结束后,中共部分代表曾与德共负责人台尔曼等举行座谈,在谈话时德共代表提到关于中国工人运动史料欧洲各国均感缺乏,希望中共方面能编写些资料,译成西文,以供参考。座谈会后中共中央委员数人共同商谈结果,决定编译中国工人运动史丛书以应需要。旋即着手收集资料,随向第三国际东方部及职工国际取来该部门所保存的北京《工人周刊》《中国工人》《京汉工人流血记》、上海《劳动周刊》、湖南《苦力》《工人之路》《先驱》等刊物,交给特立与中夏为编写该书的第一手资料。此事后来由于编者提前回国,亦未完成原定计划,草草写成简史。据他说:"该稿由于时间匆促，急就成篇，来不及把原材料加以消化……"事实确属如此。

该书主要观点，在叙述中共创建以来，在工人运动方面一贯存在着机会主义（包括政治路线与组织路线）。如书中叙述五四运动时说道："五四运动发动的虽然是青年学生，领导的无疑是民族资产阶级及资产阶级智识分子、大学教授。"（原书八页，一九四二年解放社再版，下同）说到五四运动中的罢工，书中称"此次罢工据说有些简直是资本家命令罢的。"（九页）书中说五四运动中国知识阶级的思想斗争概况，并未从斗争过程本质加以分析，只是囫囵做结论为"经过一场激烈斗争后，结果在形式上算是主义派取得了胜利。"（原书二十页。按：主义派三字是胡适之讥笑马克思学说研究会会员的话。）书中接着又说社会主义各派别的内哄，在此次混战中，马克思主义派形式上曾将各派各个击破。这里所谓"内哄"，所谓"混战"，所谓"形式上"均系自第三者立场出发，编者好像是置身事外一样。因此，他对于马克思学说研究会成立与工人运动在实践上联系的重大意义，完全无视，这不能认为是偶然的错觉。

书中在叙述党的机会主义倾向时接着写道："北京方面李守常同志确是同意此种主张的。"（二七页）这几句话给予读者暗示，仿佛说当时中国党是在受机会主义影响，这种深文周纳的笔法，是一眼可以看穿的。由此出发，书中说到工会与党时便闭目胡诌起来道："自然当时工会中的党的组织普遍是没有，只有共产党员个人，也就因为如此，对于工会的领导只是个人式的英雄领导而不是党的组织领导。"（二二至二三页），这样便完全否认党组织对当时职工运动的领导作用。不仅如此，书中对一九二二年北方六路罢工、开滦五矿大罢工真实过程，编者似均盲无所知，只是浮光掠影胡说一通。如对陇海铁路罢工事只寥寥数语，说："北京党部闻讯驰往参加则已解决。"（一九页）（按：此事详细经过北京《工人周刊》及劳动通讯社发稿记载甚备，编者断无不知之理，其所以故逞妄说者，殆欲藉此以彰北方党的过失。）

以上可见编者旨在把轰轰烈烈延续十天之久，经过北方书记部组织并取得胜利的陇海铁路全路伟大罢工，竟说成无声无嗅，与中共全无关涉。《职工运动简史》曾辟专章（第六章）记叙开滦五矿罢工问题，但该书作者既未亲预此事，又未详细参考有关资料，写作态度又不严肃。文中说罢工"组织太糟糕""领袖非人"或准备"太不充分""甚至罢工总领袖卷款潜逃，因此罢工失其领导"（原书九四至九五页）等等，完全与事实不符。这种有意歪曲史实，诬蔑党与工会的手法，好像当时没有党组织领导，纯属别有用心。这种说不是由于隔岸观火发生误解，便是有意歪曲史实，企图把震惊中国及世界，支持二十五天的开滦五矿同盟罢工与流血斗争，说成一团死寂，（在罢工结束前夕，一度发生过收支人员渎职情事，但于全域并无大影响。外间乘机散布流言，显属不当。据一九二二年十二月二十日我与邓培为开滦罢工财经问题致中共说帖内称："五矿罢工委员会选任三人组成财务委员小组，分任其事。其中一人负责财务行政、签发收支文件，一个为司账会计，一个为出纳，三人均为在业工人，会计独立，书记部人不经手金钱，只监督用途。"关于工会捐款收入支出帐簿，后经军警查抄摄影公布，解放后尚保留一部分档案留在唐山、天津有关机关，可以参考。）仿佛北方党组织临事束手无所作为一样，这不是凭空妄语是甚么？至于编者对二七罢工不敢公然妄逞谤讪，但书中对于北方党领导二七大罢工却说成若有若无，对京汉路中共党团的一切决策与活动似乎完全隔阂，最后他竟凭空说："二七失败，工会被封，我们党在工人群众中除政治影响外什么也没有了！"（一三页）试问：倘果如编者所云，那么次年（一九二四年二月七日）北方全国铁路总工会又在郑州恢复，北方工人运动高潮复兴，北方党组织空前大发展，这些事实又怎样解释呢？这一切不过证明编者对于当时北方诸伟大斗争的无知，同时也表明篡改者伎俩掘劣和居心卑鄙罢了。

综观该书编者意图，一方面是把一九二七年前党的路线说成一贯机会主义化，把工人革命组织说成瘫痪无力，把许多重大罢工斗争说成自发散漫与党的领导关系薄弱。但在另一方面，编者个人却倒妄自吹嘘，不顾事实，任意抬高自己，贬抑党组织集体威信。如说："长辛店劳动补习学校成立与筹划开办"（一五页），所记与事实不符；又说"一九二二年第一次劳动大会后，书记部由上海迁到北京改为总部"（三十八页），中国劳动组合书记部成立时原设在上海，一九二二年被封闭后即停止工作，各省工运由北方、济南、武汉、广东、湖南等地方劳动组合书记部分部主持，此后并无总部名义，亦无总部主任存在，只有在发起召开全国第一次劳动大会时才借用过"中国劳动组合书记部"名义，但只用一次，以后就未再用过，更谈不到有所谓总部了。

总之，该书本身对中国工运史实既属不实不尽，且多歪曲事实，议论尤多悖谬。一般读书观感大都认为全书编述体制简陋，取材极不完备，特别是对于若干重大事件，记载失实，内容空虚，或详略失当，处处表现粗心大意，态度更欠严肃。尤为可议处是此稿出版时又经临时中央王、博加以利用，按照小宗派利益任意涂饰篡改，遂丧失成为信史的条件。他们此种做法是别有用心的，其目的与企图在降低一九二七年以还中共存在期间对于中国工人运动党领导方面有组织的作用，或者以伪乱真手法抹杀历史事实而故意抬高编者个人的"功劳"，以达到对读者造成一种错误的印象，从而颠倒黑白与是非，以快私图。只要去考查一下一九二一年至一九三一年间中共至现在尚保存的有关党与工人运动报刊，便可证明上述判断的正确性。这里应该特别指出的是，该书原稿固多失误，但是印行时有人复乘机利用，擅自增删篡改多处，遂使全书更呈混乱，面貌益非，此又与原编者无涉，其错误应由篡改者负责。不过就全书来说，究竟哪些是原编者的错误，哪些是涂改者的曲笔，因事涉暧昧，读者已难以加以分辩了。（本书一九三〇年六月十九日脱稿，即交由共产国际东方部米孚审阅。一九三一年王、博临时中央付印，书中有些地方增加文字是属于四中全会临时中央成立后所发生的事，如刘文松在大革命失败后与向忠发一道，已成为南京政府捕共最力的工贼，该书却为他开脱，见一七五页。可证。）

但一言行录

但一原名代英（一八九五～一九三一），原籍湖州，自称画家恽蓝田后裔，自号夫里曼（Freeman），弟代贤均中共党员。但一原系武昌师范学生，参加湖北省委工作，一九二七年大革命失败先后参加南昌与广州暴动，均告失败，因此对秋白、忠发与立三等提出异议说："你们以暴动为儿戏，是冤枉斗争。"复不为向忠发等所喜，向、李等遂加以右倾机会主义罪名，禁止他发表文字，并下放代英到区委做交通工作，命令他担任每日送文件、报刊工作。由于代英双目深度近视，对面不能辨行人，一九三〇年四月十九日遇租界巡捕抄把子（搜身），在身上搜出大宗宣传品，因拒捕被殴伤，眼镜打破，划破头部，血流满面，人亦不识其真实面貌。因审讯时代英化名王作霖，解送中国军警机关转南京审讯，结果判处徒刑三年，即送苏州监狱执行。坐狱已满一年，无人知情，向忠发、顾顺章到南京投蒋后，乃向敌方据实报告代英在狱真相，蒋对向大为嘉奖，命提代英往南京中央军人监狱加刑。于一九三一年四月二十九日被害，时年三十六岁。但一为人守正不阿，兼识大体，反对党内无原则的斗争。先是，一九二四年时代英写纪念吊施伯皋文，刊在《民国日报》附刊，倡议革命同志应互相信任，而不应互相疑议，语重心长，瞿、李深嫉之！乃对他决心施行陷害。

转录但一所作《纪念施伯高兄》文内容如次：

我不能不纪念施伯高兄,因为我们对于施伯高兄,不能不表示我一年来深深留在心上的一种歉忱。我在京汉大罢工的时候,还远隔在四川,仅仅从报纸中得着一些东鳞西爪的传闻。我在那时候,曾经听得些谣言,说是某某诸友,都遭了惨杀,经了好久,我才知道这都是谣言,只有工人林祥谦君等与伯高兄的遭惨杀,却竟是不幸的事实了。我回想我认识伯高兄,是在五四运动以后,在那时候,我只知道他是热心奔走的人,我亦曾怀疑他是爱出风头;我亦曾讥笑他是专门开会家;我因为他是一个法政毕业生,而且比较活跃而规模宏大一点,我总觉得他像一个政客;我在初不相信他有什么诚心,我在初不相信他真能为社会上做出什么切实事情。

我在最近两年间,才有些半信半疑地赞美他的为人了,我因为看见他热烈而勇敢的胆气,与那种坚定而不移易的精神,我实在没有法子用恶意猜度他;但是我那时候还是这样想:我说,他的头脑怕不是很明晰罢!他的气性怕不是很纯正罢!因为我的逻辑,凡外貌似乎是一个政客的,他终少不了有一些政客们的缺点。然而伯高兄竟因为援助工友,为被剥夺的劳动阶级的利益而奋斗,这样的遭惨杀了,我听见他被杀的确实消息,我不但感觉是一件可惜的事,我的良心还受着很痛苦的责罚呢。我疑议人家,我不满意人家;但是世界上只有像我这样的人,真做得成什么事么?伯高兄的一死,可以为他证明了一切,可以使一切疑议不满意他的人,再不能说一句话,然而到人家死了才相信人家是一个真诚的有志的人,这样的相信有什么用处呢?人对于一切生活性格与他自己不同的人,每每会发生些无根的误解,譬如我们说,伯高兄是一个政客,便是一个明显的例证。我亦并不因为伯高兄是已经死了,因而说他是一个全无缺点的人。他的有缺点，正如我们的有缺点一样，我们所有的缺点固然不相同，然而大家免不了有许多缺点，这终是一样的。到现在想，我们何必希冀去找全无缺点的人呢？我们但能集合各种缺点不同的朋友，以我所长补人之短，亦以人所长互补其短，这亦便很可以做事了。我们若能得真诚热烈如伯高兄的，纵有许多缺点，亦应与他努力提携，为甚么我们从前只知疑议，不满意他呢？我们若知道自己是有缺点的人，我们应当欢迎能补正我的缺点的人才是。我们偏于冷静了，正需要活跃的朋友，我们偏于拘谨了，正需要规模宏大的朋友，然而因为我的狭隘而不肖的见解，我偏要说，这样的朋友，怕不免是政客罢，因此我对伯高兄始终不曾十分的信任。但是现在呢？我应当如何对伯高兄惭怍？我应当如何追悔我以前错误的待朋友的方法？我应当如何的承认，我是狭隘而不肖的人啊！凡不肯离弃一切危险运动的朋友，都许是早些或迟些要遭惨杀的朋友，我们不要待到人家遭惨杀了，再去崇拜追悼他；却在他的生前，只是疑议或不满意于他啊！我们所确实认识的热烈真诚的同志，死了的已经死了；我们应当必须待到人家死了，才这样确实认识他，才悔恨以前不曾信任他，不曾与他努力提携么？我回忆起伯高兄夹着一个皮包，在后花楼汗淋淋地跑过去的时候了！我回忆起伯高兄捶胸顿足地在国民大会演说台上演说的状况了；我亦想象伯高兄在刑场上最后的一分钟！我想伯高兄总还记念着：有许多未曾做完的事情，不知道是哪一些后来的兄弟们要接着办呢？亦有不少后来的兄弟们，准备继续着伯高兄所做的事情了，亦有不少后来的兄弟们，准备继续着伯高兄所遭的惨祸了，唯愿后来的兄弟们，大家信任着，大家努力提携着！我们如何善于与活着的朋友相处，比起我们如何崇拜追悼已经死了的伯高兄，还一百倍的重要呢！

（原题"纪念施伯高兄"）

载一九二四年二月上海《民国日报》副刊

我与但一友谊素笃，二人在中央前后共事十年，同心协力，如谊同金石，但一被难后经年，我过苏州阊门，赋诗以吊之，诗如次：

其一
破碎上河近若何，危邦力战此经过，
十年道谊兼铮友，试剑石前泪泗沱。
（一九二四年与但一共游虎丘。）

其二
春深夜雨伴湖居，望海亭前共读书，
永夜角声开会后，松江楼上脍鲈鱼。

其三
南湖烟雨忆同舟，国士双双暮草秋。
怅望石头城下路，死生契阔不胜愁。
（一九二四年，我、侯绍裘与代英共泛南湖，二人已先后蒙难。）

德隆其人

德隆，湖北汉川人。家本小康，中落后，投身林家布厂为店员，后被接纳作为湖北劳动组合书记部成员。一九二二年参加工作，曾丧失立场，勾结杨德甫、谌小岑等工贼组织"二七工仇"社，暗受军阀命令，进行反共活动。出版《二七工仇》小册子，散播毁谤二七罢工文章，后经过育南劝阻始重返部工作。一九二七年在鄂省总工会工作期间，他又为个人利益加入向忠发帮会集团，贪污盗窃，助向为恶。一九二八年调上海全总工作，乃摇身一变甘附临中。德隆在上海全总工作时，临时中央瞿秋白运用纵横捭阖手段，挑拨中央工委及全总党团内部领导同志间关系,他一方面阿谀我与阿苏（兆征），另一方面怂恿别人反对我与阿苏。德隆对临中行为推波助澜。先是瞿对德隆说："目前斗争形势，内重于外，你应该认识这一点。"当时德隆深为所动，向人说："秋白为人好转念头，对敌一筹莫展，对内很有一套，见人说人话，见东方部便说神话，你们不是他的对手。"在上海电话工潮中，临中曾诬构事实，说有人公开勾结黄色工会陆京士、朱学范等工贼向国民党告密云云，此种做法后经查明并非事实。德隆本已知情，但当对方询问德隆时，他不加可否，支吾其词以对，并说："打架无好拳，他不这样，就要垮台，所以不得不然。"因此有人说他是头脑颟顸不清、是非不明的人。后来德隆乃离开上海脱身到江西而去。一九三七年德隆依附王、博居云岭时，一切唯王明之令是从，推行投降路线，不遗余力！一九四一年一月四日，敌方调军队十余师约八万人结集于茂林地区，对新四军进行围剿，德隆奉命让防，敌军合围，事先耳目失灵，茫无所知，仓卒间已陷重围，结果战败，精锐损失殆尽，本人为部下张某所杀，主将被俘，仅傅秋涛率队渡江北去。同时被俘杀害者有新四军政治部主任袁国平、秘书长黄诚、战地服务团长朱克靖等，余送上饶集中营禁锢。

总结德隆半生，革命意志薄弱，不明大是大非，他明知向忠发、王明等一伙对革命失其忠诚，也亲眼见到他们祸党危害革命的种种罪行，理该奋起抵抗，但是由于他顾虑多端，患得患失，革命意志消沉，不敢揭发，更不敢有所作为。因此他对待阶级敌人表现出动摇软弱，唯唯诺诺也就不足为异。

蠖生文评

语云："尺蠖之屈以求伸也！潜尤之藏以护身也！"蠖生之名取义于此，其人生哲学既与此相侔，故其平生言行亦以此为矩矱准绳。

八七会议成立临时中央，推行盲动主义路线，实行惩办制度。在这期间，临时中央于一九二八年发表蠖生所写文章[1]。综观全文，主要是自我吹嘘并阿谀临时中央路线领导正确，同时否定中共自成立直到大革命长期间的政治路线，谓彻头彻尾全盘都是机会主义。按照上述精神，文中造谣诬蔑，捏造事实，无所不用其极！由此所下的结论，自然也是错误百出。现就其文中重要论点加以阐明。

首先应行指出的，该作者于一九二五年被派到东方大学学习，在此以前他并未实际参加革命工人运动或农民革命运动，也没有担任过实际斗争或基层革命工作。他于一九二七年五月回国，在大革命重要时期他一直不在中国，他在回国后也没有参加中央与省委工作，他既非中委，也非省委，更谈不到担任中央重要工作。对于中央与省委重大决策，也当然无法知道，不能理解。到七月十五日武汉政变止，他即行离开汉口私行赴沪。在他留住武汉二个月时间，他仍是一个并无实际工作的革命闲人。

又在武汉大革命危机时期，五届中央有计划采取措施，派张特立等领导叶、贺军队开赴南昌、九江，公推毛泽东、我二人到湖南组织武装反抗，另派王荷波赴北方，陈延年到江苏，但是此时瞿秋白、向忠发等卷去公款巨万，相率携眷逃遁，住庐山避难。

在这些历史事实前面，该文作者就不免虚构情节，抬高自己，同时并厚诬革命同志，打击他人。现在就该作者文章内容举例加以说明：

该文首在捏造事实哄抬秋白、立三、向忠发、顾顺章、彭公达等，表扬自己的正确意见和他当时在党中央政治局的重要地位。就其全文观察，当时中央政治局只有和森、立三等少数几个人，也没有工委、农委的负责人，这难道是真实情况吗？最突出的是该文中歌颂刘激烈行动是正确的，不是偶然的，同时却诅咒："纠察弃枪

---

[1] 蠖生之文详情不明。经查，当指蔡和森《中国革命的性质及其前途》一文。

弃职逃走一空。"这些信口开河说法可谓完全与事实相反！真是白日梦呓。

该作者在文中自我吹嘘，所谓"湖南、湖北的决议案"，实际是事后虚造的，当时并无此议案，中央也无人知情。至于他说的湖北省委其他情况，根本上并不存在。当时湖北省委曾提议："就武汉地区实行武装暴动，反击汪唐政府。"但这个决定与该文作者毫无关联。该作者有意移花接木，张冠李戴，只显出别有用心！文中又说到"一些职工运动的重要同志都不赞成罢工反抗国民政府"，更是无中生有，凭空杜撰栽诬的乱说。文中更称夏斗寅叛变时，该作者与立三向中央提议进攻湖南、广东。当时绝无此项提议。又说和森暂代秘书长，当时既无其事，亦无文献可征！至于文中所说老鲍的"西北路线"，其措辞无头无尾，更空泛无内容，含糊仿徨，令阅者莫名其妙。该文作者既自认在中央政治局负责，为甚么对于当时新来的国际代表不能举其姓名，只是说他背毛子，可见他根本上没有接触过罗米那兹（Nominatz）、罗埃曼（Neveman）等人。文中在评价党的工作时，根本没有提到中国工人阶级在大革命运动中的领导作用，甚至如二七大罢工、唐山开滦大罢工、海员罢工与省港大罢工等一系列重大革命史迹都一字未提，均视同为机会主义，其荒谬不经，可见一斑！

总观全文充满自吹自擂，歌颂临时中央的语调，全文主旨是在妄图树立自己"左派"山头，并热望加入瞿等宗派集团而当其走卒，所以不惜凭空伪造事实，颠倒历史，企图一逞，但事后证明亦属徒劳。

据了解，该文抄写公布时，先后经过临时中央分子多次篡改，所以就该文中所述，只是阿其所好，诬其所恶，全文字里行间，均属模糊影响，主观片面，夸诞不合史实，其目的不外在开脱自己和临时中央分子的罪责，并炫耀作者自己一贯正确，博取个人在党内的权位。该文公布后还又被那些别有用心的人推波助澜，采用以毒攻毒，实行借刀杀人，代为宣扬，于是以讹传讹，造成是非不明与黑白混淆的结果。

该作者原名蠖生，一九二五年派赴东方大学学习，一九二七年四月回国，五月到汉口，时当大革命动荡时期，未参加工作。七月十五日政变后，中共中委大部分分赴湖南、江西等省组织工农武装暴动，他内怯不敢露面，又认为湖南是火线太危险了，乃离汉赴沪。他居住武汉期间前后旅居不过二月，实际并未参加任何革命工作。后来他怀着避难心情来到北方，他到北方后，借口南方人不懂北方语言，终日闭门不出，北方同志见其畏缩不前，又无工作能力，深表不满。他遂潜行离开天津独自回上海。之后，久无工作，时思再起，乃写此文。他写文用意，企图讨好临时中央并开脱自己责任。但当时临中宗派统治对他仍不重视，未加录用，赋闲日久，以后乃决定派他到广东工作。时白色恐怖盛行，他畏缩不前，迟迟不行，企图苟免，促之再三，始离沪，但一去杳无消息。外间传说他投海自杀，也有人说他被捕，亦无事实证明，遂成疑案。该文作者平时城府深隐，主张不择手段。尝云："清高不好，爱惜羽毛无用，要向鸡鹜争食，不耻与猪狗为伍。"因此他倡为"伪恶之论，以蔡锷仕清为例，并云大智不方。"一九一八年有政客薛大可（筹安会巨子）在北京主办《亚细亚报》，薛欲与北大教师某合作办报，某顾虑舆情不许，辞谢未往，蠖生他却大事赞扬薛为"元勋"。（见一九一九年六月三十日函）人称其"急不择路，暑不择荫"。其行径率类此云。

苍梧特使

两广地区原属一区所辖，当时广西多山，产业不甚发达，又因地处边隅，中共中央鞭长莫及，所以建党工作较为后时。先是广西青年学生在北京学习者有谭寿林、黄日葵、陈勉树与区辰白等，先后加入北京大学马克思学说研究会为会员，随后又在北方劳动组合书记部工作。一九二四年我任中共中央秘书时，乃向北方书记部调谭寿林、黄日葵、胡福庆、陈勉恕回广西梧州开始建党工作。谭在梧州兼任当地日报编辑，另有西江运输工人周济从梧穗水上运输，负责发展工人运动，陈兼任桂省委工作。

大革命时期，中共中央自上海迁往武汉后，决定调寿林到全国总工会担任秘书长，我曾亲电谭催促其到中央工作，并在武汉《国民日报》公开启事要谭到职。当时谭因桂省事忙，无法离开，后又遭逢广州四一二李济深举行反共大屠杀，谭被通辑，间关赴沪，遂到全总担任全总秘书长。六大会时广西方面曾派代表多人参加，其中庞大恩系西江轮船运输工会负责人，与我同行到达莫斯科出席六大会。

右江军事初期由韦拔群所发动，后加派中夏前往任政治指导委员。

韦拔群，广西贵平人，青年时到四川熊克武部当兵，因犯营规被熊亲责军棍革斥，回乡后参加农民斗争。一九二六年在广州农运讲习所学习后，回乡组织右江农民武装，成立第七军，进军攻占龙州，一时声势浩大，震动右江诸县地区。一九二九年◇◇◇叶◇壮、李谦（◇◇之弟）、邓小平前往右江工作，后在赣粤边界被余汉谋军拦击败绩。右江军事失败后，寿林亦遭受向忠发陷害，于一九三一年六月在南京入狱。寿林富有文采，意境高远，其在金陵狱中题壁，有云："赤虹雨外飞双影，白鹤云中唳一声！"盖临刑前自挽语，以示狱友者。

（罗按："赤虹双影"指伍仲文夫妻，"云中白鹤"乃寿林自喻。寿林生前著有《俘虏生还》一书，一九二八年由上海泰东书局出版，其他遗著亦多，分见《中国工人》等革命报刊，笔名曼殊、祝封与树林，身后遗有二子，在原籍。）

陈郁同志

一九二五年，在震惊世界的省港大罢工期间，我在党中央负责工人运动工作。我到广州开会时，在广东区委见到了苏兆征，车川西和陈郁同志，当时陈郁同志是最活跃的罢工领导人之一，是罢工运动的主力——海员工会的负责人。我们经常一起到广州文明路罢工领导机关开会、交谈，并和他一起乘船去珠江口的封锁线，缉拿走私船，防止帝国主义和国内反动分子破坏罢工运动。在我和他一起工作时，我发现他的阶级觉悟高，对党的方针政策理解深刻，很有组织才干，且富有实干精神。他对海员工人运动的情况十分了解，在工人中有深厚的群众基础。但他本人忠厚朴实、沉静自若，从不张扬自己，一心一意从事党分配的工作。我同陈郁同志初次共事，他就给我留下了很好的印象。

一九二七年，国民党右派叛变革命，在广州进行了"四一五"大屠杀，白色恐怖笼罩着珠江两岸，党和工会组织遭到很大破坏，许多负责同志惨遭捕杀。当我在上海出席党中央十一月扩大会议时，见到了从广州到上海参加会议的苏兆征同志。我问阿苏："你来了之后，广州工会谁负责呢？"他说："陈郁同志在那里！"我听了很高兴，一是知道了阿郁还活着，未遭敌人毒手，二是认为苏兆征同志委托的人，阿郁一定能够在艰险的环境中搞好工作。当时，陈郁同志已经担任省委常委、工委负责人，实际上接替了苏兆征同志在工运方面的领导工作。

陈郁同志是广州暴动领导人之一。起义前，他曾组织了一系列政治罢工、同盟罢工，揭露蒋介石等人叛变革命、屠杀工农的罪行，恢复和巩固被国民党右派破坏了的工会组织，提高了工人的斗争觉悟，组织了秘密的工人赤卫队，为广州起义准备了条件。

起义开始后，陈郁同志和周文雍以及广州工会的其他负责同志指挥着工人武装，配合教导团攻打广州市公安局，经过一场激烈的战斗，攻占了这个反动堡垒，广州苏维埃在这里诞生了，陈郁同志出任司法人民委员，这个红色政权虽然仅仅存在了三天，但在中国革命史上写下了光辉的一页，陈郁同志的历史功绩是不可泯没的。

陈郁同志具有革命的坚定性，他身处逆境，坚持斗争，为广东革命工作向前发展，积极出谋划策，做出了贡献。

广州暴动失败后，党和工会组织受到严重破坏，起义者遭到残酷镇压，一时尸陈街头，血染珠江，敌人疯狂搜捕，白色恐怖下幸存的起义领导人陆续撤离广州，陈郁同志在海员工人的掩护下，安全撤到香港。

党中央得知广州起义失败后，一九二八年初，派李立三同志到香港召开了广东省委扩大会议，追究起义失败的责任，撤销了所有起义领导人的职务，并把他们派到最危险的地方去"考验"，并责令他们再次组织起义。陈郁同志被派到汕头，周文雍等同志被派回广州，因而又牺牲了一大批党的领导人和工会领导骨干，使广东党组织遭到进一步的破坏，几乎陷于瘫痪状态。

一九二九年春，党中央特派我去香港与广东省委商谈工作，与我接头的人就是陈郁同志。他这时已恢复了省委领导职务，刚从东江特委巡视工作回来。我和他住在一起，通过他同省委其他同志接触。陈郁同志对我说："广州起义失败后，党和工会组织遭到很大破坏，广州市民受到很厉害的镇压，工人的情绪波动很大，很难开展工作。但是，我们还是有基础的，只要把组织恢复起来，敌人就不能打败我们。"他建议我召开一个活动分子大会，鼓舞士气，恢复组织，开展工作。我完全同意他的建议，认为他在广东党处于危难时刻，勇挑重担的精神很是难能可贵。经过广州起义失败的严重挫折，广东党的处境非常困难，国民党特务到处搜捕共产党人和左翼工人积极分子。省委其他领导人有的牺牲了，有的转移了，有的消沉了，在这种情况下，陈郁同志坚持斗争，力挽危局，团结同志，继续战斗，起了顶梁柱的作用。

经过陈郁同志的串连、筹备，广东党活动分子大会在九龙郊区文庙召开了，出席会议的有四十多位负责干部和著名活动分子，包括陈郁、邓发等。陈郁同志代表省委对恢复各地组织、继续开展斗争，发展工人运动等问题讲了话。我代表中央讲了话。经过讨论，一致认为陈郁同志的讲话是符合省、港斗争实际的，提出的任务和完成任务的方针是正确的，一致通过为会议文件。这个会议虽然只开了一个上午，但对恢复各地党和工会组织，开展地下斗争，起了很大的作用。这个会议叫做《九龙会议》。多年来，我想起《九龙会议》时，陈郁同志不畏艰险，不怕牺牲的英勇形象就会浮现在我的眼前。他在那样短的时间内、在那样危机四伏的环境中，妥善地筹备和组织了这次关系到广东党和职工运动前进方向的重要会议，的确令人敬佩。他是会议的组织者，并且担任会议的主席。他在讲话中提出的正确总结广州起义失败教训，迅速恢复各地党的组织，坚持地下斗争，克服左倾盲动情绪，最广泛地团结工人群众等等正确主张，表现了他在乌云密布，风向难辨的形势下的敏锐的政治嗅觉，坚定正确的政治方向，果敢而实际的行动。

经过这次会议，广东党和工会的工作有了新的发展。陈郁同志这时虽然在省委和香港市委工作，但海员总工会的许多事情仍然要他处理。在香港的海员总工会，是全国海员工会的领导机关。后来党中央决定把全国海员总工会由香港迁往上海。一九三〇年党中央决定调陈郁同志到上海担任全国海员工会党团书记。"海总"与"铁总"是当时我党领导下的最强大的、最有战斗力的工会。我当时在党中央任工委书记、中华全国总工会党团书记，经常和陈郁同志在一起工作。陈郁同志认真负责，非常艰苦深入，工作极其繁忙。全国海员总工会，下属上海、广州、天津、长江、北方支会，其余各省亦有支会。"海总"的机关在上海平凉路，由秘书陈修良同志（女）

坐机关，陈郁同志除了掌握全国海员工运情况，指导开展斗争、出席党中央和"全总"重要会议外，还为《赤海报》写文章（笔名：有邑），他的工作干得很出色，很有成绩。

一九三〇年底，共产国际代表东方部主任米夫，来到中国，他想让李立三同志离职，由他的学生、刚从莫斯科留学回国的王明主持党中央工作，以篡夺党中央的领导。但是，王明对国内革命情况并不了解，斗争实践经验太少，又不是中央委员，无论从政治上或从组织原则而论，要王明主持中央工作都是错误的。因此，党员群众许多人表示异议。这样，米夫要改造中国党的想法和要王明主持中央工作的愿望，就遇到了极大的困难。为了排除障碍，米夫开始酝酿召开六届四中全会，企图通过四中全会来实现他的计划。

一九三〇年十二月中旬，"全总"党团召开会议，与会者有陈郁、史文彬、李震瀛、林育南等，在会上大家都主张召开紧急会议，反对召开四中全会，更不同意由王明主持中央工作。陈郁同志发言说："根据当前中央存在的问题和当前革命斗争情况，我认为，召开一个有更多做实际工作的基层干部参加的会议，解决一些实际问题为好。"

参加苏维埃准备会议的代表，也对召开四中全会提出了异议。林育南同志在给吴化之（当时任北京市委秘书长）的信中，尖锐地指出，中国革命如果让他们这伙挂羊头卖狗肉的人领导，前途将不堪设想。

中央苏区派了代表团来上海，也不同意召开四中全会。

米夫亲自出马，于一九三一年一月初，召集"全总"负责干部开会，宣传召开四中全会的意义、目的，要大家支持会议的召开。我同史文彬、何孟雄、李求实、林育南与陈郁同志等多人，主张召开紧急会议，不同意召开四中全会。但米夫一意孤行，强行召开了六届四中全会，在时间极短促的情况下，四中全会会场上发生了一场激烈的争论。出席会议的大多数中央委员和工农干部,谴责米夫等人,并请求共产国际撤换米夫,收回成命。当时米夫老羞成怒,进一步倒行逆施,在党内实行残酷斗争,终于被王明篡夺了党中央的领导权,造成对党对革命事业的严重危害,这已是众所周知的事实。

陈郁同志在四中全会上的主张是正确的,反对王明的态度是坚决的,他虽在这次全会上当选为中央政治局委员,但并没有改变对王明的看法。

六届四中全会后,我和陈郁同志再也没有见面的机会了。后来,他被送到莫斯科学习,由于继续同王明唱反调,又遭到了王明的长期迫害,几乎身死异国。

六届四中全会后,我虽然同陈郁同志分开了,但他坚持真理,伸张正义的质量给我留下了极为深刻的印象。

现在我将旧作《咏九龙会议》的诗二首录在篇末,表示对当年诸英烈的怀念。

咏九龙会议(二首)

其一

三十年前板荡秋,中华儿女赋同仇!
宋王石畔齐扬炬,一代风云撼神州。

其二

白怖当年笼海疆,九龙会议令名扬!
岭南人物多才俊,万众一心同慨慷!

(注:宋王石在九龙地区海边,开会时,作者与会代表曾登临休息。)

党史上的向忠发及其集团

向忠发为恶名昭著的"大人物"之一,此人作恶多端,厮养走卒，出降事敌，毁坏党与革命组织，破坏中国革命，种种罪行，指不胜屈，死亡山积，血染成川。受害群众，事隔多载尚谈虎色变，余悸犹存。中国不敢提其名字，更不敢道其经历，万马齐喑，竟沉默无声。究其何因，笔者掇拾旧闻，略志其概，以供参考。

向忠发，湖北汉川人，汉口石码头装卸驳船上抬煤的装卸工头，同时也是石码头帮会的小头目。为人性格粗暴，又奸又狡，外号"奸狡佬"。（鄂谚：奸黄陂，狡孝感，又奸又狡是汉川。）

向手下带徒弟多人专门坐茶馆，摆台子，敲诈勒索找外快，酗酒骂街打群架，白刀子进，红刀子出，是他的日常工作，因此负伤多次，右手食指残废，面有伤痕。他结识一些无赖、泼皮自组成帮，好勇斗狠，平日不务正业。好赌博，进出赌场，师法赵匡胤，输赖赢要，仗势欺人，独霸一方，人人说他是汉口的一个大流氓，望而避之。

一九二四年，向看到工人运动渐渐抬头，他摇身一变，想加入革命队伍。某劝向搞码头工会工作，藉图发迹，向大喜，加入码头工会，乱斗乱闯，渐露头角。他找许白昊，白昊认为他质量太坏，不大理他，后来项英认为他有些能力，并且代表一个帮会的力量，力主吸收入党（项与向为同乡）。当提出在支部会议讨论时，码头工会多数党员一致抵制，说："向是个流氓，怎能让他入党，如果要他入党，我们就全体退出。"

向第一次入党未成，他怀恨在心，没有发作，从此以后，他伪装积极，自誓痛改前非，戒烟戒酒，处处表现老实。过了一个时候，他请林育南替他说话，育南不理。他有一个熟人同乡包惠僧，是斗级营一带地区的"报痞"，平日藉记者身份，对民众进行敲诈勒索，外号"包老爷"，时已混入党组织。向又请包惠僧替他说话，包从多方运动支部，最后勉强通过。作候补党员。向入党转正后态度突变，原形毕露，自称进了门槛。以后有了靠山，便自高自大起来，对人说：老子今天已经跳到圈子里来了，今后谁敢惹我，老子跟他拼命。事后陈潭秋到上海中央报告此事，对我说向的问题还没有完全解决。我告诉仲甫，仲甫说，不必关门太紧，今后看他的表现吧。此事遂铸成大错，后来使革命蒙受重大损失。

北伐军到武汉后，武汉工人运动蓬蓬勃勃发展起来，向忠发开始是汉口驳船工会会长，在革命中他做了一些组织工作，渐渐被选为湖北总工会的委员。向对刘少奇吹拍有方，连升三级，成为刘少奇的左右手。许白昊，一九二六年原任湖北省总工会主席，是学生出身。当时向忠发自以为是码头工头出身，思夺其位，乃施布流言蜚语，中伤白昊，说白昊非工人。白昊为顾全全域，消除内讧起见，乃辞职，让位与向，向遂任湖北省总工会主席。从此以后，向就放肆起来，违反纪律，贪图贿赂，私做买卖，甚至无恶不作。

一九二七年，向忠发勾结湖北省总工会刘少奇、李立三，组成一个集团，进行贪污勒索，违法乱纪一系列活动，把湖北省总工会闹得乌烟瘴气。省委乃派林育南、许白昊对他们进行调查，查明后内定撤销职务，改组湖北省总工会。但向等利用七月反革命危机，抵抗省委决议，旋即爆发汪唐反水，他们乘机自由行动，逃避责任。

在七月十五日国民党反革命叛变开始后，武汉革命形势急转直下，当时中共中央正式决定对反革命进行反击，并提出应变新方案与全面战略部署时（中共军事主动撤离武汉，进行两湖农民暴动，中共中央迁回上海，"五大"中央委员深入工农兵组织基层加强领导），全线紧张。七月底，武汉政府国共分裂，群众组织陷于混乱。刘、瞿首先携带老婆孩子自由行动到庐山避难去了。向忠发利用职权，伙同少数委员，私将湖北省总工会所有公款十万余元分赃卷逃，向拐走一万五千元。鄂总工会干部大部分跟着刘、李、向逃跑了。

向忠发携眷不告而去，到湖南长沙躲藏起来了，私自开设湘鄂轮船驳运公司，进行走私贸易，过资本家老板剥削生活，自乐其乐，花天酒地，醉生梦死，逍遥度日。后被轮运工人发觉，劝向回头。向佯允诺，但不见改悟。长沙当地党组织派人找他谈话，他避不见面。后来计划未成，中途生意折阅，又离湘转逃上海。在长沙时，我在路上偶然碰到他，他对我所提诸问题支支吾吾。刘隐匿庐山，游离半年以上。向乃到上海找组织关系。

向忠发对人说："你们这些人，平日脑筋不灵，人缘不好，无钱无势，怪不得无路可走。现在不顾一切，还硬着头皮干下去，我看你有甚么下场。"

向忠发由李立三牵线，引见瞿秋白，对瞿表示竭诚拥护，愿做马前卒。瞿身边素无工人往来，向忠发有工人招牌，认为奇货可居。又经李立三撮合，向忠发正式投拜瞿门下，奉瞿为老头子，遂结成一伙。此时，瞿已负责，瞿表示过去的事（指鄂总工会自由逃亡等事）既往不咎，不必再提了，给他们分别安插在中央部门工作。

先是瞿登坛，一切是秉命于二罗（罗米那则、罗埃曼）行事。自一九二七年秋间到广州暴动与十一月决议期间，瞿的左倾面貌登峰造极，大有不顾一切，忘其所以的样子。这样经过了一年多，中共积年硝药，几数耗尽，全域为之瘫痪。自从一九二七年冬季以后，不断强迫命令暴动，到处碰壁，到处行不通。结果国际亦感有换骑之必要，乃见风转舵，开始批评瞿的错误路线。国际五、六月间通知上海中央筹备"六大会"工作，当时指定地点是在莫斯科。理由是安全，但同时还有更重要的理由是便于领导与利用控制，万事可以一言而定。当时也有人指出多数代表，几千里往来两国境之间，其间发生不安全事故，也是很难避免的。但最后找不到更好的地方，所以仍得按国际来信办理。

中央决定按照南方、北方、湖南、广东等地区兼产业系统，选定党组织的出席代表，并确定全体代表人数为一百五十人，分三十个小组出发，平均每组五人。

"六大"代表有工农运动前列的群众领袖，五届中央委员，共青团中央的一些负责人，各省掌握情况的负责人，全总、铁总、海总、上总都有代表参加。大约一百多人。北方代表团团长王仲一，湖南代表团团长是我，广东代表团团长苏兆征、袁炳辉，湖北代表团团长项英，上海代表团团长余飞。我作为湖南代表去参加"六大"，是让我把湖南秋收起义的情况，向"六大"做专题发言。湖南代表团是个大代表团，有二十人，浏阳、平江、醴陵都有代表，是农民运动中涌现出来的群众领袖。毋庸讳言，"六大"代表来自各省，以工会为中坚，铁路、海员、矿山，各大城市总工会所占代表名额占绝大优势。

向离开长沙后转展到沪，上海方面无人知道他逃走的经过。"六大会"通知到沪，乃把向忠发塞入代表名册，派向赴苏[1]，以增高身价。他到会场后，乃逢人卑词取悦，伪装左倾，拥护国际路线，检讨自己对革命无贡献，请求帮助改正错误。大家不识其底蕴，平淡然置之。有人虽知其罪恶，本与人为善的态度。向遂与李立三晋谒米夫，百般献媚勾结，王明建议米夫，身边无人，可以收容向为己助，米夫亦以为然。

一九二八年六月，代表人数已经到齐，会议在六月十八日举行，会议时间定四至五星期。大会于六月十八日开幕，在大客厅举行，出席、列席二三百人。首先由布哈林做报告，一星期始完，讨论一星期。在讨论时特立（国焘）第一个登坛发言，布坐在旁边作笔记。聆毕，细语批评特立云："你不是小孩，为何对瞿的错误不早指出？"特立无言以对。继特立发言者为瞿秋白。我第三发言，与瞿针锋相对，使瞿大感伤神。（在"六大"上，我做工运报告四小时，又做湖南秋收暴动报告六小时。）在讨论时，众代表间发生激烈争辩，多

---

[1] 向忠发于一九二七年秋被派往苏联，参加苏联"十月革命"庆典，后又滞留欧洲，"六大"前未回国，直接被定为代表，参加了"六大"会。

数代表一致认为中国目前无革命高潮,瞿却坚持己见,当时辩论的焦点为盲动路线与革命高潮的问题。布报告称革命高潮目前不存在,不要主观臆断,众以为然。瞿内心不服,怕承认错误后名誉地位将一扫而空,还有瞿集团的人在旁打气哄抬,因此瞿总不肯服输。瞿发言时吞吞吐吐说:"中国革命高潮忽高忽低。"某代表忍俊不禁,直率质问瞿:"你简单回答一句,到底目前有没有高潮?"瞿勉强答:"没有高潮。"那代表再逼问一句:"有没有象征?"瞿大窘,不知所措,忽大声道:"确实连影子也没有!"众人笑说:"这样以后不准再说谎了!"瞿报以苦笑,下台而去!

大会在政治报告讨论结束后,进入起草各项决议的过程中,在这方面由主席团(主席团由我、特立、项英、苏兆征、史文彬等十二人组成)决定大会成立了几个决议案小组委员会,南北各地代表负责人分别参加组成,计分政治决议案、苏维埃问题决议案、职工运动决议案、土地问题决议案、农民问题决议案等五个起草委员会。政治问题决议案委员会的成员是我、仲一、特立,职工运动决议案委员会是我、项英等,农民问题决议案委员会是毛简青等。苏维埃问题决议案委员会是来自苏区的几个代表。会外各国兄弟党负责人台尔曼、季米特洛夫、白劳德等分别参加小组委员会。台尔曼为工人,朴实诚毅,乃日尔曼典型人物。白劳德,美国大学生,温文尔雅,有教授风度。

各项决议案通过后,大会选举中央执行委员会与监察委员会。首由米夫提出一个比较复杂的记名投票初选与复选的选举方式,经过选举委员会通过,继就主席团提出的执监委员名单印发各代表,采用不记名投票方式。事实上米夫控制选举。米夫提出选举方案颇为复杂,大致从欧洲各国政党选举办法脱胎而出。先由各代表团提出中委候选人名单,交给主席团研究,主席团召集各代表团负责人交换意见,按一定人数决定名额,再酝酿全部候选人名单,印成选票，召集全体代表大会，每人发给选票一张，各人就全部名单圈选所欲选的人，选毕，将票送给主席团，经过整理当众宣布中委名单。这个方案是为照顾那些没有群众基础而又没有革命经历旧中央人员（瞿、李、向集团）。因为如果按直接选举方法，他们就无法获得选票，工会代表为了顾全大局起见，也就勉强同意了这个做法，上了米夫的当！

选举名单中初无润之（毛泽东），唯北方与湖南代表团提出增加始列入名单。选举揭晓计中央委员为我、苏兆征、特立、瞿秋白、李立三、项英、向忠发、唐宏锦、张金保、吴汝铭、王仲一、毛简青、罗迈等。监察委员为史文彬等。在选中委时各代表团均无向名，米夫乃暗地里将向列入中委候选名单，并逢人便说向的才干，百般包庇，这样向遂蒙混过关，获选中委，大得宠用。

大会对本届中委人选会内会外酝酿多时，由各代表团一致联名提出就史文彬与苏兆征二人选出书记一名，并解说史资历长，苏在南方海员中有威信。大家认为史质量最优，而苏则有才干，而史、苏二人均工人出身，最后大家同意建议选史文彬为书记，米夫亦首肯。

当时瞿秋白、李立三等认为史文彬为北方劳动组合书记部的人，史为人正直无私，如史领导中央，对他们不利，乃连夜纠集一部分旧中央人员往见米夫。史为人傲，不如向忠发驯顺听话，瞿李请求以向代史，此种说法深中米夫私衷。米佯称到时再说。

大会后三日，一届中委会，在 Klin 宫（克里姆林宫）举行，斯大林出席指导。斯大林坐左端主位，我坐其右，苏、史坐其左，灯光之下，斯眼际有鱼尾纹。他双目平视，说话声音低沉。讲话内容：中国革命形势目前没有革命高潮，处于两大高潮之间，以食指比划一个马鞍形式。最后鼓励代表们回国后好好工作，争取革命高潮早日来临。语毕退席。米夫就位，宣布国际决定任命向忠发为中共书记。

米夫推向为书记，全体愕然。经过米夫说明这是斯大林的意思，大家只好勉强同意。米夫等人见状，带头鼓掌，鼓掌者寥寥无几。米夫即起立提议史文彬为本届监察委员会书记，散会。由于国际方面认为向奴性充分，可以利用；史、苏为全总系统，不好指挥，所以坚持以向忠发为书记。项英在这个问题上不敢自作主张，一不敢揭发向忠发平时的恶劣品性和错误，还可能因为向是湖北汉川人，是项同乡，其次怕人怀疑自己想当书记等。

书记产生后，按程序应选举政治局委员，米夫站起来说今天没时间，以后再说罢。但是以后并没有召开全会，中央分工均由米夫暗中布置，外间无由知悉。由向忠发、李立三几个先回国的中委，抢先凑了一个政治局，造成事实。有人质问向忠发，他拍胸膛说，这事由我负责，以后再也没有改动了。这种偷窃行为都是米夫一手造成的。

向忠发穷途末路，已届绝望，忽登书记宝座，大出本人意料之外，情不自禁，逢人便诉："时来运来，讨个老婆带财来！"从此他对瞿、李等感恩图报，言听计从。事后瞿得意忘形对人说："我们导演的是'指鹿为马'的喜剧，党内可以太平几年了。"向利用职权包庇左右一群小丑，死心踏地结成一个死党，乱说乱动，违法乱纪，任意横行。向忠发曾对米夫吹拍带骗，发誓赌咒表示忠心诚意。他自己说，对上司就是要像哄孩子一样，哄过去就算了，事过境迁，就成一笔烂帐，谁还会理落呢！把好好一个党弄得七零八落，毫无生气。为祸于党，永无宁日。

"六大会"竣事，向忠发回上海后，伙同李立三组织新中央。一朝大权在握，越发趾高气扬起来。

向为人既无理论修养，又无斗争经验，质量、道德更是恶劣，因此工作能力非常缺乏，不称其职。但是他也懂得一套流氓帮会组织生活。（上海就职会上）向忠发忸怩说话——我是大老粗，斗大字不认得一笆斗,党龄也短,对当家事有些尴尬,实在办不下来。周首先起立,大声说:"今天是开天辟地以来的大喜日子,你在中国是当代东方马列大师,能文能武,又红又专,我们对你拥护到底……"××立响应,一个箭步走向前去与向拥抱起来,连呼:"大喜事,大喜事。"

第二天常委开始工作,向旨:昨天就职典礼,不够隆重,有些为难。×:目前大家心里有些嘀咕,理应整肃一番,左右开弓,来个下马威,每人给上套笼头嚼子,以后才能办得开。立三乃从口袋里拿出一张名单,主张先进退一批干部,以树立威信。李说:"我们先把这些破铜烂铁打扫得一干二净,然后软硬兼施,组成一个新班子,局面自然会开展起来。锣鼓调子由我们决定,你只挥棒吆喝扬鞭就行了。反正不让你烦恼就是了。"向旨:"这还使得,一切听你们摆弄!"由此开端,一台封神大轴,连环大轴戏就开锣了。

他侥幸做了地下王国的头目,他也就安之若素,以大革命家自居,说自己是一贯正确的老子!与此同时,一些别有用心的人,想利用他做偶像,上欺下压。这样一来,他就过着不折不扣的木脑壳生涯。是该集团的木脑壳,天字第一号,一张王牌。他们日常工作就是召集会议当主席,吹吹拍拍,必要时就骂小同志,会议开完万事皆忘。某些人利用他签名盖章,发布文告,他也是糊里糊涂,唯命是听。他们天天哄抬他,照顾他,使他过着腐朽糜烂的生活。

过去向的生活,对待手下人们就是一手拿号筒,一手拿鞭子,习惯久了,要改也改不过来,所以下级同志们见了他就敬而远之走开去,怕拢边。向对下级同志如对徒弟一般,吓唬,吆喝,谩骂,装腔作势,大言壮语,恬不知羞。向认为他们是一群打不知痛,骂不知羞的家伙,只有这样才能立威。他们居高临下,抢占"左方"高地,捧上压下,排斥异己,打击报复,专整新旧干部,骂倒一切,不容分辩!

向说:"我当这书记也不简单,是前世修积得来的,你们给我跑龙套,总算瞧得起我,我决不会亏待你们。""你们识相些,一切都好办,如果要顶牛……"他尝说,×××是老实坨子,我的话他不敢违拗,不敢哼一声,不顺我不行。

向未进过正式学校,自称斗大的字认不到几箩筐。升任书记后,初聘黄(木兰,慕兰)为秘书,黄去后,改为潘闻宥为秘书。遇到必要时,左右叫他出来讲话压台,由于他不识字,所以不能念,讲稿只好先给他讲一番大意,要他照讲。他不耐烦,说你们的讲词我记不清楚,左边耳朵进,右边耳朵出去了,还是我讲我的,你们记录,这样两便些。因此他讲了些什么内容事后便忘得干净。秘书问时,他说这有甚么问的,你们看怎么写就怎么写下来吧,只朝好里说去。登刊后我也不必问,更不必知道内容。第二天,报上发表了讲话,潘闻宥还推崇向忠发是"东方革命理论大师"!

向在中央开会时,总是精神不振,春盹。遇表决时,旁人叫醒他,他不耐烦,说:"你们表决就算了,何必闹醒我瞌睡。"中央文件由潘闻宥以向名写文章很多,起初念给向听,有一次向不愿听,说反正不过是那些话,念不念都没关系。

向虽不通文词,却得秘书之助,大做报告,滥写文章,所写文似通非通,装腔作势,连篇累纸,大部抄袭,又长又臭,不堪卒读。潘代向操刀作文,登在党报上,每期或数期一篇,都是用向的名字登在首位,提高他的威信。这些文章大半是抄袭国内外报刊而成。有许多不知内情的人也恭维他是优秀的理论专家。有一次,上海闸北某工人同志要同他讨论他所写文章的内容,他竟然说:"我也找不到。"(意为我也不知道。)这些文章有的还翻译成外文,登在"康民"(《布尔什维克》)杂志上,久而久之,向就以"东方理论大师"自命。

向忠发生活堕落,思想混乱,语无伦次,文不成章。他最大的本领就是吹牛说海话，自封为一贯正确，从来不认错。向时常说，时运来了，连门板也挡不住呢！公然说："老子是正确的老子，你们莫敢批评。"

由于向长期过着偶像生活，而且自高自大起来，目中无人，瞧不起群众，也瞧不起知识分子，而且自己觉得中央政策是完全正确的。这样就养成一种个人的优越感，认为一切工作都在顺利发展，就是遭到失败，他也说是胜利。在一次会议上，同志们向他提意见，批评中央的政策，他听不进耳，大发脾气说："中国革命归老子负责，用不着你们多嘴。"后王仲一说："老向近来越搞越不像话了，这样下去非常危险。"

向说："工人由工头管，庄稼汉由保甲长管，一行服一行管是正道理。你们调皮捣蛋，敢同老子作对！野杂种，没好样！"说时拍着胸膛自指鼻梁，高声道："你们睁开狗眼看看，天上九头鸟，地下湖北佬，老子是正确的老子，硬梆梆的，响当当的，你们不服我管，就是不守纪律，老子决不饶你们，入你祖宗八代！……"同志互相告语："奸黄陂，狡孝感，又奸又狡是汉川！"相诫勿与他打交道！向忠发闻此说，不以为忤，反自傲说："大家怕我，正好，老子就无人敢惹了！

一次他在沪东区训话，一板一眼地宣讲道："天上有玉皇，地下有阎王，山上有山神，海里有龙王，万事万物没个管行吗？中国天下分为两面，地面上的划为蒋老总管，这地面下就归我管，我老子是硬梆梆、响当当的正确，你们不遵守纪律，不服我管，他妈的祖宗八代！"以下胡说八道，拍桌助快，大家纷纷退席，一哄而散。

向对待向他提出批评的同志是极端粗暴的，他常说："×××专同我顶牛，妈的！我入他祖宗三代！看他有好下场?!"××被捕入狱，他大笑云："现世现报！活该！"

对于向他进行忠告的全总工委同志，他怀恨在心，平白诬他们有右倾倾向，口口声声说："要送他们去莫斯科学习，不去不行，老子不答应。老子拼著书记不做，决不放过这些小子！""臭知识分子，不识抬举，可恶，可恶，这种自由主义应按纪律给以制裁！"

领导是"左"，群众是右，他常常说："我是左派，与我意见不同的人就是右派，'康民'是左派，反'康民'的就是右派，就是这个板眼。"右派就是国民党，反对他们集团的人都是右派。对右派分子就是要残酷斗争，不择手段，不计情面。（反右板眼从斯大林那里学来。）

（三中全会后，他们对江苏省委、全总、北方区委来了一个大反攻，并把何孟雄、林育南打成右派。）

向对女同志态度作风极其卑劣，满口下流话，有一次竟把一个女同志大骂，使她掩面大哭，出门投江。当同志严肃批评他时，向忠发大声吼道："老子就是这样，不爱听的，快给我滚！"

他的秘书在旁解释说，骂也应该，是阶级斗争的艺术。

人称向忠发与立三是老搭档，天配地配，天生一对，一个是东方特尔曼，一个是中国拉沙尔，一唱一和，可谓无独有偶。向李飞扬跋扈统治全党的时候，向起了喇叭筒的作用。一次会上，向说话，扳指点名骂右派，忽然记不起应点哪些人，大声问旁坐的立三，还有哪些人是右派，我搞不清，还是你来说吧！立三大窘。向离席而去，哼了一声，连骂"狗杂种"不置。立三一次做报告，指名骂求实右倾，伟森（求实）起来质问，请他举事实。立三答，你不听老向的话就是反对工人阶级，这就是右倾。向云：他的报告和文章不管对与不对，我一律同意。"你们反立三就是反我，反我即反国际，李一切言论都代表我，我一切行动都依靠他，他比我还正确些。"

中央下令进攻武汉，有些同志提出疑问，李立三歇斯底里地狂呼：扩大，扩大，猛扩大！进攻，进攻，再进攻！向忠发大发雷霆，骂了一通，酒气熏人大喊："打到武汉吃粽子！打到南京吃月饼！"他吹牛说大话："我请你们到武汉去吃月饼，到南京吃大菜去！"

忠发和立三臭味相投，狼狈为奸，平日很少冲突，但遇争夺权位时，却互不相让，大事争吵起来。如一九二〇年，井冈山军队进攻长沙时，立三预先私自印了一张布告，打算军队进城时张贴。布告印有湖南省苏维埃主席立三的名字。此事向忠发知道后怒不可遏，说：这是么板眼！和他争吵："你自封主席，老子决不与你罢休！"几乎要动武起来！立三连忙低声下气解释说："不久打下武汉，一定让你主席！"向忠发转愠为喜，笑道："这样才是正理！有饭大家吃！"高呼说："我请客，到武汉吃桂花鱼，到南京吃月饼板鸭，都算我的帐。"由此可见这伙家伙遇事主观武断，狂妄胡行，自矜"了不得"，其实"不得了"。

李找人给向写文章，在《红旗》刊出，让全党学习向的文章。其实向自己在会上对人说过："我斗大的字认识不了一筐。"但李捧向是"东方的活马克斯"（李自称英格司）。建立立三路线，俨然革命理论大家，贻祸中共，危害革命，造成灾难，实源于此。

向忠发任书记前后三四年间，骂大街有他（向自称"天上九头鸟，地下湖北佬，我是不好惹的"），出打手有他（他亲自打过工人），诬蔑陷害同志有他，投敌做引线查抄革命机关有他，逮捕出卖革命同志有他，真是无恶不作，耳闻目见，"有口皆碑"！

向忠发为非作恶不只是个人行为，而是纠合一伙（无赖），组成集团，从事集体活动。这个集团的成员主要有：向忠发、瞿、立三、孔、万[1]，所谓政治连襟"五通神"，"二十八布儿"，贺、关、胡

---

[1] 向忠发以下分别是：瞿秋白、李立三、周恩来、罗迈，以及王明、博古为首的"二十八个半布尔什维克"。

均和、赵容等[1]。自一九二七年以来，他们结成一个宗派集团，对内互相包庇，对外攻守同盟，同进退共患难，以个人利益为重，把宗派视同高于一切，形成党中有党，外人称"政治连襟"。反映旧社会江湖帮派恶习，破坏党的纯洁组织。该集团中特别应该提出的还有最大阴谋家隐居中军，出谋划策，实行政治挂帅，他们同恶相济，罪大恶极，擢发难数，下面分别加以简介。

瞿秋白，学生伢子，脱离实际，工运、农运、兵运不沾边。幼名阿双（头上双旋），因号双目临空居士。好治印，"秋之白华"，"西门之家"。瞿"八七会议"当上书记原因是瞿长期为翻译，与国际代表关系密切，国际代表视瞿为己亲信，为了便于控制中国党，国际代表罗米那则指定瞿为临时中央书记。

瞿看破"红尘"，认为国民革命与共产革命都是逢场作戏，没有甚么根本差别，是非真伪也是一样。彼亦一是非，此亦一是非，谁能说个明白，使双方满意心服。真正的是非真伪就是唯我主义。我觉得这样就对，那样就不对，这个人对，那人不对，信不信由你，我掌握了杀人刀，大笔一挥，还怕你不划诺?!这几句真言做了"五通神"的最高指导原则。

瞿，向集团的道士[2]。瞿、孔（周）都是自诩为熟读《阴符经》的人物，他们设计定谋，自觉高人一等。孔语录，一套咒语真经：

◇◇◇演戏，红白顷刻异。政治如弈棋，一险胜三奇；政治如赌博，全靠会冲壳。不怕输脱裤，只怕输断脚。

迈，镜松，庸懦无力。工委、农委、军委都走了，"六大"前上

---

[1] 贺指贺昌，关指关向应，赵容即康生。
[2] 称瞿秋白为道士，是借用他的父亲皈依了道家，他本人的言行也常常流露出道家的做派。

海停止工作，迈看守，饱食无事。政治失败后投奔向忠发门下，中年浪荡，生活失常，成为向、李集团帮闲者。

立三，少年佻达，不农不工，学无所长，当时是一个碌碌无能、无所取材的纨绔恶少。如果说他有甚么特长的话，只不过是夸夸其谈，大言不惭的空头大少罢了，所以大家都瞧不起他。但是向忠发等对他极为赏识，因此李构成该集团的一个重要分子。向说：立三是个人才，很会冲壳子，革命如赌博，全靠会冲壳子，你们看不起他，你们冲得上去吗？不冲壳子行得通吗？

立三在集团中是搞贪污腐化，生活糜烂的有力分子。众所周知，他在安源时，曾向工会勒索巨款，被工会揭发。立三同县杨东×曾作证，说李在安源以赃款寄回家置田产，邻里皆知其事。立三犯贪赃强奸，质量不耻于众，新申报唯以吃油饼，吃豆腐，浪荡征逐声色货利，林◇提出证◇，要求按党纪制裁。仲甫以其人干柴烈火，欺人欺疾，更属难免，其事何足为怪，由他去吧。仲甫云：我为此人背黑锅多次，他屡犯不悛，他日必然祸害全体，欲令其返乡赋闲，撤职送回湖南安置。立三痛哭流泪陈词，誓痛改前非。仲甫无法，心慈手软，无可奈何，遂允其请。立三感恩不尽，说仲甫为重生父母，再造爷娘。事后立三对××说，不怕输脱裤，只怕输断脚。只要能保留党籍，不愁将来无出路。为孔赏识，挤入上层。此举所谓养痈遗患。

一九二五年，上海总工会原为何今亮（汪寿华）负责，立三乘汪不在，自封为总工会会长，汪素不与计较。立三在上总时与刘××共同盗用公款。他在上海总工会帐目不清，狂嫖阔赌，动用公款，为工会检举，上海报刊宣传，党组织纯以纪律，撤销其职。

立三在上海"四一二"惨案发生后，武汉中央曾派他到上海工作，并携去现金作抚恤善后用。他到上海外滩登岸，见白色恐怖厉害，住在外国大旅馆，花天酒地，不敢露面。后被发觉时诘问其故，他见势头不好，匆匆溜走，所携现金全部耗散。回到武汉乘七月间混乱局面东躲西逃，无法追究，遂成一笔糊涂账。在武汉工会，三人（李、向、刘）互相勾结，收受资方贿赂，破坏工会财会制度，证据确凿。新白报揭露他在鄂总伙同刘贯之贪污数万元。

一九二七年，◇◇文恬武嬉，面临瓦解。有些人早已向各方联系，自觅生活，有了充分准备，写好了"悲痛中的自白"，只等时机一到，便纷纷登报，购买船票，离开赤都武汉，"投奔光明"，"弃暗投明"。

首先失踪——瞿、刘上庐山。向忠发拐走一万五千元，逃长沙开设驳轮公司。七月八日，刘拐走公款五千元，古瓷若干件。刘贯之拐走三千元，回上海家里。施存统骗三千元，吴玉章◇◇元。

一九二七年投降分子哲学语录：人民革命虽然失败，个人革命却成功了。这意味着人民虽受痛苦，个人都升官为宦，有权有势了。三朝元老式人物，以前对方接线，四通八达，路子很多，一朝摇身一变，由红衫变白袍。白刀子进，红刀子出。投降，做顺民。他们自鸣得意说：人民是老杆，个人却不当傻瓜。谭平山、邵力子、郭沫若诸人都是些具体的政治人。邵，平日宦囊丰裕，外国银行早有户头，腰缠万贯，远走高飞，以香港、巴黎为避风港，自称政治清流，在海外伺机卷土重来。周佛海、施存统投南京。章伯钧、郭沫若去日本。李鹤鸣（李达）在湖南，董锄平去南洋。吴玉章去法国，其侄携巨款。邓泽生、陈友仁出国。

他们的基本思想是：小人之德草，风来两边倒，有奶便是娘。策略是平日神通广大，四面接线，一朝风吹草动，处处左右逢源。理想是终生富贵寿考，永远不入囹圄，官运亨通。这一群政治动物，活像封建卅年前十里洋场的"九尾龟"（吴妍人小说名）。

某对仲甫说："时居今日，总得弄个一官半职才是正当路子，无官是不能存活的。你那些清高思想会害得你无米下锅，应该束之高阁吧。"仲甫答道:"你知其一,不知其二。我不是这么设想的,既然失败,不全宁无,何必营忧不休,自讨苦吃呢?"

一九二七年十一月前后,向忠发、李立三、刘少奇等分别从各地来到上海中央汇合。立三经香港转上海,赋闲经年,求助于瞿,大言炎炎,能说会道,略谙权谋,二人往来甚密,深相结纳。瞿令立三参与密谋,遂成至交。时瞿已负责,对向、李、刘等来到表示十分欢迎。会谈后表示过去的事(指鄂总工会及自由逃亡等事)既往不咎,不必再提了,给他们分别安插在中央部门工作。向、李、刘集团死灰复燃,不久气焰又嚣张起来,后来他们又暗自开设出租汽车行,一面经商,一边过着大老板生活,一边作为瞿秋白的参谋团参与临时中央的机要工作。又,立三与蔡和森有先后连襟之谊(立三婚后别有所恋,因让妻与蔡[1]),蔡感其意,多方从旁赞助,把立三列为出席"六大"代表。立三遂先行动身,代瞿参加筹备"六大"会议工作,并乘机结识米夫。

"六大"后,立三怀着做上主席的心情,在愚园路寓所大摆筵宴,庆功祝捷。正当酒酣耳热的时候,立三得意忘形,即席狂言,大谈"革命哲学",他说:"革命不是别的,就是夺权与夺产。所谓'权'即指军权、政权与党权,也就是生杀予夺的大权;所谓'产'就是你的就是我的。哈哈哈哈!"

他反复念下面一些语调:目前形势是全国性高潮,直接革命形势号称全国范围内进攻路线,包围武汉,速战速决。又说:目前南京为一国首都,只要一鼓作气来个暴动,拿下南京捉住蒋光头,就是打蛇砍头,万事解决。其它的战斗可以不要了。强迫孙津川,命令他到南京暴动,结果牺牲惨重,完全失败。随后,他们又先后发

---

[1] 史事大致为:蔡和森、向警予两人感情破裂后,李立三之妻李一纯即与蔡结合,李立三又与李一纯的妹妹正式结合。可参见《郑超麟回忆录·革命与恋爱》一章。

布命令，强迫河北玉田、山东益都多数地区武装暴动，均同样遭到严重损失。

所谓"布儿""二十八布"，是卅年代由东大支部移植来到中国的革命落后组织，加入向忠发反革命集团的一部分坏分子。后来又吸收了一些牛鬼蛇神加以扩大。广义地说，凡属三十年代回国参加王、博组织者均包括在内，其中不少人回国后即参加向忠发、胡均和等出降南京的特工行动队。

王、博集团当时是反革命阵营，一伙大杂烩，但大都属于大革命失败的残渣沉滓。但是孔×却称他们是"不可一世的人物"，这是阿其所好的奉承话，不足为据。按实说来，王、博本人不学无术，胆小如鼠，而且没有革命实践经验，其所网罗的学习分子大都是大革命的逃兵败将。事实证明是无能之辈，其所以重要是因为他们得到东方部偏宠，对他们给予无条件大力的支持。由此可见所谓"不可一世"不过是煞有介事吹哄一番罢了，实在是一孔之见的瞽说。

米夫被处死，王、博一伙骤失后台，冰山既倒，如汤沃雪，布儿集团全部遂告瓦解。"银样蜡枪头"并没有显出甚么反攻力量，因此这一伙以向为首的集团中都不是真正具有决定性能力的人物，只是几个无赖小丑罢了。这一伙在政治上昙花一现，类似在旧社会宫廷中，这些家伙不过是十常侍，宦官妾嬖佞幸臣。王明本人与米夫的关系来说，也像红解儿、郑樱桃一流人，实在无耻之尤，缺德极了！王明自称该派头目，刊印了一篇文章，题目是"两条路线"（一九三一年二月印），在那篇文章中，一片胡言乱语，"左上加左"，语无伦次，真是发昏。第十一章说甚么："中国资本主义已经带着激剧的势力和畸形的方式进入经济生活。""现在阶段的中国资产阶级民主革命只有在坚决反对资产阶级的斗争中，才能得到彻底的胜利。"（革命性质），强调"全国性的革命高潮，全国范围内的进攻路线。"（革命形势与任务）又说教道："当前党内主要危险是右倾机会主义,是富农路线,当前没有真正的红军和工农兵会议政府。"这些句子不过是重复米夫来信的陈词滥调,但是在王、博集团号称它为经典著作,风行一时。与后来的若干决议的精神实质,后先辉映。真是无独有偶。

王、博、张、王[1]不过如此,自邻以下余子碌碌,因人成事,更不足道!布儿榜上有名者,如夏曦,字迈伯,大革命时代曾任湖南省工农厅长,马日事变,仓皇出走,被停止工作处分,事后赴东大学习。

政治连襟就是合穿一条裤子,不分彼此,有福同享,有官同做,地下小王国,实力、军队、政保、财政,干部调遣,宣传刊物。

他们组织的路线策略是青交、工交、◇交、学攻、老攻、外攻。他们交的对象一是共青团,以胡均和、贺昌等人为首的小集团。二是工人以顾顺章、余飞等为首的小集团。三是瞿集团,翻译人员,以瞿为首。对于上述这些人无原则地迁就重用包庇他们,把他们视同心腹。他们攻击的对象一是知识分子,二是老干部(全总、北方局),三是反对本集团的。排挤,下放充军,组织处分。无原则地不择手段。比如对恽代英、邓中夏、蔡和森等,致使他们担任危险工作,牺牲。

该集团的共同信条与行动是:做人不可一日无权,处世不可手中无钱,有了权位与金钱便可以为所欲为,百事顺意,横冲直撞了。他们都是:"见权就夺,见同志就斗,见钱就抓!"号称三句真言。

向忠发等人的信条是:做人不可一日无权,处世不可手中无钱。"左左调"主要是下面几句话:占领"左方"高地,"左"了还要"左","左"上超"左",老子一家独"左",并无分店。同时大唱其反右板眼:"反右!反右!!再反右!!!"反富农路线,反红军军阀,反他个祖宗十八代。三番满贯!!!

---

[1] 张、王,可能是指张闻天和王稼祥。

到了一九二八年，瞿秋白的临时中央倒台了，他们在"六大会"上经过精密布置，采取偷梁换柱手段，由向忠发出名，夺得了"六大"中央的书记职务。瞿道士失败，就推出王牌向忠发。向曾对人说："我们大家都是站在一条正确路线上，我们合穿一条裤子，合坐一条板凳，从来不分彼此。我们都是代表国际路线的。如果有人反对别个人，那就是反对国际，就是反对我这个总书记，他就一定是反革命。我的正确主张都由他们代表，不管他们说的对或不对，一切行动都归我负责到底。我们是两位一体、三位一体。"所谓立三路线，就是脱胎于此。

当时在向、李宗派统治下还有些随声附和错误路线，贯彻执行盲动主义的向李死党。他们大肆污蔑中央工委、全总、铁总、上总等负责领导同志为右派。李立三、向忠发等的错误路线不断遭到中央工委、全总、大多数中央委员及全国各省级负责同志的抵抗并给予严厉批评，但李向等悍然不顾，一意孤行，倡言全国革命高潮已经来到眼前，主张全党立即采取行动。

三中全会瘪三（立三）[1]见大势已去，乃运用偷梁换柱的策略，瘪三赴莫京请罪，由王牌出头担承一切，又把瞿请回幕后主持一切，仍由向对外负责。他们这样做的主要是意图迷惑群众，其实是掩耳盗铃。三中全会在政治上由瞿道士画符念咒一通，做成决议，欺骗大家，在组织上原封未动，只是增加了王明、博古等几个人凑成改组。在工作路线上仍然是率由旧章的老一套。他们仅在文字上弄玄虚，口头上作诡释，不仅是没有解决当前的革命问题，而且引起党内的极大反感。因此大家说这个会议换汤不换药。会后他们对江苏省委、全总、北方区委来了一个大反攻，并且把何孟雄、林育南打成右派。

---

[1] 讥称李立三为瘪三，出于当时党内对他的普遍不满。

三中全会结束后，瞿、孔等松了一口气，认为大难已过，从今以后，他们又可以转入好运道，开始在各方面重新布置局面，希望等待机会。瞿对我说："一切让时间解决问题，我们是不会失败的。"但是远在东方部的米夫接到王明的报告，大为不满，他指示王说这次不能对他们妥协，要拿就全部拿下，王明遵命大事宣传瞿集团罪恶，揭露他们的诡计，全盘否定三中全会，主张召开四中全会。米、陈等新攻势十分猛烈，使瞿集团无法抵挡。他们详加考虑的结果，认为屈服才不会吃眼前亏。他们的决定是派瘪三赴莫京请罪，但是仍有一个想法，希望在未来的会议上，他们能够敷衍门面，滑头过去。这样该集团的大部分人都向米、陈投降，立功自赎。（立三等人将中央档案私自篡改，以逞私图。这是他们的拿手好戏。）

　　在反四中全会会议上，当时老史向项英进忠告[1]，劝他悬崖勒马，说王、博不忠于革命，下面更无群众。德隆说："他们的确没有群众拥护，但是却有一个大后台老板。有了后台，甚么戏都可以上演了，还愁没有人看！"史文彬插话道："干革命可不能那样说！我们一定要戳破他们的鬼把戏！"德隆说："老兄要看风使舵，莫吃眼前亏。"史大哥瞪眼望他，他低头无语，大家也没有再说下去了。散会后，史背后指着说，老项越活越滑，将来定会误了大事，真是可惜得很！

　　向忠发自一九二八年任中共书记至一九三一年前后历时三年。向投敌以后，全党组织破坏殆尽。王明集团为掩饰他们的丑行，巩固本派统治起见，王明、李立三、刘少奇等深秘其事。孔（周）当献计：大事化小，小事化无，严杜向外泄露，保密不宣，以全体面。他们声称如有询问向忠发事经过者，则以纪律制裁。

---

[1] 当时会议的前后，史文彬与项英（德隆）分别在上海和江西，并未会面。此处所记时间有误。

向本人虽然由于罪恶贯盈而消失，但其所遗留下来的同党却历久仍在，没有丧失其本性。他们内部谬种流传，遗祸革命，追源祸始是人所共见的。

向忠发、李立三结论：这些人从头到脚，从灵魂到躯壳，千疮百孔，无一丝人气。他们那副丑恶形象，实在是奇耻大辱。说了污口，听了渎耳，写记下来浪费笔墨，恕不多说。

这个集团的绝大多数是一群革命的败类分子，他们既不好读革命理论书籍，又缺少革命实际斗争经验，也没有政治上必要的修养。他们对革命工作既不从事客观研究，又无实践经验。因此大多数人品质不纯。他们经常注意的是勾心斗角，纵横捭阖，所以有人说这群人是大缺德、小滑头。他们经常欺压同志，打击下层干部，把人家当作垫脚石，自己爬上高位，一旦得志，就骄横放肆起来。他们生活逐渐腐化、堕落。洋房、汽车，日本料理，饱食暖衣，热衷于内部斗争，自相残杀，自逞是小聪明，把革命当儿戏。一方面利用职权，从事贪污盗窃，同时在生活方面，追求享乐腐化和庸俗低级趣味。他们在上海时沉沦在纸醉金迷的荒唐生活中，造成风气，自甘堕落，不以为耻！

向忠发集团纲领与行动：争夺权位，贪污盗窃，违法乱纪，生活腐化。共同贪污盗窃，不可一日无权，有了权势和金钱，便可以为所欲为。他们生活腐化，思想贫乏，利禄熏心，醉心于洋房汽车，娇妻美妾，有奶便是娘。在地下王国时期，又骄奢淫佚，寻欢作乐，是地下生活中的"混混儿"，他们是革命清流中的一股浊水，人数虽占少数，但因盘踞要津，风行草偃，其影响却不小，且后果非常严重，使中国革命遇到了极大的挫折与损失。

他们把国际援助大部消耗在机关干部生活费用方面，对一般同志痛苦漠不关心。其中还有些人竟走上了贪污。如上海周××卷款数万元（一说四万元）潜逃无踪，广州烂风炉[1]卷款一万数千元离职逃走，总负责人装聋作哑，坐视不管。互济会长期以来不履行职务，自己生活豪华，对于牺牲入狱的干部不理不睬，对他们的遗孤不加抚恤安置，致先烈遗族流离失所。

向忠发以码头流氓出身，一步登天骤登"大宝"，起初还有些不自安，后来散漫逍遥，渐渐志得意满，做了一个地下朝廷的富贵闲人，饱暖思淫欲，越发不安分起来。他当时把正常事务交给左丞右相们去办，自己梦想第一发财，其次享乐。他自己出资，并纠合亲信，把贪污的钱偷偷开设一所出租车行（Texico，股东是向忠发、李立三、刘少奇、顾顺章等），每天只关心汽车房生意，其它的事无所用心了。四大功曹都是经手财会贪污分子。还有他们的家属岳母、姨娘车夫等人，人均股金多少不等。推向忠发为经理。向设法向租界润公馆买进半新旧廉价汽车，有时派人到港澳购进旧汽车，有时向还亲自驾车到福熙路霞飞路交通要道招揽顾客抢生意。偶被阿容撞见回来报告，江匀[2]说，实在太不像样子，太丢脸。匀说病已入骨髓，实在不可救药了！彼此叹息不止。

汽车行营业蒸蒸日上，收入颇有可观，顺章建议买一套西洋杂耍道具到新新花园打包场。××在旁加以讥讪说："倒不如去开堂子。"立三说："这又有甚么不可，你不知道巴黎的镜宫高级妓院等，还有不少社会体面人物参加组织呢！"

向为人酗酒好色，平日每日不离酒，每喝必醉，醉后胡言乱语骂街，又酷好嫖赌（汉口石码头的花花太岁）。小时因与人打架，食指受伤，不能弯曲，身上也有伤痕。他往往假称伤痕是在罢工斗争中受伤的。他当选中委后，利用职权，调戏女秘书黄木兰，黄不从，

---

[1] 烂风炉，真名陈发，又名赖发，原为九龙船厂工人，曾任中共广东省委书记。
[2] 江匀，可能是江钧，即项英。

向纠缠不休，黄不堪其扰。黄本是共青团员，向团中央控告他。中央负责人碍于情面，劝黄忍耐，黄大哭闹，痛骂不已。向受此刺激，装疯作傻，每日无精打采，不办公，孔等出一主意，为他纳妾。其妾名周秀娟，据说是同乡，原属妓女，患有性病，不数月后，向身染病，浑身溃烂，几经医疗，疮稍愈合。

向、李一伙生活荒淫无耻，地下小朝廷，过着贪污腐化，养尊处优的生活。向、李同流合污，素来贪财好货，冶游放荡，生活豪华，为群众切齿。向用五百金卢布在西北利亚雅库特购买钻石矿出产的钻石戒指，送给其妻女作订婚用。

向忠发的生活从上述略可窥见一斑。苏北特委书记老陈[1]看到向忠发的生活实在闹得太不像个样子，好意劝他收敛一下，免得影响不好，他背着对方嚷道："天要下雨，娘要偷人，老子的事，谁管得着?!"

向忠发贪污盗窃行为得到当时临中的纵容，造成了歪风邪气，特别是经手财金的局中人，近水楼台，更是人人湿脚，个个污手，一时号称"喝神仙汤"。这种时髦作风，上行下效，谁也难免，可谓畅行无阻，贪污成风。向忠发、李立三、刘××都是贪污累累，不必说了，上行下效，唐虞盗窃金饰，陈发、周纯金，还有其他小手小脚，不可计算。

向、李一群厮豢都是浑虫，糊涂庙里糊涂爷，东倒西歪过生活，昏天黑地。他们勾心斗角，争权夺位以外，群居终日言不及义，生活厌腻了，便到处追求吃喝玩乐，出入舞场。他们共同消遣的无非是诲淫小说，上海滩电影，自遣风流。只见妻妾姨娘群雌粥粥，笑语喧哗，不成体统，讲究时髦，进出美容院，为求永驻青春，以牛

---

[1] 老陈，可能是陈资平。

奶洗浴，注射青春激素。上有好者，下必更甚。瘪三率诸人进绕，向左右组成一个荒淫无耻的俱乐部。

生活腐化已成为该集团风气，立三更是其中肉欲纵横，灵魂特别丑陋一分子。他公开宣传张竞生哲学，实行狗肉将军的享乐主义，追逐物质刺激，平日最喜阅读《肉蒲团》《品花宝鉴》与春宫画。对于许多下流生活津津乐道，不堪入耳。立三为人庸碌下流，无所取材，更不知革命为何物，自从加入向忠发集团后，他口头上附和革命，献谀钦差，附草附木，载浮载沉，实际上毫无能力，只是因利乘便，篡夺权力，营私舞弊，贪污腐化，蝇营狗苟，度其低级肉欲、寡廉鲜耻的生活罢了。他在政治方面固然不值得一提，但是在该集团所产生的诸般罪恶中，却成为不可忽视的因素。立三贪污仅次于向，安源亏公款几千元，买田三十亩。立三在地下宫廷中，主要是带头从事生活腐化，把过去现在贪污盗窃得来的金钱恣意挥霍，用在骄奢淫佚，吃喝玩乐方面。提起瘪三是人人皆知他是个突出的"色情狂"分子，平日浪荡闲游，征歌选色，自逞风流，在"猎美"中骗拐了孀妇的儿媳妇[1]，后来又把她转让给别人，其质量卑鄙，实在"不够格"，所以被称为半个的"半个人"。

阿双是上大[2]桃色案主角，追慕西门庆，私淑弟子。

他们暗地里组织了一个秘密俱乐部，讲求并实行荒淫无耻的生活方式，他们群居终日闲暇，无所事事，平时生活糜烂，好治游。他们左右围绕一群质量恶劣不堪的清客相公，酒色征逐，浪荡娼优，淫逼女工，无所不为。在地下王国的官员中，如刘少奇鼓吹走马灯式婚姻，朝欢暮乐的人生观。这个俱乐部的成员除向、李等为首外，还有王度（即王若飞，王矮虎）、楚伯洛夫（陈为人）、向子等人追随

---

[1] 指李立三占杨开智（杨昌济子，杨开慧兄）之妻一事。
[2] 上大，即上海大学。

其左右自逞风流，作恶多端。王度，立三的密友，李实行拐妻让妻，王在小沙渡女流氓中鬼混过日子闻名，自称"吃豆腐"师兄。抢老婆运动由他发动，远近驰名。陈奸污妇女等狎邪行径，更是人所周知。此外还有一部分家属同声相应，从风而靡，过着同型的堕落生活，简直不知人间有羞耻事！毫无人气的一群狗男女！

抢老婆运动前后发生多起，首为◇干事欧阳钦发起。欧年长独居，庸碌无能，婚事难谐，乃利用地下机关条件，强奸军委看机关曹谷耘之妻。曹、孔久不理。曹愤而投黄浦江自杀。次为关向应掠夺秦缦云。

陈涛外号 UvdenoB，号称半吊子革命家，他附会革命，自逞风流，为西湖旅馆桃色案中主角，号称淫棍，曾誉阿双、瘪三为当代风流人物。他向瘪三津津乐道同乡舒某赠妓联语（联云：百人曰豪，千人曰杰，既到妆台，甘为牛马；一顾倾国，再顾倾城，愿藏金屋，当产龙蛇）。瘪三、阿双大加称赏，说此人才华绝世，可引为同志。

立三连襟胡均和，上海浦东某商店小开（少老板），道地的白相人。平日过着流氓生活，讲究吃喝，好冶游。冒充工人，由小关介绍混入团内。为吹牛拍马，哄骗能手。由于善装门面，被认为积极分子，选任团中央委员。他与向忠发称莫逆之交，营缘入党，经向提拔，选为团中央书记。胡与刘少奇、周恩来、贺昌、关向应等勾结一道，共称政治连襟，彼此以裙带关系。胡一切模仿向、李作风，向上巴结，取得米夫信任，在团内横行霸道，无恶不作，秽声远扬。彼等藉革命以逞私欲，贪污好货，挥金如土。对于女同志，视为下女，往往横施非礼，各极侮辱之能事。她们不能忍受，多自动退团。胡、向、刘、李一伙，简直是一群衣冠禽兽。他们彼此间实行抢妻易妻，年年结婚，户户蜜月，号召"吃豆腐脑""喝人参汤"，度其淫佚无耻生活！这样便使 C.Y. 整个组织战斗力全失，完全瘫痪，陷于不可收拾的境地。

胡质量极为恶劣，生活充满低级趣味，任意穷奢极欲，多次侮辱女同志，强逼为妾，半年内三换老婆，到处寻花问柳，自称风流公子。身边有小公馆四处，平日陪同李等在四马路雉妓馆，一道冶游。后携全家妻妾婢女多人，到南京投敌，加入"锄奸队"，立见重用。破获机关，绑捉同志，奋勇向前，特别起劲。率领侦缉特务队进出上海、天津、武汉、广州等处，横冲直撞，抄家捕人，昼夜不休，担任清扫地下工作。胡一手包办"肃反工作"，经时不久，破案如山，一时狱中为满。同时，向、胡等又深入监中，参加审讯，指认人犯。他每次破案必获现金奖赏，多次"立功"，连获奖赏，私获赃物，无可数计，积久遂成巨富，在京沪广置地产，又成上层人物，得荐任职。

"五通庙"群丑喽啰中有名胡维者，外号 Zubrenof，胆大妄为，质量恶劣，与胡均和、向忠发一流，号称"花太岁"。胡维被派往东北工作，利用职权，仗势欺人，侮辱盲妇之女，共青女生，为群众所驱逐。临中百般包庇，说是"以毒攻毒"。后为向忠发所卖陷狱，不知所终。

营救工作一般是通过互济会进行，但互济会实权为向忠发、李立三所掌握。在一九三〇年间，互济会发生过几次的贪污案和卷款潜逃事。向忠发等本身是贪污腐化分子，影响所及，上行下效。如上海互济会干事一次拐款××元，后经追查，退还一部分。广东烂风炉贪污×千元，全部失落。至于其它小宗贪污事件不胜枚举。该会负责人大都把捐来款项，假公济私，养尊处优，生活腐化。

在宗派主义发动派系斗争期间，互济会本着门户成见，任意拒绝他派政治犯的救济抚恤，视成敌人，正项救济需要反而坐视不理。如润之的子女，听其流落街头。十年间未殓一棺，未恤一户。

济难会秘书处现金出纳即以所掌管金钱，经营投机买卖，买标金外汇，进出跑狗场、赛马会，甚至放债押当，坐得利息，实行内部朋分。家属太太、岳母、小舅娘等借口生活掩护为名，奢侈成风，讲究穿着，竞购金饰、项炼、炫耀钻石克拉。连奶娘、小姨出门时都是满头珠翠，高跟皮鞋，狐狸围脖，巴黎香水。她们是高级美容院的座上客。

这些地下朝廷的官员们根本不识革命为何物，思想贫乏，精神萎靡，利禄熏心。醉心于洋房汽车，娇妻美妾，有奶便是娘，此外别无理想。在地下王国时期，又骄奢淫佚，寻欢作乐，抢妻换妻，丑恶可耻的作风，都是李与向、刘等共同作俑造成的。他们言行半人半鬼，全凭本能活动，是地下生活中的"混混儿"。他们是革命清流中的一股浊水，人数虽占少数，但因盘踞要津，风行草偃，其影响却不小，且后果非常严重！使中国革命遇到了极大的挫折与损失。

总括说：这伙人说话行事三分不像人，七分倒像鬼。他们的行为说来秽口，闻者掩耳，用不着再浪费笔墨了。但是豢养利用这一伙奸徒却大有人在。

向忠发被捕投敌后，云："我虽是中共中央书记，但是我是没有实权的，也没有责任。东大那帮知识分子在耍猴把戏，我是个跳圈的猴子，算得了甚么！"言讫要求会见蒋介石，自称我有本钱，谁也休想为难我。"少说废话，莫耽误我的大事。""老子冒了火，发誓要把那伙狗日的杂种们（指中共）全部扫除干净，一个不留。说干就干，用不着问东问西了。"问话的人，大喜过望。次日即带军警来机关绑捉同志，被事先布置在机关四周中共特工人员亲眼看见。但该集团为掩饰他们的丑行，巩固本派利益起见，乃深秘其事，严禁向外泄露，保密不宣，以全体面。他们声称如有询问向忠发事经过者，则施以纪律制裁。

向忠发伙同胡均和、顾顺章这一群，南北奔走，到处带头作引线，做特务，查抄机关，逮捕同志，造成监狱人满，流血满地。他们立功受奖，升官发财。自成一队进行搜捕，向等亲做眼线，穿着防弹背心，手拿弹簧铐，领着一班特务，雄赳赳地横冲直撞。◇身任队长后，对人说："过去你们把老子当猴子玩，现在我真的要给你们看看颜色哩！老子一不做，二不休，没有甚么玩笑可开的了！"

他们伙同丁默村等，亲到曹家渡、龙华、江宁等处监狱，对中共政治犯劝降。劝降无效时，便指定写作专人大肆编写材料，并假冒在狱重要政治犯个人名义，发表拥护三民主义与反共的政治宣言。这些文章内容要点，不外是强调三民主义为中共所必需，歌颂孙中山的人格如何伟大和南京政府的德政等等，千篇一律，大同小异。这些文章先后在丁默村所办的《社会新闻》刊物发表，后来又汇集成专题"转变"，大事宣扬当局的宽大政策。当时在狱政治犯事先既不知道，事后又无法更正，听其诬蔑，也无可奈何。如同哑子吃黄连，有苦说不出来。但丁等一伙却自诩此举十分高明，逢人便夸这是政治攻心战术的成功。

向忠发带头做眼线，胡均和联袂走南京，王矮子（王明）甘心做降奴，米夫毁党显神通。孔老二（周）瞒上欺下，米夫丧胆宵遁。大多数人不识不知，浑浑噩噩，只要有一官半职，上海，南京反正都是一样。纵有个别人不以为然，但久而久之也就入狼群，学狼嗥，渐渐同化，往而不返！

千百万同志与革命群众惨重牺牲。把一个长期战斗力强大的党完全搞垮，只剩少数人孑身逃往苏区继续为虐。竟为向忠发举行追悼会[1]，欺骗毛泽东和广大红军干部，长期保密达数十年之久。追原祸始，均四中全会临时中央。

---

[1] 关于悼念向忠发，史料存有当年"紧急通知"一件，由江西瑞金发出，以"八月廿四日是向忠发同志被难的二周月纪念日"为号召，部署开展"八月廿四日到八月卅日为向忠发同志纪念周"的活动。

向忠发纳妾

向既做上官儿,家资富裕,左右以上海大亨目之,呼仆使婢,饱暖之余倍思淫欲,对地下生活感到拘束,居常对亲信说:"近来生活表面看来还算过得去,前呼后诺,颇像个场面,但从内心讲实在太不如意,比过去码头差远了。我过不惯这种牢笼生活,你们看怎么办?"

初说一两次,大家还不以为意,后来当真闹起情绪来,连日不上班,声称:"我不干这份差使,你们另找人来干吧,反正没有我别人也一样干!"他装病不出门,口口声声嚷着:"就此拉倒吧!"不久在外又发生酗酒斗殴事端。大家一看,情况很是不妙!店小二们这才着起慌来,认为这样下去会影响大家安全,因商议对策,以期纠正。

在会上,首先杂毛[1]发言:"孟夫子说过:食色性也,谁能不讲?老向的脾气我深知道,我们不能拗过他的,应该好好想个法子,才能弥患于未然。"大家围绕此事,你言我语议论开了。孔(周)献计道,既然如此,何不给他调配一个合适的专管私生活的事务秘书,这样当可使他安静下来!别三(瘪三,即立三)拍腿说:"这个意见很好,公私两便,比较全面,我完全同意。"原来别三内心有个计较,认为河水分流,两岸受益。存个分润的念头,所以内心很是赞成。大伙讨论一番,原则既决定了,这样就只有进一步研究人选问题。随后决定交人事部门办。经过多次研究结果,大家一致同意把妇委工作的黄木兰调派给老向当一名机要秘书。事先由孔、别等人老婆向黄做一番动员工作,勉励她把这个工作作为政治任务去完成!黄最初不知是计,贸然承诺,即日到办公室工作,后见无事可做,又见向心术不端,神色有异,举止有些失常,渐生厌恶。过了些时,向竟对黄欲施非礼,行为粗野,黄当面斥为"衣冠禽兽,猪

---

[1] 杂毛,所指何人初不明,后查罗氏存稿,系指刘少奇。

狗不如",遂不辞而去。

当下孔等夫妇劝黄顺从,黄怒不可遏说:"我宁可不要党籍,决不与此败类为伍。"随后来了几个家属纷纷责小黄幼稚不晓事,不知好歹!说:"你家大神不见小怪,大官肚里可撑船,莫同小伢一般见识,她不久定回心转意的了……"一席话把老头儿火气消下去了。一场风波暂告平息。

向受到教训,无脸见人,加上老婆在侧冷语讥讽,实在无地自容,想离家出外暂避。事被左右发觉,力予劝告说:"这千万使不得。你是总书记,一举一动,关系全域……"向不理说:"我走我的,你们用不着阻拦!"大家见状,又慌了手脚,一群蛤蟆又乱吵开了。在一次会议上,有人慎重提出"心病"问题,说这虽然是思想病,却不是靠思想本身可以解决的,所以仍需对症下药。大家对此重大问题,好像群鼠聚议系铃猫颈一样,久之仍无进展。

◇◇打开会场沉闷气氛说:"一计不成,还有二计可用哩!"竖起右手两个指头在空中晃了几下,从容正色说道:"依我的看法,此事一计不成,还有二计可用。我说出来供大家参考一下。"会上诸人迫不及待,促他快讲。他慢条斯理,不慌不忙说:"我看当代政治伟人停妻再娶本属正常,老向年事已高,太太尚无生育,他屡思侧室,道理上更说得过去。目前形势发展急转直下,一日千里,为大局着想,组织上不如索性为他娶一个小老婆,你们看咋样。"言未毕,别三起立附议,大声道:"此计大妙,比生活秘书更名正言顺了。"

座中有人怀疑提出异议,说这样做法如果传出去,政治影响不好,太不象话了。孔说不然,这是生活小节,与政治无关。革命嘛,顾这忌那,成何做法。会上的人大都怀有心病,也就无人坚持。

纳妾那天,在静安寺住宅中居然大办喜筵,宾朋满座,设摆牌桌,打天九,抽头钱。该宅姨娘、车夫等捞取小费很多,与其妾朋分，阖家大小，喜气洋洋。刘××在南京路五金行楼上做三十大寿，宾客齐来，男女成队，群雌粥粥，兴高采烈。也曾设置麻雀牌几桌，通宵达旦，热闹非常。

向妾进门的头一天，阖家笑逐颜开，只有向妻一个独自向暗壁发闷。怕她精神失常，立即派◇把她牵出去，以免盛典被扰乱。老婆子至此却不去，忽然大哭大闹起来，坐在地板上，披头散发，手持一把旧剪刀，声声要向老鬼拼命。此时新人已进屋来了，宾客们面面相看，也没有止闹的办法。最后还是孔的女人说尽好话，哄骗她，许她买料子，才渐渐安静下去。

向见妾面是乐不可支，连称小五办事能干，小公馆家具、陈设、地毯均小五亲自设计，样样合意称心，从此宠以专房，同车兜风上海洋场，诸事不管，一切听摆布，并不过问。每日签名盖橡皮图章，有时把图章交付立三、小伍（伍豪），万事不管，过着高枕无忧的傀儡生活，逢人自称富贵到，革命成功，万事如意！

向妾进门时，身已怀孕，向心不快，乃向介绍人诘责。×答："古人前胎儿子（未过门身怀六甲），不少长大后便成为贵人，这是贵兆啊！有何不美？"（并引证一些实例作证）向听后转愠为喜，因问："此话果然当真？"×答："那是没有错的，骗你是狗！一切由我打包票！"向心释然，由是妾宠不衰。从此以后，越加信任，言听计从。他自个儿只管养尊处优，颐养精神。由于诸事怕费脑筋，所以一切均听左右包围摆布，遇有重大事件，他不过署名划诺罢了。至于一般关于人事金钱等不很重要等事，通过内线，他的小老婆也能直接解决问题，因此，有人当面恭维她是女丈夫，了不起！确实发挥半边天的作用。向妾得意地说："老头儿不过是木脑壳，理他呢！"左右只得听其胡为，取得一团和气，这样大家都可沾光，各得其便！

第四部分

离 党 之 后

（人生又一程）

全党危疑

向忠发等投敌

上海东方饭店事变发生以后,正当中共全党危疑震撼,悲愤填膺的时候,中共临时中央书记向忠发与其死党多人忽倾巢而出,投奔南京政府,甘做降奴鹰犬,对党进行空前的大破坏活动。先后破获许多机关,拘捕党团工会同志无数,号称"集体立功"。

1. 顾顺章劫夺非委印刷工厂。尤可骇异者,米夫竟下令直接用武装力量进行党内斗争。如临中劫夺非常委员会中央宣传部印刷厂即其显著事例。

非常委员会中央宣传部有印刷厂一处设上海唐山路保定路某里内。厂中有对开印报机二部,铅字及铸字等全套设备,印行非委中央及全国工会的内部报刊,由秘书李梅羹率职工住在印厂管理并守护。临中为破坏非委工作,决计劫夺印厂,据为己有。

李梅羹住在保定路附近某里。先是,在劫夺前一日,顾顺章忽至李寓对李说道:"你替非委工作,实在危险得很!我今天来放信,叫你早些离开此地,勿要再做工作,你识相些。"李说:"我做什么或不做什么,用不着你多管。"顾说:"我原是一片好意,你不听话,莫怪我们不讲客气。我警告你们非常委员会工作的人,在上海滩也休想立脚。"李不理,顾遂去。越日遂发生劫夺印厂的事。

劫夺印厂是由临中派政治保卫科负责人顾顺章亲率十余人伪称工部局包探,引便衣武装前往印厂搜查,首先进厂把全体职工禁管。

李梅羹时正生病，卧床不起，彼等进屋，不由分说，将印厂机器设备及纸张等全部装上预先准备好的几辆汽车运走。众人临去又将李梅羹被褥衣物洗劫一空。梅羹躺在床上不能动弹，张口结舌，望顾顺章扬长而去。后该屋仍受工部局巡捕搜查封闭，捕去印厂职工十余人，并将李捕去，监禁经年始释出。

印厂被破坏后，敌方军警先后又陆续将非委宣传部、江苏省委沪东、沪西、法南、闸北各处党组织搜查拘捕多人。事后证实这些破坏行动均与临中有关。

2. 共舞台案。一九三三年七月，非委上海市委在法租界共舞台戏院，召开全沪工作会议，由法南区书记刘德成主持开会。因临中实行残斗政策，向法工部局告密，开来警车一辆，捕去工会工作干部及工人十五人，送龙华司令部关押严讯，由于临中分子提供名单及案情材料，引渡后全部牺牲。

3. 天妃宫案。一九三三年五月，上海天妃宫案是由向忠发秘书丁觉做引线，捕去上海非委同志七人，后又继续捕去五人，均向等所指使。

4. 岳州路永兴里案。一九三二年十月，向忠发、胡均和等亲自破案，在永兴里逮捕十四人，"立功"最大，获双份奖金。

5. 太平洋书记处案。向、胡投敌后，一九三二年五月间，太平洋秘书处上海办公处忽被搜查，捕去负责人乔治 **George** 夫妇（乔治夫妇均英人）。先是，一九三〇年二月时，赤色职工国际曾来令调乔治回国工作，乔不愿行，因函全总并向我道意：可否继续留中国工作。当时全总讨论此事，认为乔治人地颇宜，结果决定应乔治请求，由全总出名去电向职工国际挽留乔治继续留沪工作。一九三二年五月向忠发投敌事发生，同时乔治秘书陆海防（从东大回国任职）向敌输情，乔治夫妇遂被捕去。

乔治被捕后化名牛兰 **New-Land**，解到南京。审讯时，他默不作声,再三询问其真实姓名,亦不置答。问官云:"你的犯罪证据已由所获文件与你的秘书全部讲述明白,即将根据这些材料进审判,你本人承认与否并无关系。"乔治仍无言。经过陆海防、余飞等指证后,全案牵连十余人,遂判罪入监,外间称为牛兰案。

牛兰案经报纸披露,赤色职工国际闻乔治被捕,大为震动,恐其在监受虐待,指令江西苏区尽力营救。因此于一九三二年七月,江西瑞金苏区中央政府宣言营救牛兰夫妇,其具体建议愿以释放苏区监禁外国教士作为南京释放牛兰夫妇的交换条件。但蒋介石置之不理,遂无结果。

事后查明直接承办牛兰案者为向忠发部下余飞与陆海防。余飞,宁波人,原为上海西崽工人,向忠发时期任中委及驻国际代表。投敌后屡破案立功,积功任南京市社会局科长,自觉志得意满,尝对人说:"我原是侍候人的西崽,在中共做上中央委员,才有今日地位,我应该感谢党,感谢领袖!"陆海防,一九二九年自东大归国学生,任太平洋秘书处翻译,一九三二年即投敌。

6.其他诸案。向忠发一九三二年至一九三三年间亲自做眼线,先后将看守机关女同志徐虔直、高其度等捕获解南京。徐虔直被枪杀于雨花台。(徐虔直,陈潭秋之妻。)一九三三年又在上海法租界逮捕黄励,解往南京判处死刑。同时胡均和设计并亲自带领军警将非委安徽省委书记王步文逮捕解往南京枪毙。

与上述各案发生同时,投敌分子又在上海将陈赓、张际春、陈少石与廖◇◇逮捕解往南京。廖被捕后否认为中共党员,觅人担保,廖确属国民党忠实同志,遂蒙蒋释放。同时陈少石被杀。

武汉大破坏诸案:先是一九二八年春间,汉口党组织大破坏,向警予等被捕,旋于四月底即遭杀害。当时办理此案者为武汉政治分会主席程潜,告密者为向忠发秘书宋岳霖。这次汉口党与群众组织破坏极为严重,先后牺牲同志二十余人,其中有烈士陈春和等。

于此前后时期，向忠发曾亲至武汉破坏地下革命组织，向啸集码头工会旧部，搜查武圣庙，汉阳郊外五里坡、归元寺、罗汉寺等处中共与少共组织多处，逮捕夏文法、韩骏、法和尚、杨冀奎、廖乾五等五十名。

非常委员会北方惨案

龙华惨案给予米夫、王、博等以极大鼓舞。在此以前，自米夫以下感到对非委束手无策，今忽见非委遭受惨重牺牲，"反右胜利"出于意外，兴高采烈，有逾寻常。此时临中等继续采取步骤，就是在全国范围内，特别是在北方发动更残酷的斗争，造成新的破坏高潮。口号是："残酷、干脆、彻底歼灭党内反对派。"派廖国云到北方召集北方会议。当时临中斗争矛头主要是指向非常委员会。

于芝生到天津不久即投靠天津市长张学铭，破获非委机关及工会多处，逮捕天津非常委员会负责人及干部，严刑拷讯，非委干部先后被判处死刑十余人，余均投入监狱。

天津破坏成功后，张学铭又令于芝生等赴北京，伙同潘闻宥等破获非常委员会北方党委、团委、顺直、铁总等机关多处，逮捕王仲一、李渤海等二十四人。于与潘等曾向张学良等告讦，说王仲一为二七祸首，北方非委主持人。王仲一被刑讯后，即惨死狱中，是为著名的北京大狱。

当时在敌人监狱中非委被拘禁人虽极多，临中命互济会对非委政治犯进行狱中斗争，禁止对非委难友施行救济，并千方百计破坏非委难友的团结。用诬告、陷害方式使非委难友加重处刑，对非委狱中干部的家属施以侮辱，迫使夫妇一方离异。如遇非委党员牺牲，彼等毫无同情，反幸灾乐祸，无所不至。

于芝生后被张学良派往山东韩复榘处继续破获济南、青岛、高密等处非常委员会组织十多起，捕去三十八人。韩复榘任于芝生为政警处科长，以酬其功。于乃设计破坏益都、日照等处组织。

于芝生在山东曾设法逮捕非委青岛市委工作人员郭龙君。郭，直隶大名人，天津第一女师学生。二七后在铁总工作，往来京津道上运送工会大量刊物。郭被捕后即被处死。一九三三年二月，于芝生又于旅馆捕去从上海到山东工作之任作民（湖南湘阴人），送往济南判刑四年，任受磨折，出狱后因病逝世。

临中在四中全会后，对于各地党组织强迫命令，不断出动暴动，借以考验党员是否拥护临时中央的暴动政策。自山东省委书记与青岛市委书记王士青等到上海参加非常委员会以后，当地组织已有基础。临中对山东全部党组织恨入骨髓，时思消灭之以泄愤。韩复榘曾令于芝生拟定消灭山东全省非常委员会的计划，与此同时，临中下令要山东发动大规模武装暴动。

一九三三年八月，山东益都暴动因力量单薄，准备未完成，两天内即被镇压失败，被捕三十余人，负责人郑心亭、冀虎臣被杀。（郑临刑告人云：吾当化作旋风归去。）益都暴动失败后，不过一月，临中又强迫日照县暴动，立被韩复榘军队杀死农民一百五十余人。党负责人郑天九、安哲等牺牲。事后临中对郑、安等大肆攻击，斥为右倾，不服从命令。

一九三三年临中再派亲信宋明诗赴山东，指挥暴动。宋到济南任山东省委书记，旋与芝生合流投降韩复榘，大捕共产党员，死者、囚者不计其数，至是山东党与群众组织遂完全瓦解。

苏区反右，"你死我活！"

自四中全会实行篡党成立临时中央以来，为时不过两年，在米夫、王、博领导下的中共白区革命势力分崩离析，组织瓦解，精锐销磨！当时米夫、王、博内心犹感未足，乃另辟战场，进入各苏区，大规模进行"反右"，实行"你死我活"的残酷斗争！当时王明发表了流毒全党的《为中共更加布尔什维克化而斗争》的小册子，以反对所谓右倾，提出了一个比"左"的立三路线还要"左"的新的国际路线。他们在政治上提出苏区路线是"一贯右倾、严重右倾"的口号，主张加强"反右倾"，"反富农路线！攻打大城市，肃清非常委员会势力"等。在组织上，他们以"改造党""改造红军"为名，到处派代表，在各苏区安插亲信，网罗私党，排挤和打击正确路线的革命干部。对抵制他们错误领导的同志滥用组织处分，采取无情的打击。王明、博古等从一九三一年起，用六届四中全会临时中央的名义先后连续派代表多人到各苏区去夺军权和党权，这就是派张国焘、陈昌浩到豫鄂皖苏区，派夏曦到鄂西苏区，派沈泽民到鄂东苏区，同时又派张闻天、杨尚昆到中央苏区推行王明路线，策动反右工作。

一九三一年三月，夏曦到湘鄂西组织中央分局，自任书记，实行集中党、政、军大权。十月，夏将红三军改编为五个师、团，由夏直接指挥。夏曦强调国际路线，主张立即行动，攻取大城市宜昌、岳州，会师武汉。在党内，把肃反扩大化，乱杀干部，把湘鄂西全部苏区毁完。一九三三年主力军被迫退出洪湖，经豫南、陕南、川东转移至鹤峰，武装由二万五千人减到一万多人。一九三四年十月，夏曦在黔江身亡，王明乃派关向应代夏。据当时目击残酷斗争及身受无情打击的人三十年后申诉王、博罪恶行径时说道："一九三三年至一九三四年秋间，夏曦任湘鄂西分局书记，把湘鄂整个苏区搞完。"又说："洪湖地区由夏曦执行左倾机会主义路线，党组织受到了很大的摧残。"（《红旗飘飘》十四期，贺炳炎：《回忆洪湖斗争》）。一九三四年九月萧克乃率部离开湘西。

在反右高潮中，夏曦认为当地工作一贯右倾，指名周逸群、段德昌、张昆弟、柳直荀等为右派，他们先后均被枪杀或陷敌而死。

由此可见临中一群奸蠹进入洪湖苏区，盲目反右，消灭异己，造成党组织瓦解。

一九三一年五月，张国焘等到达豫鄂皖苏区后，立即发动大规模反右运动，排除异己，施行残酷斗争，杀戮所谓右派的大批同志。白菜店清党之役，肃反扩大化，被害同志有郑芹瑞等数十人。

他们诬蔑出席全国苏维埃准备委员会委员一律为右派，由于他们全体参加非常委员会的工作，所以他们又被诬为反党、反革命，这些代表返回苏区后全部被肃反了。

政治黑暗与文化荒伧

一九二七年前中共在文化革命战线方面取得重大成就，中共党在武汉政府时代在国内外文化革命事业中树立有极高威信。但是自一九二七年大革命失败，八七会议以来，党内开始进行分裂，内哄不息，外侮纷乘，不少中共知名党员徬徨，动摇，最后走到投降蒋介石的道路。此风既开，遂一发不堪收拾。陵夷至一九三一年前后，李立三、向忠发、王明、博古等集团在米夫领导之下继起在中共内部发动大规模残酷斗争。与此同时，国民党各派军阀蒋介石、冯玉祥、李济深、阎锡山、张学良等对中共苏区与地下工人运动施行严厉的屠杀。与党内外斗争相应而起为各苏维埃区清党反右，屠杀无辜党员。此时全国文化人，特别是上海文化人与国民党军阀相呼应，同时即以中共为假想敌，成立各项暗昧文艺团体，假借革命招牌，实行向中共呐喊示威。他们树帮派，立码头，设文化摊子，一方面向南京声明不做反革命，一方面向中共争取文化革命正统，这样造成当时政治黑暗与文化荒伧的最暗淡时代。

中共非常委员会有见及此，为了整饬革命文艺阵容，依照李求实、谭寿林、冯铿、林育南等同志建议，在上海成立工农革命文艺联盟，指定由李求实及江苏省委负责领导。求实在工农革命文艺联盟（简称文联）所做报告，对于当前革命文艺战线做了详细的分析与批评。他说:"中共自大革命失败后放弃对于建立工农革命文艺战线的领导。现在政治黑暗已极,文化荒伧尤甚,多数'革命文人'徘徊于斗争线外,互争领导。"

求实报告后一部分提出建议,主张立即成立集体写作机构,把真诚革命的文艺爱好者引进工农革命阵地,从事革命文艺新创作计划。该计划主要是动手写工农斗争作品,以罢工斗争、农民战争为主要题材,同时进行编写有关一九二一年以来历次伟大工农群众斗争的史诗、小说、剧本等(包括过去铁路、海员、矿山、纱厂等罢工斗争,以及李慰农、伦克忠、王中秀与大革命失败后无数牺牲壮烈史事等)并决定创办一个工农文艺期刊由文联主编。这个计划谭寿林称之为"火种计划"。求实的报告与写作计划被工农革命文联所通过。文联成立以后,积极开展实施计划方案,后因龙华惨案发生,求实、育南、冯铿、胡也频等被难,随后谭寿林等多数参加文盟的同志几乎全部牺牲。在文联精华损耗殆尽,受到打击以后,于是文化革命遂益趋荒落!当时所谓:"汉奸流亚,右派鼓乎",流氓作家,形形色色,限于篇幅,未遑悉举。

东北行纪

临中[1]倒行逆施,对非委所属组织积极进行破坏,并动员锄奸队对非委各负责人实行暗害。一天非委常委开会,忽接北方非委王仲一来信,要求非委中央迅速派得力人员前往北方加强当地工作。史(文彬)向我说:当年书记部[2]炉灶是三块石头架起来的(指大钊、国焘和我),现在守常已牺牲,国焘远在国外[3],他们要求你

---

[1] 临中,即六届四中全会成立的临时中央。

[2] 书记部,即北方劳动组合书记部。

[3] 张国焘于一九三一年一月下旬回到国内,因党内斗争情势,未与罗、史等人面晤,故此处言其尚在国外。

回去重整阵营,再干一番,全域仍可望好转。我说:"你的意思很好,我们一道回北方去,但是目前我先须到东北,东北工作安排定妥,才能到北京去,你看怎样?"史说:这样也行。我告史,现在你可以先去告诉大家努力工作,"我多则三月,少则两月,就会从关外到北京的。"史同意他先回北方。常委会上就决定先给北方非委一信,说明意向。我随即准备动身赴东北去。

我正准备北行间,一日有同志某,风闻文虎已被敌所害,因急往访刘鄢[1]。闻讯,鄢即转告我,并云彼等或将见诸行动。因为平日奸人在布置暗害前,必先放出蜚言,云某某已被捕,或已被杀,然后行刺或绑架加害,如此可以迷惑视听,推卸责任。所以刘鄢劝我立即动身,免遭暗算,同时东北非委迭次来信敦促非委中央早日派人去。

一九三一年◇月,我遂赴东北,宋大方同行。

一九三一年上期在非委中央领导下,东北党与群众组织力量,经过东北非委齐心戮力,大致仍在旧有基础上向前平稳发展。当时沈阳、大连、长春、哈尔滨等城市的油坊、面粉、酿造、丝织等工厂,均有工厂小组。东北各铁路沿线东至绥芬、北至海拉尔、南至大连、西至沟帮子等重要车站及东西各矿山,如抚顺、鞍山等处,均有组织或线索可以联络通气,至于东北农村,则有通化、密山等处,可以开辟工作。据报告:一九二八年一月五日奉天、通化、临江各地农民为反对军阀横征暴敛曾组织大刀会进行过武装斗争。同年一月十六日,奉天通化大刀会受省军压迫向朝鲜边境发展,倡议联村自治。二月三日张学良派军袭击通化大刀会根据地的村庄,将十二岁以上男子悉行杀死。因此,武装农民被迫逃迁外县。此事激起当地农民的深仇大恨,曾秘密派人向东北非委请求派人协助恢复

---

[1] 刘鄢,又名刘炎,时为罗章龙夫人。两人约在一九三九年秋天分手。

组织，扩大武装。非委已与他们取得联系。至于东北军队虽尚无强有力中心组织，但当地非委已在哈尔滨丁超部队建立组织，有下级军官及士兵成立地下组织。可望逐渐加强影响，扩大组织。

我与宋大方二人自上海乘轮到达大连，住约一星期，二人从大连到沈阳，宋大方留驻沈阳。约定二人以南北满为界，分头工作。自后我独赴哈尔滨。哈尔滨党群组织原为王永叔[1]兄弟在哈时所建立，现永叔兄弟已回滇，但原有组织与群众关系颇好。我所住南岗，南岗一带是俄侨住宅区，户口管理不严，租房不用保人，有家具连房屋出赁。由于中俄语文各别，邻居互不来往，行动比较自由，但对于联络群众工作却不相宜。

一九三一年九月十八日日本军队占领沈阳，向北进攻，续占长春，旋进占哈尔滨。时丁超为哈尔滨警备司令，接受日本顾问监督军队行动，全军上下均不满丁所为，酝酿反丁超运动。非委哈尔滨党组织集中全力做兵变工作，希望拖出一部分队伍到密山、虎林等县从事抗日武装斗争。主持其事者为一个军事小组，以姜英为领导，同时参加小组者有刘长林（原戊通公司船坞工人）、王焕章（油坊工会负责人）、杨重民（哈工专学生）等，利用丁军心不稳，警备队（渐渐扩大对下级军官及士兵影响）成立党的地下兵士委员会。

姜英，虎林人，原为大黑沟伐木工人，曾在吉林夹皮沟金矿工作，说碛内取砂小溜每二十人为一帮，清溜三千车，可得纯金三十两四六分金。姜同乡在关外，韩边外（清光绪时山东人出关经营金矿）做工的矿工多至五万余人。矿场上纵横亘百里，游侠众多，姜乃为其中魁杰。矿工们杀人越货，打抱不平，生活甚为散漫。我在与姜英共同工作中，从姜学习"胡匪"流行切口（隐语），包括从日常生活到行军作战，非常繁琐的会话和各种手式。姜后弃工入伍，

---

[1] 王永叔兄弟，即云南籍王复生、王德三和王有德三人。

为军中神枪手，经常入山伐木射猎，长在野外生活，锻炼出钢筋铁骨身手。我常偕姜英到外县工作。着靰鞡草制皮靴，乘爬犁行原始森林中，偶有迷失，姜英辄能自导引而出。严冬外宿，夜不成眠，姜便焚火烤地，扫去灰烬，借以干草，人卧其上可御寒。遇有温泉处，虽大雪天，一浴可抗寒竟日。野行无锅灶，姜掘灶筑土令坚，上覆以布片，布米其上，浇之以水，自下燃薪，久即成饭。凡此经历，可见姜生活习性渐与当地人民同化。

我与当地非委在哈尔滨军事策划布置已有头绪，但事为罗登贤所侦知，便极力从中加以破坏。罗登贤是奉命来东北破坏非委组织，他常对人说："有我罗登贤在东北，便不能让非常委员会有活动机会。"因此当丁超得知部下有异图时，便采用严厉镇压手段，将军中地下党组织主持人捕去，更利用哈尔滨投敌的中共党员做眼线，继续破坏非委的组织，最后并将姜英、陈永善、郭新之、◇◇◇、◇◇◇等逮捕。党在南岗机关最先被搜查。继续破获的机关为道里二道街福聚永、四道街德胜居等处。这样党内残酷斗争已在满洲各地区全面展开。

宋大方自南满来哈报告，临中对南满沿线非委斗争亦异常激烈。在情势万分紧张下，得当地群众组织协助，我一方面转移地方，重建机关，继续工作，同时进行营救被捕同志工作。新建机关为本地同志张汉声所设文理补习学校。张原籍山东日照，为老学究，以设馆授徒为业，其长女云涛在轮船公司任会计，时已失业家居，次女雪涛在秋林洋行工作，张有姊与白俄人可夫曼结婚，生子名伊万全科，常往来张家，在补习学校担任俄文教员。伊万全科之父在警务处工作，管理街道行政事务。我即住在张处，对外称为张长兄之子，称汉声为叔父，近自山东原籍来哈探亲。

一日，我忽接姜英自狱中着专人送来一信，报告在监平安无事，内云每星期二下午可派人送食物去接见。经大家商量，乃决定请李建芬（女同志）伪装姜家属前往探监。但李连往二次未获见姜面，又因李怀孕已久，行将分娩，以后恐不能再往，寻思无计。张云：事已到此，不宜再缓，因决定下次亲去探监，并送食物与姜。张赴监时，我随其后同往。只见探监人列队监门口听候唤名，我远远坐在院中石级等候。有顷，见一军服狱吏模样的人从外进来，走近石级前略一驻足侧目俯视，我若有所思，随即进内。顷之，复出，向我身上下打量，片时忽问：您是关内人吗？我略点头，又问道：您记得郑州棺材店的大兵郭某吗？我忽然心动，猛忆前事正思作答，郭面露笑容，连称别后数年，消息阻隔，不料今日来到这地，不容分说，挽我进内。我见其意出于至诚，谅无恶意，因随入办公室，坐定。郭递烟茶，谈别后生活及出关经过，因留在办公处便餐，相谈至为欢洽。从郭谈吐中知郭近任此间监狱官职，并引妻儿出见，对其妻口称"恩人"不置。饭后，我率直告以来意，并将姜案情告郭。郭云：案属军情，急切间难以置答，但一定尽力帮忙，总要对得住朋友。要我回家静候。我遂欣然辞出，郭亲送至大门外才转身进院。一会张送东西出来，把会见姜的经过相告，大意说姜案口供甚好，无疵可指，只是嫌疑，并无证据，有人转圜可望宽释。回去后，二人商议决定央郭相助，以期从速把姜救出。

我与郭相识，事在六年以前。先是一九二五年五月我在郑州居住时，由于兵荒马乱，市内房屋奇缺，我住在郑州偏西隅小街上一家棺材店里，外间放置各种式样的大小棺材数十具，出入必通过棺材甬道。一天傍晚，外间敲门甚急，出视见一背枪兵士携一老妪立在门外，状似患病，气喘不已。经询问才知兵士名郭希忠，是刚从洛阳开差到郑，部队就驻扎街尾关帝庙，老妪为郭母亲，家极贫苦，平日因无地安置母亲，经常随郭开差到处流浪，这次队伍开赴徐州，路过郑州，要求让一房子给他母亲暂住疗病。我觉得此兵外貌虽凶悍，但在战阵中不忘老母，非同等闲，遂允让郭母暂住外间，郭立即叫来几位弟兄把棺材靠墙堆叠起来,空出一席地,开个行铺,把老母安顿下来。郭在部队搭伙,每日将冷馍残饭捎些回来供母度日。有时饥渴,怀西[1]便送茶水菜饭给郭母,并代觅医生诊视,但究因久病体弱,医治无效身死。怀西为此当去几件衣服才助其成殓安葬。后来郭开到前方去,来过一信,自后音讯寂然。我亦因事过境迁,久已淡然忘怀,今补叙于此。

次日我赴监访郭,坐定,郭说道:您来得正好,姜案本身并无大干系,如无新证发生,可从速结案。郭解释道:"上头正在寻求姜以外的事证,(他附耳轻言道)为了免生枝节,最好您回去关照朋友们,暂到外埠避一避,风声一过,一切好办,这样姜本人很快就可以保释,姜事完全在我身上,你看怎样?"我颔首同意。郭道:"事不宜迟,即断即行!"我归寓后,与大伙计议决定,张仍留哈工作并照拂姜出狱事,我偕李建芬赴吉林长春,察看当地党组织被破坏情况,加以整理。二星期后接张姜二人信,姜已无罪释出,同案被捕的陈郭等各判刑有差。姜英出狱后改赴密山工作,后来姜仍在外县被逮捕,解往长春,经附敌份子指证,在长春牺牲。

我到南满时,宋大方等七人亦被捕牺牲于沈阳。宋大方字秀石,浙江杭州人,怀西异母弟,原之江大学生,因学潮开除即废读,与沈干城参加工人运动,任沪甬铁路工会党团书记。一九二七年国民党清共,离杭赴沪,复入圣约翰大学习法文,担任上海法租界工厂支部书记,旋辍学。一九三一年任非常委员会中央秘书,随我赴东北,至是遇难牺牲,时年二十六岁。宋中西文称优,尝有译述,因在革命激流中度生活,存稿未集,尝自谓:"不为荷马,便有丹敦!"果如所言。宋时有译作,在革命激流中多归散失,其姊怀西为大方作传记,并收集遗文,惜竟未刊。

---

[1] 怀西,即谢黛茜(怀龙),时为罗章龙夫人。谢约在一九二七年间牺牲。

南满牺牲七同志中除宋大方外，其余六人为：鲁祥梓，沈阳铁路工人；杨国全，大连油坊技工；吉光英，营口港运工人；邵淼，抚顺老虎台矿工；翟树封，大连印刷工人；常厚田，皇姑屯铁路工人。以上六同志均南满地区非常委员会所属当地党或工会系统工作同志。

　　我后自东北返上海，向非常委员会中央做报告，内容主要指出九一八事变表现日本野心不戢，现在吞并满洲，以后将继续侵略中国，唇亡齿寒，苏联亦将受影响。该报告旋被临中分子盗去，即据此，大肆攻击非常委员会，说文虎报告对九一八事变估计错误。临中认为九一八事变并非侵略中国，乃是进攻苏联，因此对非常委员会中央号召全党宣传组织发动中国工农及各阶层组织广泛抗日阵线、进行收复失地等项措施，均认为右倾。其荒谬无知如此。过了几年，他们才转到拥蒋抗日方面去。

峰回路转

东北三教授

我前后二次到东北大学讲学,第一次在张学良为校长时,第二次臧启芳为校长时,因此得与东北人士晋接,得识白世昌、胡信贤、高晋生诸教授。

东北开发较后,当地文化荒伧,但三十年代以还,经济繁荣,后来居上,因此人文科艺凌驾关内,未可轻视。

白世昌,美国留学,习法律,任法律系主任。白原满州正黄旗人,家世贵胄,少时随祖父宦游湖湘,寄籍浏阳永安司,因此能操浏阳方言。我少小离家,中年亦未返家乡,乍闻乡音,深慰于怀。二人见面,互操浏语交谈,大有他乡遇故知韵味,顿成莫逆。从白谈话中知道:他祖父与慈禧同族同宗,均为清皇室近支,道咸间家世中落,沦为小吏,任永安司司长。家居浏阳县城十余载,成为南方人民。

彼此漫谈,遂及慈禧入宫史事,据云慈禧家住永安司时,俸禄微薄,从小由祖父教养略通文墨,并操持家务上街买菜。常到邻居家肉店买肉,店主人见其垂小辫丰姿绰约,尝嘲以谐谑。慈禧羞怯,辄避不与语。未几,宫中选秀(限于旗人,不选汉人),慈禧应选,遂举室北行循湘江北去,渡洞庭,涉风波,船过金陵,循运河北航,抵扬州时,旅资匮乏无以为计。忽有人送百金至,家人方以异,询之送金者出呈扬州县署公缄,自思并不识其人,对其人素昧平生,何以忽赠重金。但因正处在困境，只得含糊收下。

慈禧入宫多年，人事鞅掌，初未理落。偶忆及此事，乃派亲信前往扬州查访，其人已休官回乡里，辗转探明，嘱其进京觐见，乃称此事年久健忘，不悉百金赠与谁人。原来他在扬州时适有一京官过访，彼按通常礼节，遣仆至船埠馈以百金，仆人见官船甚多，仓卒中遗金而去，回报主人称已送交，主人亦漫未经意，其实乃是误投。慈禧大喜，嘉其诚笃，笑而遣之。

白对东北军阀掌故所谈颇多，张作霖白山黑水发迹经过，"臭皮囊"惨遭横祸，悲惨而死，沈阳老虎厅夺权，杨宇霆被杀内幕等遗闻轶事，如数家珍，均非局外人所知。

十年以后，东北收复，世昌年老多病，家贫如洗，无以为生，老伴上山拾柴，白自营小贩，白发尪瘵，当街提菜篮卖鸡蛋以度日。

高晋生名高亨，北京清华大学王国维教授及门弟子。我与高尝共游鸡公山，攀峰穿幽，过泻红涧，雅好其风景幽绝，作《泻红涧》诗。

时方盛夏旅客众多，床铺缺乏，我往访晋生，晋生引我入室，将巨型立柜倒置地上，铺沙发垫于其上，请我安睡，我笑许之。翌晨，星乘教授自外入，见床铺形状特异，大声道："这是什么床？如此稀奇！"我漫应道："我夜夜睡在棺材外。"晋生大笑说："今日是文虎生辰，此语大妙。"因口占云："世人不免睡棺内，公独棺材外隐身，但愿百年长似此，健康长寿葆天真。"星乘聆罢说："晋生妙语解颐，毕竟高人一等。"五十年后，星乘已谢世，我与晋生年逾八十，仍任教授，著述不倦。

胡体乾教授，吉林人，留美八载，攻社会学、人类学。其教学方式与众不同，以野外为课堂，搜集实物调查研究孜孜不倦，尝云我辈生活蛰居室内，可谓浪费春秋。常约我出游，踞黄河大堤，卧听天风吹电线声，自成曲调，说这就是大自然的音乐。见黄河浪花飞溅，皮筏颠簸，手舞足蹈，乐如婴儿。其所〈作〉诗，自鸣天竹籁，不尚形式。有人讥其为"胡说"，彼不以为忤，自嘲云：我本姓胡，当然是"胡说"。

我被捕入狱事件始末

先是一九三一年春季，我因事出走，离开上海赴东北，在东北住了两年，由于东北镇守使丁超发觉，在哈尔滨立足不住，与王儒廷商议决定我暂回关内。我亦自念离沪多年，敌人可能疏于戒备，便同意回沪。

我回到上海，暂寓公共租界杨浦路李梅羹处。李当时在德国礼和洋行任德文秘书，李向我建议在沪住些时候，一面检查身体，治疗疾病，一面托北大同学在外埠物色工作机会。不料，一星期后突然发生一件惊人事变。

四月十日下午，我因事到公共租界天飞宫总商会图书馆，甫进馆门即遇一穿洋服者跟踪而至，操上海口音轻对我说：请到那面说话，我感觉不妙，欲急步离开图书馆，但四面一望，已有许多便衣特务围拢，将我架至大门外一辆预先停放在那里的一黑色小汽车内，随即开足马力，向南疾驰而去。我发现车中六人各有轻便武器，顶火待发。所乘汽车前后各有武装汽车一辆，带有手提式机枪押运，风驰电掣，向苏州河以南疾驰。不多时候，汽车开抵中国地界，宪兵机关将我看押起来。

护车的人旁人称他为某秘书，西装笔挺，皮鞋闪亮，似大学生模样。汽车经过英租界时，他口操流利英语和英国巡捕交谈。

我到宪兵兵营后，已是下午七点多钟，满城灯火，已过黄昏。几天后，审讯一次，问姓名、年龄、籍贯，我不语。问：居住何处，同住何人，我默然不答。再问：你要把你的住所说出来！我答：我从外埠来，上海无住所。问：你鼓动工潮，危害民国，知罪吗？答：这是国共合作时代反军阀的旧事。

我被捕事，当局极力保守秘密，不使外间知道，但是过了两星期后，偶然有一外国报纸的记者从英国巡捕房探得消息，立即在上海英文晚报透露出来，其它报纸也就相互转载，一时流传开来。

此时，李梅羹看到消息，立即组织营救工作，他亲自通知刘炎，刘又转告王新元[1]，商谈结果派李梅羹到南京去找中央研究院院长蔡元培。蔡听得后，答应全力设法营救。

当时，蔡元培和中央研究院干事杨铨（杏佛）等组织了一个民权运动同盟，设法营救南京方面落网的政治犯。于是该同盟便动员舆论向南京政府施加压力，要求将我与当时还有几个其它被拘者放出。彼时，行政院长汪精卫为此事向外界公开发表了一个谈话，大意是，"文虎案"证据上不充分，应依法秉公办理云云。这个谈话发生极大震动。就在这时，上海方面奉命把我立即押往南京听候处理。

我解到南京，被押在北城军警督察处，我患病狱中，久治不愈，北大同学王迪云等请蔡元培出面保我出外就医。蔡即派人到监狱要求具保，并请律师担任辩护。律师说："文虎案"不适应《危害民国治罪条例》，为人道主义起见，应准予具保出外治病。但当局一味拖延，久不同意。

我入狱时，有些别有用心者要虚报功劳，多领奖金。而那些直接办案的人唯恐我保释出狱对他们不利。先是他们在几个月前为逮捕仲甫，获取了巨额奖金，据说有十万之多。这次亦希望从"文虎案"中获得巨额奖金。当他们见外面舆论压力很大，有无条件释放的可能。这班走狗遂大起恐慌，即于我在狱中失去自由之际，假冒我的名义发表了一篇文字。我在狱中一直蒙在鼓里，全然不知，出

---

[1] 王新元（一九〇四～一九六九），湖南长沙人，一九二六年加入中共，五十年代后曾任国家轻工业部副部长等职。

狱后亦未能见到。

一九三四年下半年，蔡元培的保释书才被批准，实行无条件保释出狱。我在狱中时，汪精卫曾派中央社记者萧某向我致意，出狱后愿送我出国游历，被我拒绝。后蔡元培又亲自语我，希望留中央大学中央研究院工作，我亦未同意。后来我到河南开封河南大学担任教授。

"文虎案"告密者据说是向忠发之妾的表弟小丁（默村之弟）与一姓熊的人。

杨杏佛被暗害

杨杏佛，名铨，留美学生，中央研究院总干事，"民权同盟"的实际负责人。杨原在北京时一度与我相识，为蔡校长门下高材生。杨阅报得知我被捕消息，曾亲到上海访问刘炎，并请律师为我辩护，理由是我在三年前已失党籍，不能采用《危害民国紧急治罪法》。杨铨从刘炎处取去我近年所写研究史稿七卷近一百万字，借此证明我近年从事学术研究。提出我现患病狱中，为人道主义起见，应准予保释出外就医。同时，杨铨、刘炎、李墨耕与律师张某对当时案情加以研究，结果大致决策如下：

1. 避免采取直接军事处理，主要对策是大造舆论，请求司法干预，以免军事暗害。

2. 避免用C.P.党员身份起诉，宁可接受"鼓动工潮"，并将工潮问题推为历史问题。

3. 绝对避免采用自首法，争取无条件出狱。

经过舆论压力，行政院长公开发表谈话（准予保释），我最后始获自由出狱。

杨铨因营救政治犯张、陈等出狱，深受反动派所忌恨，决心置之死地，乃于事后派遣刺客数人，乘杨外出不备，包围袭击，地点在法租界中央研究院附近。杨身中数弹，其幼子亦负伤。杨因伤势过重死于医院。杨被害后，"民权运动同盟"解散，林语堂等匿迹销声，遁世以殁。杨铨以身殉仁，有汉代朱家、郭解之风，为当时社会所景仰。

据另一种说法：蒋闻我被拘，曾自南昌行营电沪龙华司令部令"就地处决"，但当时熊式辉不在上海，其军法官黄某得讯。黄原武汉大革命时代在湖北任法官，与我有旧，在此千钧一发之际，一面借口长官不在，迟延不执行命令；一面将此事通知其同乡杨铨，杨乃出面请求保障人权，至将"文虎案"移交司法机关处理。蒋后虽知此事，然木已成舟，后悔不迭，亦无可奈何！

杨杏佛被刺后，曾在吴淞地下工作（余立亚所领导）的张越兄弟等曾决定组织淞沪地区铁路罢工，以示抗议，不幸事机不密，为"临中"伙徒所卖，所谋未成，张等被捕。

我在狱中，心平如水，赋诗一首，自诵云："心平如水气如山，百里征程九十艰。十年养晦思仲甫，去易留难忆求南。浮沉大狱人间世，变起萧墙行路难。革命完人自古少，丹东（Dantan）路伯（Robers Pier）与罗兰（Rollan）。"

有关政治陷害问题

我被捕在一九三三年，但一九三一年一月，王明出版的《为中共更加布尔什维克化而斗争》（两条路线）的小册子，到处宣扬我在一九三一年已向南京公开散发传单告密了。一九三三年我被捕后，王明路线之临时中央起初表示惊异，认为我既于三年前投蒋，何以今日又被捕，自相矛盾，不能自圆其说。事实尚不仅此，王明路线临时中央对"非委"被难人员一贯是采取残酷斗争和无情打击的，他们唆使向忠发、顾顺章等大量逮捕过去"非委"的同志，送往敌手（宋明诗、于芝生等大肆破坏"非委"机关）。继此，他们对过去"非委"的蒙难人员采取政治攻势，谣言攻势，实行挑拨离间，并明令"临中"工作人员告密，陷害"非委"人员，把他们送到死亡路上。"临中"见我陷狱后，幸灾乐祸，喜形于色，胡说我被捕是"非委"委员自己告密（实际是向的秘书小丁之弟），又说我已被任为国民党中央监察委员，种种胡言乱语，无非是中伤陷害，逞其毒谋罢了。

向忠发、顾顺章等一起对无党籍的被捕人员进行诬陷与强迫自首，原是他们的拿手好戏，但是，天夺其魄，他们的一切阴谋诡计不能得逞，由于"民权运动同盟"及人民群众的努力，终于自狱中救出我。当然，这经过是颇为曲折的。

当"文虎案"发生之初，我自认为案情严重，恐无生还之望，一切委诸命运，听其自然！后因外间有杨铨等热心营救，虽一线希望，仍感希望渺茫。至后案情发展渐告明白，首先证明本人既于三年前早失党籍，一切陷害于法无据，而"民权运动同盟"的营救又表现出相当强大的力量，因此无条件被保释出狱已有相当的理由，峰回路转，似有绝处逢生之象。

但当时办理我案的鹰犬们都不以此举为然，因他们办理此案经过时间颇长，所费经费浩大，他们希望从中得到大批奖金作为补偿，但是由于"民权运动同盟"的营救，他们的希望渐成泡影，因而鹰犬们心有不甘，必欲置我于政治绝境而后快。如此，办案人便捏造事实，竟假我的名义发表一个声明，据事后了解，声明的内容为：

1. "三民主义"为中国今日所必需。
2. 实行"三民主义"。
3. 拥护总理遗嘱。

这一声明显然是由办案人员伙同王明路线投敌分子，根据残酷斗争、无情打击的原则，炮制成功的。他们别有用心的用意是借刀杀人，使我将来有冤莫白，同时也在于破坏"民权运动同盟"的合法营救活动，说我为"非委"主席，而"非委"即武装暴动委员会等，用这些话进行破坏，幸而从事营救方面的北大同学坚持原则，继续进行不懈，及时揭破他们的阴谋，使他们的阴谋无由得逞，即想把我送往反省院"自新"的阴谋完全破产，无法实现。终于经过种种努力而使我安全出狱。

我的出狱，使一切真相大白于天下！被证明的事实主要为：

1、我被捕时已脱离C.P.三年，根本无"自首"资格；
2、我被捕后，无加入国民党及其政府为官作吏等事，更无自首之事实。

向忠发、顾顺章等人，一方面伙同"临中"对"非委"人员告密，进行政治陷害，无所不用其极！以此为敌人增加声势；同时又大量纵容"临中"所属党员（特别是"二十八个布尔什维克"）大批自首，投靠国民党。这些叛党分子是在"临中"之下的所谓"忠实"党员，实则他们大部分是政治投机商，无所谓"气节"，而朝秦暮楚，但却一生官运亨通，富贵寿考，往来国共之间，游刃有余。

与双照楼往还经过

一九二四年至一九二七年间，国共合作时期，汪（精卫）与我旧识。一九二四年两人曾共乘车到中华书局进德会讲演，汪称我为北大道德学会清流人物（道德学会为蔡孑民所发起，我与润之等加入为会员，该会标榜会员不做官，不纳妾，不聚财富）。

在一九二七年武汉革命政府时代，我与汪互为国、共出席两党联席会议代表，时相往还。汪曾将自著刊行之《双照楼诗词》赠我阅览，我对其诗词颇加激赏。

一九三三年，我被逮下狱，杏佛首为我案向汪游说，请求支援，汪回念旧谊，无落井下石之心，有顺水推舟之意，兼被舆论所迫，遂有公开发表谈话之情事。该谈话内容称我被禁锢，经有关方面长期考查，属事出有因，而查无实证，可以恢复自由，云云（该谈话以新闻公报形式由中央社刊出）。

我出狱后，汪访我于中央研究院，倾谈别后八年情况，怅触至多，语并及仲甫。最后，汪说："先生如愿留宁，只要我权力所及，无论何职，唯君命所选任。"我默然未应，汪只得另谈他事。临行，汪派其秘书陈某用专车送我回汉中门寓所，至寓后，陈某重申主人之意，说："先生是清高的，如不愿留宁，可否出国游历，将来在立法和监察方面担任委员，亦无不可。"我忖思，赵孟之所贵，赵孟能贱之，乃立答："目前个人身体虚弱，以后再谈。"自此以后，双方均未再晤。

王牌向忠发[1]投敌以后，伙同顾顺章、胡均和、汪浩等组织了一个"明新同盟社"，意为"弃暗投明"，反共立功，并从事破坏活动。其活动可分为几方面，一个叫"武工"，以武力行动；另一方式是"文化剿匪"。他们利用一种报纸作为政治陷害阵地，使受害人不能辨白，外间不辨真假。参加活动的绝大部分为"临中"和"二十八个布尔什维克"中人，宋明诗、汪浩、向忠发、顾顺章、胡均和、王琳英、唐虞等七人。

再说南京被捕入狱问题

我被六届四中全会临时中央开除中央委员及党籍两年以后，党内残酷斗争仍在继续扩大。我于一九三三年在上海，由于叛徒告密被捕，解往南京禁锢入狱。

---

[1] 王牌系向忠发的别名，外号。

我在狱中备受刑讯与折磨，始终据理力争，毫不屈服。既没有供认任何组织与机关，也没有出卖同志和朋友。后来，我在狱中身患重病，王薪元（上海区委工作）、李梅羹（全总宣传部工作）等同志知道后，乃设法营救，通过蔡元培保释出外就医。

当时蔡元培是国民党监察委员会主席兼中央研究院院长，在社会上威望很高；蒋介石对蔡也很敬畏，遇事不太忤蔡意。蔡向国民党当局说："人病到这个样子了，还关押不放，这是什么做法？"蒋听后，心虽不满，但仍勉徇其情。在蔡的特权庇护和筹划下，此案未经裁判，我即离开南京。接着经过一段治病疗养，以后我易名仲言，赴河南大学任教。当时河大校长杨震文，原是北京大学教授兼德文系主任，在北大时与我有师生之谊，北大同学在该校很有势力。又我的北大同学商承祖，当时在南京大学任教，商是蔡元培和杨震文的得意门生，商建议我去河南大学教书的。

自此以后，我曾相继在西北大学、湖南大学教书，直至全国解放。多年来，我埋首书斋，教学为生；既未加入过国民党、三青团，也没有担任过国民党政府官吏，也没有参加过任何反动政治派别团体。

关于我在河南大学任教情况可询问何文（原名魏郁）；我在西北大学任教情况可询问刘淑端（现在西北财经学院任教）；解放前后，我在湖南大学任教情况可询问涂西畴（现在湖南大学任教）。

在这期间，敌方特务人员丧心病狂，对我百般诬蔑迫害，不遗余力。后闻敌方中央社和反共宣传刊物竟盗用我的名义刊登《罗章龙自首声明》，桀犬吠尧，令人发指。查此项声明纯属捏造，乃反动派和投敌分子强加于我者。我当时既不知情，也无处申诉。隐忍多年，只有私衷自誓：以行动证明永不与敌伪分子同流合污；耿耿此心，可质天日。

关于南京国民党中央社发布的《罗章龙自首声明》的几点说明：

1．该项"声明"，是由国民党中央执行委员会特派驻沪调查员马绍武所伪造，并代行宣布的。当时我并未在场，亦不知情。国民党反动派当局，既然将此作为重要新闻，事后又多处转载和散发，为何要在当事人缺席的情况下，匆匆宣布？当时南京特务分子声势煊赫，何求不得，竟做出此等"缺席裁判"！这一事件本身，适足以证明国民党反动派黔驴技穷，为了颠倒事实真相而自演一幕丑剧，以图混淆视听。

2．至于伪造的"声明"，我当时根本不知道。就其内容，满篇都是国民党特务走狗惯用的恶毒谰言。这类语言在当时国民党刊物和伪造文件中，亦属司空见惯，屡见不鲜，千篇一律，不值一驳。就其涉及到本人历史情况时，也是一派胡言。

今摘其中几点驳斥如下：

一、"声明"中提到："……随后经李守常的介绍，在北京加入中国共产党……"。事实是一九二〇年五月国际代表威金斯基来到北京，在他离京去沪时，曾在一次会上，代表共产国际承认李大钊和我等五位与会者为共产党员。这事在党正式成立之前，当时就不存在经某人介绍的问题。显然诬陷者对这段历史并不了解。

二、一九二七年六月，中央决定我到湖南与毛泽东同志共同组织秋收起义；十一月，我参加中共中央扩大会议，报告起义情况，继而留在上海中央工作。并不存在受到批判〈的〉问题。由此直到一九三一年我一直在中央工作。所谓"被共党中央予以种种诬辱"、"遭受他们的打击"等词〈语〉，均属捏造，与事实不符。

三、再者，一九三一年四中全会上，米夫、王明非法开除了我们的党籍后，我们为了继续进行革命工作，才成立了一个暂时性的机构——"非常委员会"，而并非如"声明"所述"我与徐锡根、王克全、孙正一诸人起而反对，组织非常委员会，因反抗失败，被共党开除党籍"。史实的颠倒，说明伪造者并不了解内情。而且，"非常委员会"主要成员是史文彬、陈郁、何孟雄、林育南、李求实诸同志，而徐锡根、王克全并非主要成员，他们很快就叛变投敌，作了反动派的官吏。

四、伪中央社报道中说："并由孙正一、彭正阶担保。"孙、彭二人我根本不认识，又为何为我担保呢？

这是伪中央社故弄玄虚，借此攻击蔡元培公开营救活动，企图混淆事实真相，欺骗社会舆论。（先是南京政府将我逮捕，谓已获元凶，起初计议封锁消息，拟采取非法手段对我施行杀害。旋被捕消息经上海外国报纸透露，随后蔡元培、杨杏佛出面营救，南京行政院为此发表谈话，京沪各报亦发表消息，南京政府极感尴尬，对蔡等深致怀恨。乃有中央社代发"声明"的一幕，妄图混淆视听，否定蔡元培的正义行动；后又派特务刺杀杨杏佛实行对蔡威胁。事实昭彰，可以覆按。）

仅就以上数点，足见"声明"的伪造者，信口开河，捏造事实。通篇之中，漏洞尚多，无需一一赘述。明眼人不难看出，这一"声明"系出自国民党宣传机关的御制品，而妄图强加于我。国民党特务机关假造声明企图蒙混社会耳目的事，当时是司空见惯，层出不穷的。诸如《伍豪启事》也是如此（这一时期的伪作）。

自一九三一年龙华惨案后，中共中央、省、市机关大遭破坏。先后被捕人员中，有不少人变节投敌，出卖同志，破坏机关，并在南京伪国民政府中担任特务要职。如丁默村、马绍武等，原来都是中共党员，他们对我党内部人事、工作情况十分熟悉。这些人在上海、南京配合伪中央社进行反共宣传，出版《社会新闻》等反动杂志，十分卖力。他们对中共党员有计划地大量地进行造谣诬蔑，挑拨离间，混淆是非；妄图以伪乱真，造成事实真相的完全颠倒，使局外人为其所惑，以讹传讹；使党内造成混乱，自相戕害。可说是罪恶累累。

（马绍武在这次代宣《声明》后不久，即被我党锄奸队在上海处决了。）

以上所述，还可以说明，"南京入狱事件"是在白色恐怖与党内残酷斗争的双重逼迫下，党内外敌人互相勾结、狼狈为奸所造成的许多事件中的一例，是国民党特务与顾顺章等叛党分子所导演的。当时在白区反对米夫的同志处于腹背受敌的境遇，而苏区反王明路线的同志也是处于内外夹攻的情势，白区与苏区成千成百的无产阶级革命战士、阶级弟兄就这样英勇地而又错误地被杀害了。这是党的历史上空前的浩劫！今日痛定思痛，又怎能无动于衷呢？

到河南大学

我在南京出狱以后，因憎厌当地之政治龌龊，不愿久居，乃于一九三四年离开南京。

我动身是在一日下午，刘炎送我到下关车站。共乘一辆雇用的马车，车身宽大，由四匹马拉着，车行速度很快。当马车向下关疾驰时，于斜阳鞭影之中，回首遥望鸡鸣寺、龙蟠里，想想一年来的狴犴生活，如同隔世，感慨无穷！

马车驶到挹江门外下关车站，乃改乘舟北渡扬子江，时黄昏过后，但见江面辽阔，海潮纷涌而至，江声澎湃。自下关始，渡江舟船数以百计，张帆扬楫，直向浦口，遥望瓜洲，星火点点，历历在目。刘炎轻语我："昔人江中赋诗，有句云：'名利舟中客，英雄浪里花。'可谓警句。"我颔首默然！

车行一昼夜，便抵徐州（铜山），此地系江北名都，乃我十五年前旧游之地。当时我是一普通学生，在风潮澎湃中，第一次由历史将我推上远东政治舞台。回思当初我在徐州戏马台初识方逸公，共同开辟了中原民众革命战场。而今天各一方，不知飘泊人间何处，思之怅然！

第二日，车达开封。开封是中古时代六代（五代和北宋）建都之处，财力雄富，人物殷盛，为著名学府河南大学所在地。当时北大同学李甫辰（南阳人）即在河大任教。

我到开封后寓金台旅馆，和杨丙辰老师的秘书李甫辰商谈到河大教书的问题。以后甫辰日夕过访，抱膝长谈。有时驱车游览城郊，访樊楼，登繁（音郫）塔及龙亭宋门（旧夷门）、黄河大堤等处，兴趣盎然。

甫辰云："老兄十五年来龙争虎斗，生活很是繁忙，今日望峰息影，玄黄血战如同梦寐，身心应稍获安闲。但为人师亦大感不易，教得不合，学生会叫倒好；教得好，权门走狗也会'照顾'你，设法把你排挤出队。"我曰："我学植荒疏多年，教书谈何容易，但我目前愿意从头学起，不值得患得患失。"随后，有北大同学告诉甫辰，说河大风潮正在酝酿更换校长，外传校长候选人颇多，其中杨先生的人望较好，呼声最高。甫辰说：如果杨先生继任校长能成功的话，我们同学大家设法引进河大教书。

几位继任校长人选中，其他几人各有政治派别，入主出奴，互不相让，因此校长人选问题持久不决。反之，杨老先生在政治上无党无派，是中立人物，鹬蚌相争，渔翁得利，最后当局为调和争执起见，遂以杨继任河大校长。

杨先生原任北京大学教授兼德文系主任，颇有写作和翻译作品，蜚声士林，望重乡里。就职后引进北大、女师大同学数人，分任教学及学校行政职务。那时要引进一个人做正教授是很困难的，他派李甫辰亲送河大经济系正教授的聘书到金台旅馆交我，从此我就开始了终生的教授生活。经济系学生派代表来到金台旅馆，欢迎我到学校讲课，我将几年来的研究成果写成了几篇讲稿，试讲几次，颇为成功，学生表示满意。

那时，河大聘任教授需经校长提名、教授聘任委员会同意、全校校务会议通过批准，方能聘任。在审查资历时，除自北大方面了解毕业成绩外，对留学考察阶段还需有人负责证实，这些复杂繁琐的手续都在杨校长和河大几个负责的北大同学全力支持下通过，最后才得到任正教授的通知。

关于审查资历的问题，还有一段事实要加以说明。先是我在北大六年，但实际上课只有三年（即预科二年，本科一年），在这三年中，我埋头在图书馆浩如烟海的中外典籍之中，如泛沧溟，真可谓无书不读（当时北大图书馆典藏近百万册，珍本档案尚不在内）。但自一九二一年暑假后，我即停止上课，专门在各地从事建立中国共产党的事业与领导工人运动，成为一名地下职业革命家。至此课业完全抛弃，只是在考试期间由在校同学宋天放、李梅羹、"夜郎三王"等代为照料和完成考试。在毕业考试的那一学期，即一九二四年暑期，我正在欧洲工作。蔡校长拍电召我回京应考，因路远不能及时回国，乃由同班同学李墨耕等出主意，为余代庖，领取试卷，包办了各项论文，顺利地完成了毕业考试。

我开课以后，以全力编写《中国国民经济史》，旋因河大经济系主任在风潮中去职，我由于学生代表提名，经过河大校务会议通过，仍任命我兼任河南大学经济系主任。我自述，从此他又被迫转入另一个名位是非场，卷入旋涡，受到各方的种种冲击，最后乃发生学生何文（魏郁）被捕和德籍教授 Tilenz 被刺的两件惨案，更后一些时间，又发生西京兵谏事变，最后是河大搬迁，我携家自东徂西，落荒而走，此是后话。

于叙述这些经历之前，先将汴梁大学生活简介如次：

开封是五代（梁唐晋汉周）和北宋定都之所，位于黄河南岸，花园口大堤即在城外不远处，形势雄伟，天下壮观，河大为近代建筑，花园洋房，校东南为古夷门及宋园，西北为龙亭与潘、杨二湖，东北为铁塔，西南是繁塔和樊楼。我在河大任教期间与刘炎同住，地址在水车胡同二号独院一楼上下四间，花圃半亩，院外深巷，亦时闻卖花声，风物绝幽。邻居为南阳梅家夫妇，二人均大学生。我们常于星期天徜徉铁塔、河堤一带，或荡舟约游潘、杨二湖之间。这时期生活宁静，朝夕从游者有学生魏郁（即何文，丹阳人）、廖佩之（灵宝人）、杨紫珊（镇平人）等，时相过从，问难析疑，辩论终日不辍，以此为乐。后廖结婚，杨组剧团，风流云散，乃离水车小院迁入教授宿舍。河大教授宿舍在校内北区，楼居二间，仿若精舍。女生宿舍号称"西宫"（即在其南），幽静无哗，时闻歌吟清韵，宿舍之旁有篮球场、射箭圃等。

整个河大是留学生治校时代，河大教授大都是留欧美的北大同学，阵容如下：孙祥正（理）、张静吾（医）、刘海鹏、张云青、李云亭、沈小宋、萧一山、张延凤等。

暑假往青岛

一九三五年暑假[1]，我为备课，前往青岛。当时同往者有何文、梦平，住在汇泉山东大学。附近有绣球花圃，每日课余步行到海水浴场，荡舟、游泳；有时过栈桥，渡舟至小青岛，摘黄花满怀而归。一日正午时，归途正当海潮临岸，山东大学男女同学二人乘小船至小青岛，未至岸，小舟为巨浪打沉，二人不幸被潮推至栈桥以外的远方去了。从此以后，大家相戒，不轻易到小青岛去了。

我在青岛游了李村和崂山。登游崂山，专用汽车直达山麓，同游者何文、梦平，宿山顶道士院。下半晚攀登高峰观日出，因山处海滨，故日出景象比泰山还壮丽奇瑰。并曾赋诗一首以示同游者。

游崂山后，我见到河大学生许少游（四川人），其父现任青岛海军基地舰长，通过他的介绍，许郑重邀我们参观青岛海军船坞，德

---

[1] 据罗家所存照片的背注和同行者何文的回忆，青岛之行当在一九三六年。

海军旧要塞。炮台巨炮犹存，全系机械化设备。炮台中厨室内有十七年前牛肉一大锅，因当年敌人急至，德军来不及就餐，敌（日军）自后袭来，失败，不降。为纪念这些兵士，其他陈设仍保持当年情况。许父并邀我参观当地规模盛大的海军演习，其射击、旗语表演均极精彩。军舰有名厨，宴客时所供西餐大菜均极名贵云。

我在青岛游览期间，一天在海水浴场偶然遇见多年不见的李渤海。李原北大文科学生，山东济南人，一九二四年至一九二六年担任北方劳动组合书记部部员，为人好大喜功，但有才干，亦有文采，工书法，书宗北魏，深为我所倚重。一九二九年北京天津接连发生重大破获案，李与吴汝铭等数十人为"临中"所卖，遂陷狱中。自是以后杳无消息，至此忽然相见。他乡遇故知，双方均感欣悦。经交谈始知李于一九二九年被囚于北京，出狱后任职，现在张学良行营担任秘书。我当时认为李既是权势人物，谈后即漠然忘怀。但隔了两天，李又临我寓所，邀请我赴其家宴会。我固辞不获，只得赴宴。至则其夫人、子女全家出迎，态度非常诚恳，我深为感动。

李渤海寓青岛国际饭店，该店设备富丽堂皇，中国厨师远近闻名，所住房全套一楼五间，有客室、书房、浴室、汽车间等。饭后共坐凉台闲话。李语我，不久当至开封大学专程拜访，就商要务，届时并请驾临东北大学讲学，以慰众望，说罢珍重道别。

波澜渐起

一九三五年八月[1]我们一行由青岛返河大时，徇何文之请，绕道乘轮经上海到苏州，在苏州游观北局虎丘、留园、邓慰梅林等处。魏郁（何文）妹紫玉时肄业蚕桑学校，陪同往附近名胜游览。在苏州住一星期始返汴京，时已近秋季始业时间。大家正忙于上课，不

---

[1] 应为一九三六年夏。

料接二连三发生了一系列恼人的事件，干扰了正常生活，由是波澜渐起。这里应先从一桩不甚重要之外来干扰事件说起。

先是，我在巴黎时认识一湖南同学名朱克靖的，在大革命时我曾介绍朱任第一军政治部主任。一九二七年七月十五日以后，朱忽潜踪遁影，不知何去，最近突来到河大访我，自称现任本省某专区合作仓库主任，按照政府规定须觅得一保人担负十万现金责任，方能上任。朱因要求我在保证书上签名，我辞以无此经济能力，朱说只要求我答应以现任职务及收入担保即可。朱的品性是一个拓驰不羁的人，也是政治逋逃人物，素信仰普鲁东学说，咒骂"一切财产都是脏物"。他对金钱是别有一种看法，认为贪污几万亦属应该。因此我为之担保是一桩极担风险之事；但如问题不解决，朱一家就无法维持生活。因此我只得同意为朱担保，以解其个人困难。此事办理不久，朱忽宣告失踪，其上司派人追查其行踪，兼追究所欠公款情况，调查到保证人有关问题时引起河大满城风雨。好在朱的同僚余某不久又出面正式办理交代，官官相护，敷衍了案，此事未再发展。后朱到云岭找项德隆，组织"新四军战地服务团"，于茂名之战被俘牺牲[1]。

以上所述的事，当时对我来说，只不过是稍露一些政治上的蛛丝马迹罢了。而更显著的是河大经济系四年级学生何文被捕。

何文，丹阳人，时年二十二岁，兼任河大经济系办公室书记。河大原为河南省立大学，一九三五年暑假改为国立，另由南京委派校长，杨丙辰先生因无政治奥援，被挤下台。新校长到校，大事变革旧制，排斥异己，亦在学生中肃清异己分子，致使人心惶惶，何文被捕即其一端。

一日课后，廖佩芝来系办公室，失色告我云："老师最好暂时

---

[1] 史载朱克靖一九四八年死于南京。

离开开封，以免遭到毒手！"我答："现在应该先想办法把何文要出来，再谈其它。"廖佩芝辞出后，我立即出门去找北大同学王星舟。进门坐定，我即说明来意，星舟笑云："土偶过江，自身莫保，你还管这些闲事干嘛？"我说："这不是闲事，我不管无人管。"星舟乃把近日所闻刘峙的话转告我。

原来豫省方面在幽禁何文以前，据说有人曾向刘峙建议，首先把我看管起来。刘沉吟有间，徐答道："系铃容易解铃难，不如暂待，先把他的学生抓起来做个示范！这不过打草惊蛇罢了。"我听后向星舟解说道："何必牵连无辜！她是年幼无知，既然如此，我愿挺身入狱，请先把她释出。"王笑道："话是可以这般说，但最好莫让他们转念到你身上，否则就更麻烦了。"我告辞出来之后，星舟立即往见刘峙，请求说何文年幼无知，请从轻发落。刘批示取保开释，乃由我等出名取保了案。

何文事件解决后不久又发生轰动北方的一桩惊人案子，即河大德国教师 Tilenz 被谋杀案。

狄伦子（Tilenz），河大德文教授，一九三五年来河大任教。狄住教授宿舍，平日深居简出，唯与我邻室而居，故时相过从。课后两人尝〔常〕出游到北门城关一带散步。两人身材相称，衣服亦大体相同。某日晚饭后，狄又邀我同往出游，我因临时有事未去，狄乃独自一人散步。行至北城沙丘忽遇刺，一弹从身后飞至，洞穿颅骨，血流满地而死，事后刺客逃遁。法吏调查，检验结果证实，狄伦子平时绝少交游，亦无仇人，此次被杀，身边手表、财物、金饰俱在，可见并非谋财，从而断定是误杀。但如何遭到误杀，因为人证难以确断，最后将狄伦子车夫下狱，以敷衍德领事，使两个无辜之人遭害！

狄伦子噩耗传到德国，德国政府乃派驻上海德领事阜格尔

（Voegd）专程来汴经纪其丧事，并办理有关善后事宜。阜格尔研究案情后亦同意狄是误被谋杀，劝中国政府不必株连过多，但要求把案情弄个明白。中国地方政府亦不愿再事扩大案件，即将狄的车夫处以死刑，含糊了案。

事后，从各方面调查分析结果，此案确系政治谋杀案，且与我有关。案发前一日即发现有人跟踪我的行踪，至于幕后操纵者为谁，据分析与王明派分子邓 石[1]有关。当时王明等一伙正在疯狂锄诛政敌，因刺客训练有素，非一般人所能为。有人说，直接参谋其事者有河大经济系二年级学生◇子建。自从狄案发生后，我在河南大学生活渐起波澜，不遑宁处。一九三六年暑假乃赴镇海普陀避暑，实即避难。

普陀系位于舟山海面一小岛，属浙江镇海县，为陈焦琴与金志诚的家乡。当地岱山为东海有名渔场。普陀岛上有大小佛寺数百座，僧侣号万人，全岛无妇女，亦无女尼。我寄居白衣禅堂，该禅堂供奉白衣观音像，禅堂在海岸千步沙附近，风景幽绝。住持僧云：北伐时守武昌名将刘玉春观破尘缘，现在某寺落发为僧。我果然遇到，但刘不愿多谈话。

我又闻岱山渔民生活贫苦，常采取直接行动，抗租抗税，失败后往往逋逃岛上，故岛上僧人中不少系亡命客，而世外桃源亦渐成为搜捕抗争之场。暑假期满，我乃返开封，继续任教。

---

[1] "邓 石"与下文的"◇子建"当为同一人，即邓拓。"拓"字只书半边，为作者特意所为；"◇子建"即"邓子建"，邓拓在校时所用名。

兵变内幕

西行入秦

我自镇海归校后不久,一日吴汝铭忽从西安来访,携李渤海致我亲笔信致意。吴汝铭自一九三一年与我分别后即失去联络,不相闻问,当时相见之下,喜形于色。从吴谈话中知道李渤海、李希逸等(天津张义庄一伙)俱在军中,李渤海且是张学良的机要秘书,他们一致希望我即日西行,应东北大学讲学之聘。我初犹迟疑,最后决定西行入秦。

我此次西行系借口率领河大经济系毕业生参观实习为名,学生共三十多人,便道游览华山、西安等处。在西安停驻时,吴汝铭介绍我与张学良晤谈。此人在开封时曾见过一次[1],这时他约我到东北大学讲学,藉便朝夕"聆教"。便中又会见了西安李渤海全体人员,他们二十余人,设宴玉楼东,通宵聚饮,狂欢达旦,宴后游王曲、杜甫祠、临潼、雁塔、寒窑、下马陵、碑林等处。游毕,在西大街某庄一女律师同志家举行座谈。出席众人兴致甚豪,数年来积郁之情,一旦尽情倾吐为快。临暮,大家集中精神,对于当前时局交换意见。李吴二人发言最多,他们着重提出一个改变当前时局的建议和实行方案,这是当时所称的兵谏方案。方案实施以前的准备是动员舆论,在当时军士、学生和市民中组织力量,发起请愿运动,

---

[1] 开封见过张学良,系张密访罗。查报刊史料,时间在一九三五年四月下旬。

最后提出兵谏，可望三番满和！

我当时同意他们的主张，希望他们拿出巨鹿作战的精神，把西安的阿房宫付之楚人一炬！吴坚请我于九月间辞去教职来西安共起炉灶，共策进行，我颔之。会毕，我率学生实习团回校考试，本拟于九月间履约束装前去，不料事与愿违，临时突患胃炎，卧病不起。突外间喧传张学良已举兵变，临潼以东，交通断绝，洛郑戒严。

在举兵前夕，李首率学生、市民游行队伍至临潼，义愤声讨，元慝就俘，人心大快，但旋因举棋未定，联鸡不进[1]，坐失机宜，遂失去进攻机会。结果矢来无向，致转胜为败，陷于俘囚，人谋不成，可堪浩叹！事后，特立告我，此举原可望全胜，扭转全域，但因受愚，张学良由主动转为被动，身败名裂。

开展军运工作

二十世纪初期中国政治经济特征是国际资本主义与本国军阀专政互相交织在一起，统治着中国。面临这种环境，中国的革命任务是双重性的，即资产阶级民主革命与无产阶级社会主义革命。但中国的革命主动力量又是以工农领先的。这种情况说明中共处境既不同于过去历史上农民革命形态，又与现代世界资本主义国家的无产阶级革命形势有别。

基于上述政治经济革命特征，中共所采取的革命政策与方略按理论与事实需要，一方面应进行武装斗争，同时又要进行非武装斗争。二者适当结合起来，便可以完成中国革命的双重历史任务。

这种特殊的政治环境简明地说便是：二次革命，一手完成。一方面打倒当前的军阀专政，同时消除未来资产阶级专政的隐患，具体的口号是争取非资本主义的前途。

---

[1] 原文如此。

武装斗争与非武装斗争，在中国革命进程中是交互进行而非一举完成的，按实际情况说二者之间彼此是互为先后交相补充的。

中共北方区扩大会关于武装工农问题的决议。

一九二三年北方区委召开全区（包括直、鲁、豫、晋、陕、察、热、绥与东三省等）代表扩大会议，在那次会议上曾讨论有关军事方面诸重大问题。

回溯中共成立初期，坚决与军阀官僚等旧势力决裂，断绝一切关系，把主力放在组织工农群众斗争方面。当时中共憧憬十月革命的前景，因此，对于军事方面的工作（军事运动）无暇旁骛，暂取守势，按照先后主次，原是可以理解的。

先是在民国元年间，北方政府成立参众两议院，各有议员数百名群集北京，从事各党派政治活动。议员中有些是同盟会会员，过去藉军事活动发踪，现在仍与各派军阀发生联系。同时他们也想与政治上的新兴势力接触往来，以抬高自己的政治地位。因此，常有议员奔走于沙滩北大红楼，通过私人关系，与中共北方区委联系，并有所建议。

南方议员胡木功（胡鄂公）与区委委员范鸿劼旧识，由范介绍访问北方书记部负责人谈话。胡侃侃陈词云："二千年来中国历史朝代更迭或割据偏安，无不藉助武力，力征以经营天下，当时成败兴亡，大都由战争决定。近代史乘直到北洋军阀，仍属如此。十九世纪以还民主运动蔓延东西各国，先后建立议会政治，由是各国政治变动大都遵循议会斗争途径进行，但国际争端最后仍须诉诸武力。史迹昭彰，人所共喻。由是可知夺取政权，武力实占相当重要地位。"最后他剀切提出希望，并建议培养武装力量，以为革命后盾。他自称：本人出身行伍，原为木工，参加辛亥后宰门工兵营起义，与军界素有往来，愿在这方面出些力量，对革命重新做点事业。最后他谈到，如中共需要，他可以弄到一批枪支交工会备用。

我旋将谈话情形与守常商量，守常认为人家一片热忱，未可峻拒，但他们是政客，其动机如何还待研究。且此举关系我党大政方针，不知中央意向如何？我后将此事面告仲甫，仲甫微哂道："此亦军人政客常套，何足重视，我看可以不理。你还是莫分心，走我们的路，做我们自己的事吧！"从仲甫平时的主张和谈话，知道他是认为党的中心工作应是组织工农斗争，等候将来时机成熟，接着便是武装暴动，革命就如水到渠成，自然成功。他还着意说道："'揭竿斩木'时至今日已过时了！"于是这个问题遂悬而未决。

此议虽被搁置，但在日常实际斗争中，武装问题仍感到十分迫切，思想矛盾，仍然存在，因此多数同志研究结果，最后酝酿成熟，乃在北方区扩大会议上正式把武装工会问题提出，要求通过讨论，做成决议，用文字写定下来作为以后工作准则。

北方扩大会议对于非武装斗争与武装斗争从理论与实践各方面进行广泛与深入的辩论，前者是指采取发动群众的革命号召行动而言，后者是实行暴力的夺取政权的斗争。通过辩论在主要问题方面取得了共同一致的认识：

1. 非武装斗争与武装斗争都是取得政权与巩固政权的重要手段，二者不可偏废。知其一不知其二，更是不对。

2. 武装斗争与非武装斗争应互相为用，缺一不可，并应平衡发展，先后并用，互相补充，并行不悖，勿使失调，如此则事半功倍，收效显著，成功迅速！否则差之毫厘，谬以千里，不可不慎。

3. 依据上述原则应立即确定工作方案，成立专门机构，开展军运工作，并建议中央在全党推行，定为制度。

由此可见北方区委扩大会议对于军运工作的决议，是无产阶级革命理论与实践结合的一个重大步骤。

实践军运工作

北方区会议解除了军事运动的思想束缚,并通过决议解决了有关重大原则问题,于是便进入行动实践阶段。

首先须提出第一期工作纲领与计划付诸实施,当时称为行动纲领,期于二年小成,三年大成。

行动纲领规定工作要点:

1. 中共建立军事运动委员会,各级党部设立相应组织机构,领导全党军运工作。
2. 培养一般军事人材,特别是军事优秀干部。
3. 建立各种形式的铁路、矿山、城市等工会的工人武装纠察队与农民自卫队。
4. 建制中共直属军队。
5. 从各渠道取得武器供应。
6. 组织兵变,瓦解旧式军队,建立革命新军队。
7. 最后配合全国性革命高潮,组织大规模的全国城市和农村的武装暴动。一举推翻中国军阀和帝国主义的反动统治,完成中国工农革命。

这个军运纲领是适应初期革命的基本要求。

武装工农原则与纲领确定后,进一步就是建立专业机构及决定具体方案,按步骤付诸实施。现在扼要说明中共建立军运机构及其工作要领与轮廓。

中共自一九二三年成立新中央后,开始注意军运工作,酝酿培养军事人才,开展兵士运动,建立工会农会武装队伍,进行武装训练和斗争,南北各地区工会纠察队先后成立。于是工农武装斗争序幕次第展开。

建立专业机构就是从中央到地方建立一个军运工作网,各工作单位按照工作纲要推动工作。中央设立军事运动委员会(军委),在地方则设立分支机构。中央军委组织内容初期较为简单,后来随工作发展需要,组织渐臻繁密,有组织、宣传、训练、参谋、作战、通讯、保卫、后勤、军医、情报、肃反等科组,内部人事亦日趋殷繁。

军委基层领导工作组织分布全国各地区党委所在地,特别应该指出北方是极为重要的地区。因为北洋军阀统治全国,所以军事据点偏在北方。当时谚语流传:"北洋陆军多,保定军官多,河南、山东大兵多,烟台、福建海军多。"

北方区又是北洋军阀军事教育集中的所在,有清河陆军大学,保定军官学校,烟台海军学校等。此外在各省会则设有陆军预备学校、陆军小学、武备学校、讲武堂、随营学校与学生军组织等。因此北方区所属党支部中颇有不少受过正式军事教育的人员。北方区自一九二三年起曾在上述各校成立支部或小组,其负责人如下:

1. 保定陆军军官学校支部负责人张隐韬。
2. 烟台海军军官学校支部负责人郭守森。
3. 清河陆军大学支部负责人张维庸。
4. 湖北陆军预备学校支部负责人罗维坤。

各地区中共军委负责人:北方区,保定:张兆丰。张家口:韩麟符。天津:安幸生。唐山秦皇岛:王烬梅。广东:杨殷、周文雍。广西:谭寿林。江西南昌:赵醒侬。南京:陈寿昌。徐州:程协平。杭州:金佛庄。上海:顾顺章、陶静轩。武汉:许白昊。安庆:柯庆施。长沙:李子骥。济南:刘俊才。青岛:伦克忠。太原:郭增昌。洛阳:王中秀。西安:张和尚(金刃)。黑龙江:李江英、赵坤太(女)。沈阳:马尚德。延边:童昌荣。重庆:杨谙公。昆明:张至刚。

军队方面、工人纠察队与农会自卫队各方面均有特派军事工作人员负责执行有关任务。

在开展军运工作期间，必需征用多数干部，但军运工作本身具有不少困难。从事兵运工作正同过去开展工人运动一样，是有种种阻力存在的，首先是思想界的阻力。在长期专制政体下，中国旧思想界流行佛老哲学，惩愤窒欲，戒杀戒斗，知止不殆，知足不辱！人所习知。又历史上向来流行一种重文轻武的思想，儒家鄙薄军旅，善战者服上刑，墨家非攻寝兵，和平思想遂成时尚。因此，一般人民在旧社会日常生活情况下受专制政治麻醉宣传的影响大都倾向于和平生活，完粮纳税，安分守己，逆来顺受，以徒苟安，非到忍无可忍的时候，决不铤而走险，犯上作乱，走向斩竿揭木的道路！

在上述种种否定人生，制止反抗的思想支配下，自然对于武装斗争是不感兴趣的，甚至认为是军阀思想，是意识形态落后。于此，还须着重指出当时北方广大知识分子阶层的特殊情况，借以说明他们初期对军事工作所采取的态度。

如所周知：过去知识阶层分子要进入政治舞台，由于时代环境政体不同，而走向不同的道路。政治清明，社会秩序安定，政治更迭通常遵循和平途径；反之，政尚专制，军事高于一切，社会动乱，则通过武装夺权的道路。因此中国历史上知识分子以屈求伸，其所采取的方式是不一而足的。如伊尹吕尚号称帝师王佐，苏秦张仪则逞游说，曹操、黄巢仗剑起兵，以跻高位，后代文人经过科举考试取得卿相地位，比比皆是。至于近代西方民主国家通过议会制度，执掌政权者，多属豪商巨富，情况又自不同。

中共成立初期，对于武装夺取政权思想还不很明确，直到一九二三年才有转变。在加强政治教育和宣传，长期耐心工作以后，知识界经过理论学习和实践，终于对军运工作获得正确认识，因此参加这项工作的人员数量不断增加。在大革命高潮，中共党员十余万，工农革命组织成员几百万，各种武装队伍亦近十万人，因此需要数以万计的军事工作人员参加到军队行列中去。由于当时社会风气习俗已大加改观，对军事工作渐渐重视，所以征集军运干部遇到阻力逐渐消失，干部源源补充，工作日有起色。

干部问题解决以后，继踵而起的厥为武器供应。过去旧中国是专制国家，对武器控制与检查极其严密，但武器对于工农革命战线是须臾不可离的。为了解决这个问题，党委、书记部、工会、农会千方百计从各种渠道取得武器以应急需，其经过是很艰辛的。

一九二一年间，北方书记部多方设法从国外走私运来少量武器。最初托留法同学黄建中从巴黎邮寄来北京勃朗宁二支，其方法是将其藏匿巨型字典凹穴中，挂号邮寄北大图书馆王有德收。王收到后由我交付辛店使用，在痛惩工贼邓某搏斗中发生一定作用。

由于邮寄道远费昂，深感未便，后乃向海员总工会香港分会接洽，由当地过往香港的皇后号轮与总统号轮水手同志从英、美、法、西各港口买到的手枪带到广州，再由粤沪线海员工会负责人递送上海、天津交当地港口工会接收。

后来分别由伦敦 Livorpoy、纽约、马赛、汉堡、马德里、横滨等各地购进各型短射程武器弹药等分批带到中国。大致路线是先运到香港，然后再转内地。即由天津海轮水手均安会会员带到紫竹林转致丰台车站交接，其中有白木柄手枪，轻巧灵便，每支附子弹百发。造价虽廉，但其有效射程与纯钢造者无别。分次交由唐山铁路矿工纠察队使用，由阮章经手。此项武器在一九二二年十一月开滦矿山同盟罢工中发挥了很大的作用。

后来张兆丰又从军队中购进手枪数支交书记部分发南口、石家庄工会纠察队使用，并送给守常一支自卫用手枪。后又设法从天津、大连、上海洋行方面分批购进效率较高的驳壳与左轮多支。虽价格高昂，但运取较便，不须求远。

北伐军到达武汉后，占领汉阳，湖北省委和兵工厂工会控制了汉阳兵工厂。当时该工厂生产武器能力颇高，所造枪支一部分由四军与八军分配，另一部分，由于中共湖北省委对该厂所生产的武器具有相当的分配实权，中共乃从该厂定期取得武器，用以武装工农会及军队。武汉工会、农会纠察队、自卫队枪支均由该厂取给，为数共达几万支。

又北伐军攻克武昌、汉阳，先后缴枪甚多，吴佩孚西逃时所遗武器亦多，后击溃夏斗寅师又缴枪二千余支。这些枪支均由湖北省委决定拨给叶、贺扩军之用。

新型武装

在大革命时代，产生了革命的新型武装，这便是工人纠察队与农民自卫队，是一种崭新的创造性的革命武装。它是生产人民保卫自己的武装组织，是从革命群众中间生长出来的，所以他的性质与旧式雇佣军完全不同。它是保卫工会、农会切身利益的先锋战斗武装，是生产人民自己组织起来的，所以具有极其强劲的战斗力量。

1. 工人纠察队。工农武装肇始于一九二二年八月长辛店铁匠营。当时京汉铁路工会纠察队，其中以长辛店为最强大，郑州、江岸、石家庄等次之。在二七大罢工中，长辛店工会纠察队在我与葛树贵率领下，开进火神庙，与敌军展开浴血战斗。江岸铁路工会纠察队长曾玉良率领全体纠察队在福建街冲锋陷阵，与敌周旋。这些伟大斗争震动中外，人所共知。京汉沿路十六站均成立工人纠察队，英勇善战，如康景星、王忠秀等均为工人革命献身，为工会做出重大贡献。

浦镇津浦铁路工会纠察队开始由王荷波、王仲一组织训练，战斗力极强，与当地铁路警察、保安队做长期斗争，对于保卫工会发挥着很大作用。曾用武力从敌人手中把被捕的书记部重要人员，抢救出险。济南大槐树武装工纠队由李宝成领队，四方工人纠察队由伦克忠统率，均英勇善战，驰名南北。

在全国各大城市总工会所组织的工人纠察队，其中以广州一九二五年六月省港大罢工为最著。当时省港罢工委员会在李森、何全、中夏、周文雍等领导下，成立了武装纠察队，坚持省港罢工，保卫工人权利，发挥了先锋作用，前后经过十六个月战斗。后来在广州暴动中，工人武装出击占领了敌军重要阵地。

武汉武装纠察队在蒋先云、许白昊领导下，是训练有素、武器精良、战斗力强大的一个联队。一九二七年一月冲破英兵防线，冒重大牺牲与英国海军登陆联队展开争夺租界的血战，终于击退英帝联队，收回汉口与九江的英国租界，雪除国耻，伸张中华民族正气。

上海总工会与吴淞铁路工会的武装纠察队是上海暴动的推动力量，由佘立亚、陶静轩领导，占领闸北吴淞警署，俘降敌队，夺取枪支，勋劳卓著。

此外如河南总工会一九二五年在彰德、卫辉、郑州、洛阳等处组织工会，建立工人纠察队，战绩辉煌，遐迩共知。

唐山、焦作乃北方矿山工会最强大的工会，一九二二年十二月，唐山工会纠察队在长期同盟罢工期间与英帝国主义驻防联队、开滦保安队五千人长期对垒，保卫工会，牺牲浩大，有进无退，开矿工斗争新纪元。

焦作矿工纠察队于一九二五年在北方书记部领导下占领矿山办公大楼，由工会宣布管理全矿区行政，坚持五个月罢工，迫使英国资本家董事会完全瘫痪。

萍乡安源武装工人纠察队在战胜资本家后，参加湖南秋收暴动，破坏长沙、株洲铁路，一九二七年九月由王先亚领导响应工农暴动，攻占老关、醴陵，进军浏阳，战绩辉煌，成为秋收暴动主力。

湖南新化锡矿山工会纠察队为湘西地区工人武装中心力量，在一九二七年由刘炎与邹剑武为队长，率队出击，威震湘西。

全国南北各省工人纠察队合计人数约二万人。

2. 农民自卫队。大革命时期，在广东、湖南、湖北、江西、河南、安徽等省先后成立农民协会，其所组织的武装农民自卫队总计达十万人。

一九二六年五月广东海陆丰农民协会有会员十二万人，在彭湃、杨劳工、周其鉴领导下，组成农民自卫军五千人，与当地地主民团开展斗争，非常激烈，并将区、乡、县反动政府权力全部推翻，成立苏维埃政府。过新年时，农民政府门口有大幅标语："欠债欠租，将刀还尽。有枪有炮，快乐过年！"

一九二七年，湖南省各县普遍成立农民协会，代替乡县政府执行政权，各县农民协会十万余人，由滕代远、陈虞卿等领导。

湖北省农民协会在全省范围内，组织了农民武装，由陈荫林、陆春山领导。

此外，安徽西部与河南东部亦有强大农民武装队伍，由郑芹瑞、钱伯符等领导。为鄂豫皖农民起义主力。

练兵方法首重树立革命思想，次为建立铁的纪律，高度提高军事战斗水平。旧式军队雇佣思想浓厚，以官统兵，层层隶属，盲目服从，其缺点甚多，易遭瓦解。革新方法主要在军中连、营、团、师建立各级党的组织，建立党支部，作为全军领导，实行党指挥军，借以巩固军队组织与纪律，提高战斗效能。在基层设立士兵委员会，实行民主，生活平等，军官与士兵同甘苦，共患难，借以提高士气，巩固团结，共同赴敌。

军队组织其核心为党支部，群众组织为士兵委员会，二者辅车相依，并肩前进，才能把军队建成一支强有力的战斗集体。支部组织原则，要求实现政治坚定，组织巩固，军事技术高标准等条件。

号称铁军的独立团（原第四军三十四团），其练兵方法即循此原则进行。独立团党员数量与质量有相当基础,排连营团党组织严密,政治生活浓厚,纪律性特佳。由于平日训练有素,故北伐以来各次战役中冲锋陷阵,无坚不摧,迭克名城,奠定了武汉政府的基础。独立团攻克武昌苦战月余,牺牲官兵七十余人,绝大部分为党员与团员。独立团在保卫武汉战斗中,歼灭强敌的光辉范例,这些成就并非偶然,乃几年来进行艰苦政治与军事训练的丰硕成果。

武汉政府时代,武汉中央军事政治学校党与共青团支部组织足与独立团媲美,最初直属武汉中央分局管辖。军分校支部委员为:李鸣柯、俞庸、陈赓、陈毅安、赵〔李〕坤泰(女)、罗章凤等。

当时武汉政府范围内,军队营团以上均建立中共党支部。如二十军支部委员为周逸群、段德昌。警卫团支部委员为卢德铭,三十三军支部委员为耿伯钊等。

关于常规军事训练,一九二七年间,中央曾在各大城市设立工会训练班,学习军事技术,令工会纠察队干部轮流参加。后又设立临时性军事学校培训工农武装干部。此外各工会纠察队就地设立军事训练班练习射击、掷弹等技术。当时广泛设立工农训练专科学校,其中武汉创办规模较大的工人运动讲习所(汉口黄陂路)与农民运动讲习所(武昌都府堤,从广州迁来),均发给汉阳造快枪,进行常规训练。

为了培养高级军事专才起见,又分批派遣军事干部出国深造。一九二七年奉派出国赴苏学习的学生八人,决定步兵学校二人:刘伯承、◇◇◇;炮兵学校二人:罗章凤与朱瑞;空军学校二人:常乾坤、◇◇◇;军事工程二人:王弼(江西永修人,一九二五年经赵醒侬介绍入党,后任空军副司令)。

海军方面初无基础可言,南方广东政府原有少数舰艇,一九二五年成立海军局,以苏联海军顾问任海军局长,李之龙任中山舰长。中山舰为当时最大军舰,大炮多门,火力极强,其它次要舰艇亦有中共党员任领导职务，兼负军政训练事宜责任。

由前所述可见，大革命时期中共建成的军队是自建党以来长期间艰难缔造的成果，并非一手一足之烈所造成。中共建成的军队，虽尚在初期，存在若干缺点，但确与军阀旧式军队迥然有别。毫无疑义，它是当代工农革命的中坚力量，至于后来运用如何，另是一个问题。

兵变频仍

近世纪来，兵变频仍，其规模较大而且有实际政治意义的兵变往往为朝代兴亡、政权更迭的推动因素。如辛亥武昌工兵营兵变，蔡锷率滇军在云南兵变，可为显例。

中共军委致力于兵运，其主要任务之一即在策动兵变，借以推翻旧统治，建立新政权。在长期的军运工作中爆发过大小不同的兵变，分纪如下：

1. 平江兵变。一九二八年五月，湘鄂赣边区特委书记滕代远（湖南麻阳人，原湖南长沙农民协会主席）到上海中央报告当地政治军事情况，会见我，请求加派干部到湖南工作，当商定回湘策动兵变方案。

一九二八年七月，滕到平江晤黄公略，七月二十二日发动平江兵变。先是湘军第五师第一团，原属三十五军第一师师长周磐，有士兵一千余人，另有随营学校学兵二百余人。一九二八年五月底开赴平江剿匪，六月到达平江，驻天岳书院。时平江县狱有政治犯八百人。彭见每日处决青年学生甚多，愤不能平。彭本人思想既左倾，平日对黄公略言听计从，湖南中共省委乃于七月间派滕代远前往该团担任政治委员，负责组织士兵暴动。当时平江县委如张警吾、胡筠、张斧等，当介绍滕代远与彭德怀接谈，结果，决定藉索饷为名（时军中已欠饷达十四个月）于七月二十二日下午一时发动暴动。同时黄公略在平江嘉义市率领第三团第三营全体官兵响应兵变，开进平江城内。会合彭团成立工农红军第五军第十三师，共编一、四、七三个团。长沙敌方闻讯，急派军六个团前往平江进攻，彭因寡不敌众，乃率军向黄金洞撤退。十二月彭率军退出湖南，到达井冈山，红五军乃扩充为红第三军团。一九二九年红五军主力由井冈山回到平江浏阳，攻占平江县城，成立全县苏维埃政府，其经过见滕代远致我并虞卿信。信全文如次：

  文虎、虞卿二兄：
  七月四号我军攻克岳州，击溃王逆东原一旅，缴获步枪四百余杆，子弹百余担，水机关枪六架，子弹五十余担，迫击炮弹百多担，其它军用品很多。计此次在岳实筹得现款三万余，对粤汉铁路工人，人力车工人，码头工人、店员、剃头工人，缝纫工人，泥木工人均有很好的组织，并将榷运局所存之官盐，一律没收，散发给群众。帝国主义兵舰三艘，飞机数架，与我军激战两日夜，均被击退，增加我军无限的勇气与对帝国主义残杀我工农更有深刻的认识。我第三军团军近在湘鄂赣边境征集志愿兵五千，加紧训练，拟在本月夺取长沙，以完成夺取武汉的任务。现在已与独立师集中，与我三六军取待联络，并配合湘省的千万的劳苦工农群众，夺取长沙的任务，不日可以到达，因为张桂军阀闻我军攻下岳州，积极反攻，有已到湘乡永丰一带云，长沙驻的白军不过三团，株州、醴陵也不过二团白军，浏阳仅残敌二营。平江诸县的地主武装已日益溃散，每日有十余枪兵来投红军，难匪豪绅走往长岳者，因找不到饭吃，每日饿死数十人，真自寻死路了。附告完
      滕代远 七月十二日下午七时于平江紫云公馆
回信请寄平江紫云公馆龙兆收

(一九二九年)

(一九二八年五月,滕代远到上海中央,回湘后发动平江起义,一九二九年率红五军主力回到平江,此信系由平江发寄上海邮政信箱四十四号。)

2．西京兵变。一九三六年十二月十二日,西安发生兵谏事件,中外震惊,视为重大新闻,其经过曲折多变,波诡云谲,极为复杂,因此外间传说纷纭,真相反被掩盖,兹纪其源起演变于次。

先是中共北方非常委员会于一九三三年后迭次发生破坏案件,"北方会议"后,由于党内残酷斗争,内奸告密,曾遭到华北反动政府重大摧残,北方区委因此先后入狱者为数极众,如王荷波案十一同志被害,王仲一等先后牺牲外,尚有一部分政治犯刑期满后获释,留北方及东北继续工作,更有一部分同志,辗转进入东北军内建立地下支部进行革命工作。当时东北军主帅为张学良。张自九一八事变东北地区沦陷后,率所部三十余万军队退入关内,驱防西北。张驻军西北,寄人篱下,时感不安,历时既久,军心怨望,其非委同志向张建议,发奋图强,自力更生,张甚为感动,但隐忍待时,以期策出万全。

在东北军非委地下工作者惨淡经营地从事组织工作,直到一九三六年才获得进展,进入具体部署阶段。

一九三五年夏,我在河南大学任教,暑假期间往青岛避暑,寓汇泉山东大学,北大旧同学孛爱夫妇来访[1],原来孛爱此番来青访

---

[1] 孛爱夫妇,即李渤海(又名黎天才,时为张学良心腹,主管张部机要,并任东北军政训处副处长,少将军衔)孙菩缘夫妇。经查,罗章龙去青岛秘晤黎天才在一九三六年夏。黎于一九四九年八月写成"黎天才自传"(香港银河出版社二〇〇〇年版《西京兵变与前共产党人》一书已刊载),详言在张学良处策动兵变之内情,并言曾推荐罗章龙参与东北军政治工作。

我，主要是报导东北军方面同志工作情况。她说：北方同志前后到达西安工作者已有数十人，张汉卿对天安、汝铭、希夷等[1]均十分器重，并向他们学习革命理论，商讨政治问题，天安现任机要科长，铭任秘书，其它诸均各尽其才。她说："汉卿曾询伊您在何处？伊以实告。汉卿旋即语伊希望见面，谈谈诸般问题，以解所惑。"三人商议结果决定推孛爱出关一行，这就是她们来青岛的使命。孛爱继续说道：汉卿为人通达事理，近来倾向革命，主张打破现状，亟思冲决网罗，为革命出力。察其为人，可与共事。他现有精兵三十万，武器精良，训练良好，久戎思归，梦寐不忘北大营，但不知计将安出？西北军数万人情况相同，现◇◇◇在杨处工作亦极顺利。我沉吟一会，正容答道："汉卿身居西北，举足轻重，关系全域，极能有为，宜从政治思想、组织宣传各方面下一番功夫，方能水到渠成。"孛爱道："诚然如此，但我们的力量却提挈不起来，不免有些着急哩！"我说："事宜迅速以赴事机，同时应计策万全以防内奸，你回去代我致意同志们，选定好一个大题目，定能做出一篇好文章来……"谈毕孛爱即启程回陕覆命，我旋亦离青岛返汴。

一九三六年春，汉卿忽来河大见访[2]。张来时轻车简从，见面略事寒暄，互致问候，随即开始谈话。

他开门见山说道："我此来系专程拜访，希望彼此谈谈关于打开目前政治僵局的问题，并为今后双方合作奠定基础。"这次彼此对话范围涉及很广泛，他坦率地申述了个人对目前政治的抱负与企图，毫不含糊。

从这次谈话以后，西安与开封双方间信使往还络绎相属，最后初步决定两项计划，其一为兵变方案：动员全体官兵自上而下独立

---

[1] 天安，即李渤海（黎天才）；汝铭，即吴雨铭，又记作蔚茗、雨名、汝明；希夷，即李希逸（秋生），又记作琦逸。

[2] 经查史料，张学良往开封密晤罗章龙是一九三五年四月廿三日。

自主，自力更生实行兵变，拒绝独夫一切命令视同非法，并以武力逮捕元凶，迫其就范。兵变完成后，即通电全国讨贼，联合全国各界民众力量成立全国民主政府，对内实行民主政治，对外联合各省军政实力，出兵抗日，收复东北失地。

第二步为建设方案，主要以重兵分据陕甘四川地区，利用关中、汉中、河西、成都殷庶人力物力，实行改革内政，发展经济文化，达成富国强兵，经济自给自足，争取成为全国政治经济模范重要地区，如此进可以战，退可以守。并根据此项原则做出具体详细方案，以便分期付诸实施。此项计划系由琦逸、汝明等往返磋商拟定。

一次，我自开封与蔚茗同车赴华清池，经风陵渡口占诗云：晓行原野警经过，驰骤风烟渡大河。东望潼关西太散，商鞅前事感人多。诗中意旨即与此项设计有关。

十二月上旬，普爱密简报道："众意已决，立即付诸行动！"越二日而兵变爆发！官兵三十万人全体参加。在兵变爆发前一日，黎天才曾带领西安工农学生群众队伍到临潼示威，当面申斥蒋介石独裁误国[1]，违反民意。十二日，雨名曾随军到骊山拘捕蒋介石，推入囚车，押解回西安。（蒋部警卫团全部缴械投降。）

骊山兵变发动，元凶就缚，万众腾欢，象征中国革命的新生，民众命运的再造，确属中国近代史上的空前伟大的壮举！

西安兵变如按原定步骤，按两项计划顺利推行，则中国革命任务可望提前十年完成。

3. 其它兵变：

上述兵变之外又如：一九三二年九月，哈尔滨镇守使丁超部队有三十余个中共党员士兵的支部，书记江英与支部委员纪南等组织兵变，深夜拉出一部分队伍入大兴安岭游击。当时江英有报告给非

---

[1] 经查史料，黎天才与蒋介石对话在十二月十一日晚。

委中央报告兵变经过。后来与马尚德、童昌荣、赵振泰联合组织抗日联军。

在大革命期间,中共北方区党员彭泽湘、徐鸿铭、郭名忠在广东军队中工作,一九三五年实行兵变,在漳州成立反对南京的人民政府,旋失败。

一九三一年在江西方面通过北方区通过师大支部同志在赵博生等部队中建立党小组,并进行组织宣传工作,后来改编为第二十六路军开到南方作战。一九三一年十二月该军三个师,一万七千人在宁都发生兵变。

此外尚有河北阜城兵变,山东益都兵变,南京下关兵变与江苏宜兴兵变等大都由中共北方区所属军委领导党员发动,其中成败互见,影响不等,未遑悉纪。

与张学良、张冲的接触

一九三六,汉卿来汴,"代表东北大学,请您讲学。"说罢,秘书面交东大聘函而退。按当时习惯,接受聘函,即表示同意,我当即允诺!

双方谈话开始,他介绍东北大学情况,同时又涉及大学学制改革问题,渐渐转到国内外政治问题,从开发西北问题到国际旅行问题均极感兴趣(他从国外旅行考察回国不久),等等,对方着重申述个人抱负与胸怀。这次会谈增进双方理解,为进一步合作奠定了基础。

临行握手道别,并盼早日启程,以孚众友人期望。

张去后,西安方面旧友闻讯来汴者络绎相属,多年书斋生活,顿成一片繁忙景象。

我考虑到礼尚往来,应当到西安回访一次,以观究竟。

西安本我旧游之地。一九二二年陇海铁路罢工胜利同和棣来到观音堂，随后进入西安。当时主要工作在于解决关中渭南绥德等建党问题。今日重来，已是山颓梁朽，今昔异势。

我抵西京时，会见旧友诸人。由李同志[1]夫妇做东道，约往玉楼东聚餐，赴宴者二十多人，判袂十载，劫后重逢，另有一番快慰情景，难以言宣。饭后驾车出游，参观下马陵、杜曲、灞陵、沉香亭、大小雁塔，并游骊山、临潼诸胜。旋吴李陪同往见汉卿于其私邸，张降阶迎入，屏退左右，开始谈话，军人风度，态度诚恳，对提问似均有所准备，彼此畅所欲言，毫无拘束，但语句却有斩断，毫无官场积习，最后他说："千言万语，最后必须付诸实行。我意已决，以后希望随时聆教……"

我应约在东北大学礼堂做了一次讲演，听众约五千人，座不虚席，室外无隙地。讲毕摄影留念，并设宴款待，作陪者均总部及东大行政教务人员。翌日，老吴[2]来谈，副帅约往游华山，我以道远跋涉为念，吴答"此去不需步行。"我问："将取何道？"吴云："不烦多问，到时便知！"乃随往见汉卿，他笑道："我们一道乘座机去吧。"

是日天气晴明，微风淡荡，视线极佳，汉卿亲自驾飞机，起飞半小时后，即出潼关，乃绕华岳低飞数匝。但见东西北三峰参差起伏，如儿童玩具积木，错落其间，远眺黄河如带，自北而南，飘然一线，苍龙岭、千尺幢、老君犁沟一瞥而逝！崤函伏牛诸山，状如蚁垤，偃蹇无息，叹为观止！

三人同游览，半日方归，时已西风夕照，暮云重重，秦岭巴山，渭桥王曲，咸阳历历在望，瞬息间消失，阿房未央，建章长陵，均已渺不知其所在！

---

[1] 李同志，可能是李希逸。
[2] 老吴，即吴雨铭。

座机在西郊机场降落，驱车进城，晚宿东北大学校园。当年我逗留西安十余日，乃辞别东归，旧友新知纷纷到车站送行，珍重道别。此时王珊[1]同志用老朋友口气向我进言：学术贡献，□有将来，挽救时局，迫于眉睫，孰轻孰重，应加权衡。我不便多言，领之而已，遂登车东返。

我返汴后，西安方面先后派遣使者数辈，来河大接触，一般均系晚临早归。在十月十日前夕，最后见到尉名[2]，亲临水车胡同[3]。她[4]辞出西归，越二日而兵变爆发。（从此以后，又经过十年我始重临西安。）

商定方案，菩缘回家报告汉卿，由汉卿亲临开封相晤，面谈下期开学即赴东大讲学，并与大家见面即长期留东大任教。

我回汴后，吴洽子[5]即被派到开封，报告东大详细情况，并称下周×日汉卿即当亲至开封。

到期校长室秘书虎辰通知：省府电话，今日上午刘经扶[6]偕副帅来校参观，校方设席招待贵宾，请我出席作陪。我乃前往见面，刘郑重介绍后二人邻座，谈话内容多为大学教育问题，语不及他。

宴毕，汉卿轻车简从，做深谈，因请往东大任教。我原则上同意，但需要商得河大同意。临行约一月以后在西京见面。

从吴处了解到东北内幕……

---

[1] 王珊，待查。
[2] 尉名，即吴雨铭。
[3] 水车胡同，罗章龙开封寓所地点。
[4] 她，应是孙菩缘，黎天才夫人，西京兵变前夕往开封见罗章龙。
[5] 吴洽子，即吴瞎子，吴雨铭绰号。
[6] 刘经扶，即刘峙，当时驻守开封的最高长官。

一夕，忽有客临水车胡同来访，女仆应门通报，知系张冲[1]。令延入，见张披皮大氅，御长马靴，满面风尘。入座不及作寒暄语，即直陈来意。我聆张所提要求，颇觉为难，半晌不声。时刘鄂[2]在场旁听，因述二人对话，主要如次：

我与冲对话时，冲白我云："不辞千里访公，请求一言解纷。"我迟不作答。冲坚自陈："程婴杵臼[3]，愿力任之。"我答："纵虎归山，汉卿不利。狐埋狐掘，吴李难堪[4]。"

冲坚请作书给海[5]，我勉书一语付之："解铃系铃，凭君自主。"
……

冲乃辞出。

---

[1] 原手稿为"章中"，系"张冲"之谐音，前后共八处，整理者恢复其真名。张冲，时任职国民党中央组织部调查科（中统），为国民党与共产党谈判代表。

[2] 刘鄂，罗章龙夫人。

[3] 杵臼，即公孙杵臼，与程婴同为春秋时晋人，为救赵氏孤儿，杵臼死，程婴隐居。

[4] 吴李，即吴雨铭、李渤海、李希逸等。

[5] 海，即李渤海。

抗战期间

南迁避乱

（西安事变）此事结束后，汴城反动派势力嚣张，河大全校混乱，人人自危，不遑宁处，但不久日寇进攻，安阳马其洛防线瓦解，敌机日夜飞临开封上空，活动频繁。由是河大决定南迁，我亦乘便进入豫南大别山深处，以避意外。

河大南迁是借用张学良、靳云鹗在鸡公山的别墅为临时校址，教师分住旅社。鸡公山高一千五百公尺，山中泉甘水肥，风景宜人。我在此居半年，附近有泻红涧、七里香诸胜。七里香有藤花一株，绿叶黄花、无刺，能香七里之远，故名七里香，风景最优。每当严冬，大雪封山，兼旬不能出门，惟见银花满树，蔚为奇观。

一九三七年[1]夏季将临，日寇深入山东方面，军事紧张，韩复榘开城逃走，随身携带现金辎重等四十列车。车在武胜关被冯玉祥连人带车劫去，并将韩杀死，即葬鸡公山下荒坡[2]。同时从开封、郑州南逃的难民数十万人，坐敞篷车，连遭车祸，死伤盈谷满堑，其景象颇似北宋时代金人入汴情景。

某日，我正准备下山，忽见一着西装客人来访，我定神谛视，

---

[1] 从此段起往后，所述一九三七、一九三八、一九三九这三年间的事，年份上明显有误，不另加注释，不做改动。

[2] 史载韩复榘一九三八年一月廿四日在武汉由蒋介石下令处死，次日收殓，移至武昌长春观内暂厝，后安葬鸡公山，再后又移葬北京万安公墓。

认识来人为十年不见的旧友罗汉。罗汉语我云："今日相访，主要是与兄叙旧，以慰多年契阔之情，同时奉仲甫之命，请兄下山一叙。"两人倾谈之下，知道他们最近所发生的情况。我留汉在山上住了几宿，便约定相偕下山，来到武汉。

我到汉口，住扬子江饭店，是晚罗汉偕仲甫、特立二人来到旅馆，由是十年阔别老友再度相见。翌日，三人在双柏树会谈一次，并在仲甫家便餐，由仲甫夫人亲自招待。在座马衡（故宫博物院院长）、罗汉，尽欢而散。饭后在双柏树下聚坐闲谈，仲甫鬓发已苍，然神采奕奕，犹似当年风度。

仲甫郑重说道："我等分久当合。扎结三矢，便成连弩，既可致远，又可威敌！"言简意远，座中闻者感动！特立十年军中生活，风尘满面，然已百炼成钢，气象雍容，意识形态均告成熟。特立感慨云："我不入地狱，谁入地狱！今后我决不作退休之计，赴汤蹈火，破釜沉舟，在所不计！"又向我云："你从今日起应该洗手不再教书才是，不问收获，只问耕耘可也。"仲甫见特立意志卓绝，说："只要你们合作，'二人同心，其利断金'，万事便可从头做起，大家愿当过河小卒，勇猛向前！"我终席默然，主意不定！

当时我面临歧途，鉴于全国大学分崩离析，无税驾栖止之所，便决意放弃教授生活，但一生不工不农，无所营谋，更无他事可做，重作冯妇，更难免罪过。当时恰有某某游说我南行，我未加深虑，遂允其请，从武汉回到长沙，待车出发。特立闻讯追至长沙，邀我同行。两人共栖望城坡农舍，一面躲避空袭，一面闲话当年，如此淹留两星期，最后，特立孑身赴苍梧，我踽踽南行，止于海隅宋王石。时心无所向，忽张延凤有电自北来，云："西北联大重振旗鼓，约往任教。"我乃决心重理旧日生涯。

当时，西大远在陕南山区偏隅之地，对外交通奇困，我乃决计重回武汉，取道入川，辗转进入陕南。我一路千辛万苦，迁延数星期，始达武汉，途中经过蒲圻空袭、坪石兵变与长沙大火灾，行李荡然无存！——在日机袭击蒲圻大桥时，车上旅客纷纷走避，我从高坡下坠，幸有芦苇托住，仅受微伤；坪石车站壮丁队反抗虐待，暴动反抗，大劫掠逃，故旅客受累甚重；长沙半夜大火，造成重大伤亡，肇祸者长沙警备司令被处决，后其女随孙茂教授到城固，详谈火灾内幕。

入 蜀

我于一九三七年六月到达武汉，时日寇西进，空袭昼夜不停，人口大疏散，市内空房甚多，特别是汉口日本租界区域。由于日租界数以万计的日本侨民纷纷回国，空出归国日侨所造房屋有数百户之多，设备依旧，家具齐全。我乃设法交涉，寄居在一日侨的空屋中，该房屋原主人名宫崎大郎，所居精室，陈设雅致，壁间悬古字画颇多，房内有日本浴室，厨内用磁砖铺地，地席亦极精美。我在汉口日租界住一星期，见到朱克靖，他说◇◇◇亦寓汉口，不几日去云岭。

我乃觅船西上。时空袭频繁，江上船只逃驶一空，仅有少数残轮，可往宜昌，然乘客万分拥挤，不易得到轮位，偶遇一熟识船员，经他介绍，在一艘轮上找到一就小室，可容二人。

一九三七年七月下旬，我乃登轮入蜀。

我与女儿梦平登轮后，住在船首舷侧，纵览江景，非常真切。船行颇缓，途经五日始到宜昌。宜昌为入川中途转运站，当时船艘奇缺，待船旅客已达数万。旅馆、民房俱告客满，无地可容，不少人露宿街头。我登岸后，望门投止，家户人满，忽见河大学生刘新民路过。刘见我，惊问老师几时来到宜昌，现寓何处。我告以困难所在，刘新民云，学生现正率领一个抗日宣传队驻在宜昌中学工作，老师可到中学暂住。我遂偕梦平随刘新民到宜昌中学居住。该宣传队有河大一九三五年级学生二十人，师生重逢，十分欣慰。他们对我热诚招待，开座谈会，设筵，举行欢迎会……。我在旅途中所遭遇的烦愁困难一时完全消解。于是在宜昌中学住了数日，并与同学们共商行止。

在宜昌，河大学生传来消息，云河大已更换校长王某，决定迁至豫西山区镇坪继续上课。且河大全系学生希望我仍回河大执教。留在宜昌的河大学生也一致表示愿送我回去。因他们认为从宜昌到镇坪近，到陕南远，不必舍近求远。我当时也感到犹豫而未做决定，但有一家住豫西的学生告我云，豫西当地崇山峻岭，土匪横行，杀人越货视为常事，因此她不主张我去河大。后来，果然一年后日寇深入，发生一大惨案，医学院院长被打，教授被劫，学生八人被俘去，还有几名学生致死，河大又改迁嵩县。反之，另一学生却宣扬汉中气候、人情、风物都较豫西为宜，我最后乃决定去陕南，不回河大。

在宜昌候船约一个星期，毫无消息，正感失望之际，某晚我在文娱晚会上忽然遇河大学生李士元。李于一九三五年毕业于河大经济系，为该班高材生，现任河南省银行金库主任。李说该行已自购一轮运钞票，直航重庆，对外不售客票，但可以通过他的介绍通融照顾，觅到二个舱位，直航重庆。我闻讯大喜过望，未待戏终场，即回到住处清理行李，深夜由李士元陪同登轮。约二小时后，轮即启碇西航。此轮因装运重要财物，对外一切保持机密，船上除少数高级银行行员以外，并无他人附乘。沿江行驶，非必要时不靠码头，亦不装卸货物。

我与梦平共处一小室，该室位置在船舱首端。船溯江而上，经过三峡，速度不快，有时上滩须藉绞车铁索之力，速度缓慢。但见两岸，山如绣屏，水如明镜，风物田园，秀丽如画。综观山川，秀美奇险，兼而有之，实天下壮观！

由于旅行长期劳顿,梦平在登轮后二日忽患疟疾,病势沉重,船上无医药设备,勉强找到一个略识中医的行员,经过诊断处方,但无处取药,令人十分焦急!船行几日后,到达巫山,因需加煤买菜,船长下令停泊几小时。轮船抛锚江中,我乃决定上岸,到巫山市买药。时在深夜,舷右有急漩,直径约五公尺,水流颇速。我乃雇小舟登岸,操舟者为一老汉。昏暗中稍不慎,小舟陷入漩涡中,不得进。正危急时,我乃操桡,奋力帮助老人操作,半小时后始达彼岸。老人登岸,引导我至一药店,买些应用药剂,带回船上,时已近天晓,船即起碇,继续上驶。梦平因服药对症,病势渐渐好转,经数日始愈。

江行十日,轮船抵雾都重庆,我偕梦平在嘉陵江朝天门登岸。时方盛夏,上午十时左右,但见雾中一片冷清清气象,市内行人稀少,家家户户掩门闭户。我先后找了几家旅社,阒无居人,均于门口招贴"停止营业"四字,初不解所谓,后方知原来他们都下乡避空袭去了。最后经人指引,来到一处,即在打铜街附近一条巷内,找到一家小旅社名叫德记旅社,我叩门问有无空房,管事人答:"有,我社房间尽空着。"由于旅社主人、工人都已走了,一切供应全无!我向管事老人交涉,老人同意,只给房间,此外不管,饮食打扫,一切自理。我进旅社安息。

当时重庆,经常发出空袭警报,号称"疲劳轰炸",旅社附近也有过炸弹落下爆炸,幸无重大死伤。但旅社内部最感困难的是伙食供应极度缺乏。我考虑到当时情况,一则梦平病后需休息调养些时候才能再度长途跋涉;二则平海从上海逃难,流落湘西永绥战地孤儿院,需接回重庆,共往西北。如此二事办理完毕均需相当时间,因此乃决定到郊区暂租民房居住一个时期。

在郊区租房条件很困难,由于人地极为生疏,又兼房少客多,一时竟无从入手。幸而某天下午郊游时,在空袭警报解除后,在防空壕附近,偶然遇一上海老太太,她口操宁波方言,与我交谈。自诉从家乡逃难到此,儿媳同行,初时安宁,不幸其子媳前不久牺牲于空袭之下。她想把现租的房子出让,筹集旅费,便可成行。我怜其遭遇,便与伊交涉,愿以重价承租她的住房。她乃领我回家办理房屋转让手续,我即日迁入新居,暂作寓所。新寓在重庆南岸,地名玄坛庙新院巷,为一旧式别墅,一切水电设备齐全,有林台花木之胜。

住房问题暂时解决,刘炎乃自告奋勇,亲到永绥把平海找回,此路汽车经川东、湘西几个县,往返约两个月可到(经过黔江、酉阳、秀山、洪江、芷江、永绥等山区县份)。

我住玄坛庙时,延凤教授已为我在国立编译馆安置工作,要我前往报到。我因与该馆主事者接谈,但因意见不谐,辞谢未往。时薛农山奉命来访,约到报社任职,我亦无意于此。

我淹留重庆期间,经常生活在大雾之中,工作主要是为大学备课,出外则进出防空壕。时特立寓城内大梁子张家花园,常往来。仲甫远居江津,曾遣其甥◇◇专程来访,邀我往该地避嚣,因路远辞谢而未往。此外有友陆若冰、罗汉等时相过从,抵掌而谈以为乐。

此期间,重庆陷于严重空袭之灾难中,内中除大隧道惨案死伤数万人,震动中外,为众所周知外。我亲身经历大规模空袭有数次:首为意大利飞机七十架,连续轰炸全市公园、朝天门、龙门浩等处,前后持续几昼夜,死亡三千人。我在轮渡中几遭覆舟之灾。某日日机轰炸黄山、玄坛庙一带,炸沉轮船三艘,焚屋数十栋,炸塌防空洞数处,积尸两岸,不计其数。我所居新院巷附近亦落有五百磅重量炸弹六枚,家家户户均有死伤。我与梦平在历次遇险中,幸告无恙。友人罗汉即在空袭中丧命,一说被政敌谋害。

往西北

刘炎经过千辛万苦，终于将平海找回重庆，我乃决定动身往西北，但车票无眉目，亦无车直达，找车十分困难。某日，我有在外交部工作之友人携来一本西文书，要我帮他解释几处疑点。事毕，闲谈中知道外交部苏联顾问最近要经西北回国述职。我因委托蒲◇◇向当局致意，兼问可否乘搭此车到西北去。蒲当下答允即往探问，旋回复云要我亲自进城交涉，可望成事。

翌日，我进城向有关方面了解，才知道确有其事。据说，苏联顾问十余人一行决定本星期内启程回国，政府拨法国式软席大客车一辆，行李车一辆，翻译二人，汽车司机四人，又随行警卫班八人。路线是：重庆－成都－广元－南郑－宝鸡－兰州。负责方面同意我附载到南郑，并向苏联顾问团团长潘伯夫（Panbof，真名为瓦·伊·崔可夫）说明情况。我乃往见潘伯夫，潘伯夫为苏联有名国务活动人物，系彼得堡大学毕业，留学欧洲，能操英、德、法语。我与潘伯夫交谈，潘伯夫一见如故，甚表欢迎，称我"博学通才"，愿结为旅途良友，并嘱主事者让出前排三个座位给我、梦平、平海三人乘坐。一切手续办理完竣，我三人即随车出发。此去如同顺风扬帆的船，驶入满涨潮汐的海，其情绪愉快可想而知。但话虽如此，西北之行究属艰苦之长途旅行。军事时期，兵戈满地，豺狼当道，何处是乐土！因此我对茫茫前途仍不免心怀惴惴。临行陆若冰来送行，窥知我心事，多方设词劝慰，车行过玄坛庙，陆若冰戏向庙祝就神前问讯，信手拈一千家诗句云："春风得意花千里，秋月扬辉桂一枝。"陆以句示我，我见乩词颇含禅机，困惑稍解，但仍疑信参半。陆笑云：一切不必多疑，不要患得患失，光辉就在秋天。

一九三九年夏旧历七月十五日，清晨十时，顾问团专车从两路口出发，临登车时，由于十分匆忙，我遗留下几件行李，放在张家花园，寄存到第二年冬季，子烈才托朋友（"列宁号"驾驶员）把它带到襃城，因军命不得停留，他把行李交给襃城站长，用信通知我，我派学生黄云升骑自行车取回。

顾问团座车与行李车均崭新，车上携带有外交特别通行证，沿途关卡毫无留难，渡河入市亦享有优先待遇，因此车行速度很快，沿途停车时间少。自重庆出发，车行一日，宿隆昌县，招待宾馆设在隆昌县政府，饮食淋浴条件均优，次日即到达成都。

我等一行到成都，住实业街沙利文旅馆，大家参观访问，游览三日，第四日与刘炎分别北行，自那时起，刘炎留成都，二人分道扬镳，不复再聚矣！

我等在成都停留时，游览下列各胜迹：北城文殊寺，南门武侯庙与青羊宫，东城望江楼，西城草堂寺。潘伯夫问了有关张献忠入蜀的许多传说。他似乎很阅览了或听到了些笔记、野史，称张为"中国内部鞑靼之战争"，并为此参观了杨柳街、广汉七杀碑等处古迹。——七杀碑上张碑文云："天生万物与人，人无一善报天，杀、杀、杀、杀、杀、杀、杀！"在游览中，顾问团潘伯夫团长气象开朗，议论风生，一路上指点山川，询问人情风俗，大小不遗。由此可见潘伯夫与我倾谈一切，相处甚欢。潘戏称我为"旅行教授"。

从重庆到西北一路要经过四川境内几条大的江河，这就是沱江、涪江、嘉陵江等大江，其它较小的如沙河等，不计其数！汽车西行，通过江河时，正当秋汛季节。秋水时至，百川灌河，两岸之间，不辨牛马。每逢至一渡口，沿河两岸，车辆拥挤，人马喧逐，时出事故。有时山洪疾下，水浪推车入江；有时崖石下坠，人车被压；有时中流激浪，渡船失驭，被浪击沉。至于个人失足落水，马匹惊散之事，往往而有！

车次沙河，正值秋泛时节，沙河河面宽一千二百公尺，水势正涨，已漫过桥面二尺。司机张师傅问潘伯夫是否前进，潘伯夫派人察看水势，回报正在上涨，后面军车源源而至，拥塞在一个小坡道上，已有五十多辆，急如星火，纷纷急欲渡河。潘伯夫乃命四人以绳索攀援涉水过桥，探索桥址，又亲自坐驾驶台开车徐行，至茫茫风浪中，几经危险，始达彼岸，时天色已大暗！遂摸索前进，又二小时始抵一县，全车人衣履尽湿，张师傅称，平生开车十多年，从未遇此险状。而潘伯夫却洋洋如平常，大有履险如夷之态。

又一次渡一巨川时，载运行李车船忽被大浪冲击漂失，流走江浪之中，潘伯夫眼明手快，一把抢住行李船头绳子，还摔了两跤。我和全体人员一齐登岸拉纤，逆水行舟，拉行几公里，才把载行李车的船拉回渡口。

渡过四川大江大河，经过十多天长途汽车跋涉后，始达汉中（南郑）。

在一初秋的清晨，我等一行从汉中向城固进发，我们乘坐凉轿三顶，沿汉江北岸自西徂东，见一路屯落满布，川原如绣，秦岭北峙，巴山南屏，汉江贯流其间，地利、人和兼而有之，行约三十多里，遥眺城固钟楼矗立天际，雉堞环城，风景如画。人们在天高气爽，秋月扬辉的季节，抵达了汉江平原的古代名郡城固县城。综计自重庆出发，途经璧山、永川、荣昌、隆昌、内江、资中、资阳、简阳、成都、新都、广汉、德阳、罗江、绵阳、梓潼、剑阁、剑门关、昭化、广元、宁强（宁羌）、定军山、沔县、褒城、汉中、南郑等，共历二十三个县，全程汽车行使，包括休息日在内共享十五天。

城固八年

到达城固，初寓西关上海旅社。当天下午往西北大学访问，胡庶华校长匆匆至大门口迎我入内，大有倒履相迎之意。胡校长次日会同西大同人设宴洗尘，即以我到校消息向全校学生公布，其热诚推重，有非他人能所及者。西大教员与学生大部分从华北与开封转来，其中多与我旧识，故彼此感情融洽。

我在校长指引下向学校报到，办理排课、注册等手续。偶然在教师办公室见到一位久别重逢的余教授，现在西大教外文。余问及我住房问题，我答以"尚未解决"，余乃自言现住田公馆，房屋颇宽敞，愿让与我两间，以解目前之困难。我乃于次日迁入新居暂住。两月后，另在李家宅租到唐德元教授（于右任妹婿）房一所，全院有房五间，客厅、书房齐全，院宇幽静，可堪久居。

西大全称是国立西北联合大学，原由北京向后方迁移的北平大学、师范学院、医学院、工学院等联合组成（后联合解散改称西北大学）。这所大学收罗前后方男女高中毕业生数千人，规模宏大（计四院二十多系），师资众多，又因地处偏隅，交通阻隔，我除闭户读书外，也无所容心。

城固位于秦岭南麓，巴山之北，汉水横贯其间，地势平坦，泉甘水肥，为古代"周南""召南"文化孕育的摇篮，关雎风化之所自。沿汉水北岸，沙洲芦荻，每当春秋佳日，游人杂沓，雎鸠纷鸣，杂花生树，令人留连忘返！南郑、汉中毗连十数县，自周秦以来，即为经济、战争、文化形胜必争之地。因此，二千年以还，西汉刘邦、三国曹操、张鲁、孔明、司马懿等均出没汉江平原一带，互争雄长。今古异迹，令人慨慷。此地又有张骞故里、汉王台、子房山、拜将台、胡姬营、定军山、褒姒故里、庙台子、蔡伦纸坊、衮雪、栈道、五门堰等名胜古迹，风物绝佳，足供游息。仿佛这里是世外地界，显示出一片升平景象，且学术气氛浓厚，并与政治无直接关联。

我在西大通过张延凤夫妇介绍与张桂兰结婚。

张桂兰，城固古路坝人，时年二十四岁，家世清贫，几代均佃农。古路坝为陕南最大的天主教区，当地居民数万均为教民，自成风尚，全镇居民均生活在意大利宗教气氛中。因此，张桂兰自幼生活、思想受天主教影响甚深，很像生长在欧洲中古时代的罗马市民,有艰苦耐劳的质量,朴实无华的作风。

我当时携家住在李宅,生活颇为恬淡安静,于生活上颇得她的内助,同时也不免有几分怅惘。逾年(即一九四二年)平汉出生在城固。

在一九三七年至一九四七年间,子女开始完成他们自己的学业与工作。梦平读完高中,考入西北大学经济系毕业,成绩优异,进入省银行工作。平海读完初中,考取师范学院兰州高中(平海一九四七年曾以同等学历考入西北大学商业系,由于志愿不合,自动放弃学籍,仍读高中),毕业后考入四川大学物理系,大学三年级参军退学。

我当时上课地点在城固小东关外法商学院。法商学院占地百亩,原实业学堂旧址,是一所高大楼房,有课堂十多间,学生与教员宿舍一百余间。一九三五年特立军过陕南时曾围城攻打,城固守军一团,火力强大,围攻十日不克。当时特立乃领军经子午谷,进入川北,夺取通南巴。特立在城固驻在实业学堂,方家堰、刘家村一带,连营数十里,旌旗蔽野盈山岗。法商学院弹洞多处,两年后始渐平复。

法商学院,院内有古代枇杷树四株,红桂六株。桂树秋开红花,为他处罕见,池中有娃娃鱼。每逢冬季,枇杷花盛开,花香浓烈,闻数里外,其它花木亦繁。法商学院距城二里许,其附近有黉学宫,门首有明代书法家严嵩所书"宫墙万仞"四字,书法绝妙。法商学院后院有公墓一区,凡本校教师从前方来到后方,身后都有妥善安葬,庶生老病逝各得其所,因此,教师服务精神振奋,临难不屈。

我居城固时,西大学生往来于李家宅者有罗珊姐、罗云峰(两人为姊弟,满洲人,珊姐为格格公主),蔡秀贞(南阳)、段成章(河南)、王敬栋(山东)、段开秀(青岛)、王雷鸣(山西)、刘淑端(阜阳)、范玉宝(西安)等。他们课余和星期日先后来到李家宅看望老师,或座谈学术、探讨问题、析疑剖难;或会文作诗,推敲韵律;或携粮到近郊旅行,游泳汉江,垂钓柳林。桃林、褒城、沔县、古路坝、张骞墓为经常郊游之处。

某次,我与学生数人偕游褒城栈道。褒城为古战场所在地,亦周幽王褒姒故乡、入蜀栈道的起点,其附近汉江南岸,壁立高数十丈,三国时,曹操曾至此游览,见汉江滚滚,波浪滔天,叹为观止!故书"衮雪"二字,字大如牛,刻石高崖之上,书法苍劲,后人视为墨宝。西大学生王某好书法,习汉隶,思涉浪到对岸临摹"衮雪"二字,乃乘木筏渡江。不幸木筏至中流一时操纵失灵,被巨浪冲击下沉,王随木筏漂流,载浮载沉,流走经二十里始遇舟相救,脱险归来,安全返回褒城。一场虚惊使王留下一篇生动的纪游文字,刊登在西大校刊上。

汉江流过城固,江面宽一公里,水势湍急,洪流滚滚,所建木桥极坚固,为汉水上流第一大桥,其附近为天然浴场。参加游泳之学生、市民恒数百人,且常发生溺毙人命事。一九四三年大洪水,漂失房屋庐舍人畜甚多。西大经济系学生田氏兄弟一九四四年同游溺毙,闻者叹息。

我在西北大学教书期间,足迹不出县城,日夕讲学,闭户著书,交游极少。在此期间完成一些讲稿的写作,平生精力大部分尽于此。著述脱离现实政治,超越奴隶思想境界之外,对当时权势人物深恶痛绝,不少假借,因此常引起当代权门的嫉忌,周转各大学之间,惶惶然不可终日,生活困顿,艰苦备尝。

我所著《中国国民经济史》上、下册,一九三五至一九四五年写成,一九四六年由重庆商务印书馆《大学丛书》印行,风行士林,不胫而走!全书五十万字,自原始经济至近代经济,凡三十五章。历取各时期的经济进程及其特质,博览约取,深入浅出,被各大学采用作教本。发表之论文重要者有：一《全元经济论》，二《经济史型论》，三《经济史期论》等，五十余万字，在大学领域影响颇为深远。当时由于我在学术界威信大增，因此全国大学约聘讲学，函电纷驰，但因战时交通不便，一动不如一静，便均谢绝。此外，还写作《沧海楼诗词》若干卷，在《经济新潮》社刊行。

静极思动

我自一九三九年来到城固，祠尚安土重迁，大有终老此乡之意，但后来内外风潮迭起，又渐感不安。最后，静极思动，乃奋起，脱离此山城，到成都大学任教。原因是战时之城固，生活表面平静，实则社会动荡，盗匪纷起，郊区之外，行旅裹足；而学校内部互相倾轧，亦有非局外人能眷恋之境地。现就这些方面所发生之事故择要述之如次：

其一为西大教师住宅劫案。先是姜君为西北联大俄文讲师，东北哈尔滨工业专科学校毕业，一九三七年聘来城固任教。姜年少气盛，生活好讲排场，起居阔绰，招摇过市。姜初到城固，设西餐宴请宾客，列席者十余客。姜藏有全套赛银刀叉，雪白发亮，耀眼增光，邻居见之，惊其富豪，名扬远近，渐为当地盗匪所垂涎，阴谋劫夺。而姜无所察觉，失去警惕。某日深夜，有盗匪一伙，明火执兵器，破门入内，乘姜不备将其砍死，随将所用西餐餐具、银茶具、手表、金饰、皮大衣等全部饱掠而走。案发，县政府缉拿凶犯，在洋县擒其主盗（正在市集销售皮大衣），以后继续捕拿盗匪八人，凶犯全部就获。县政府因案情重大，从严处理，不分主从一律枪决，一时盗风稍减，但仍未完全消灭。

不久，古路坝、元宫亦发生同类事件，县政府捉拿二十余人，处死刑者数人，其盗魁为一年轻妇女，美貌勇敢，临刑面不改色，悬头大西门东岳庙前。是晚女首悬处有人用墨笔写道："宁可人头高挂，不把威风输给他！"当地民风强悍，于此可见。女盗魁名孙水云，城固神仙树人，孙善骑射，全家人均以劫掠为职业，名震汉南。

当地镇巴、洋县、西乡一带，西南山区，遍地荆棘，寸步难行。当地民间传说的英雄人物有罗彦辉、王三春、王三槐（寡妇）等，遐迩名扬，流传不绝。

陕南地方各政治恶霸明争暗斗，异常激烈！城固县号称肥缺，为各派逐鹿中心，城固县长丁耀中案发生即其一例。丁耀中，安徽人，能干有为，被诬"通敌"，乃遭禁锢。丁与看守者共谋越狱，深夜乘小舟，从汉水东下，爬山到重庆，向当局鸣冤申诉。后申诉得直，获得平反，对县长亦未予以惩处，含糊了案。

西北大学内部纷争亦多，自一九三七年至一九四七年约十年间，西大校长更换了七人，院长、系主任更不计其数！与此适应的更有多次学生风潮，大都与个人派系争夺权位有关联。如一九四五年校长某被理学院院长煽动群众起来把他推翻，自立为临时校长，教育部不同意，外亦称为"西大伪组织"，这个伪组织与原来当权派曾发生武斗，争夺占领学校行政部门，来回反复，争夺不休，并曾用手枪大打出手，造成一时恐怖状态。当时大多数教授出主入奴，处境甚为不快。我虽长期处于中立，但总不免直接、间接受到冲击。其中最大的一次风潮为夺印风潮。一九四六年西大在城固，期间，校长到重庆述职，学生乘机发动武装暴动，用暴动方式举行武装政变，由几十个学生深夜围缴西北大学校警枪支，夺取校印、存款，占领办公室，这样风潮扩大，延续了几个月。其中有人建议仿张鲁故事，拖枪到汉中巴山地区之汉水南岸八鸽山落草游击，但因无接济而未实现，被刘仲辉派军队包围，缴械解散。

一九四六年城固夺印风潮发生后，外间谣言纷纷，西安官方说此事与我有关，又说我为此次风潮的幕后人物，明令逐客。我无法辩明，为远嫌起见，决定离开城固到成都去，名义上是请假养病（慢性胃病），实际是藉此远走高飞，脱离是非场所，冲出西北方面网罗。

我于一九四六年暑假聘约期满时向西北大学退还下学期聘约，西大不同意，坚请践约。双方为此周旋甚久，最后仍是我退还下期聘书，决定离开西大。西大学生罗云峰姊弟对我成都之行予以种种赞助，她们交涉要来一辆南运汽油的专车，把我及其家眷送至广元，再电嘱广元方面派车送往成都。

北大理学院同学张荣阁导游广元全市，并参观武则天庙，庙在嘉陵江南岸，千秋庙貌，万里江山，气象雄伟。我于此赋诗云："则天庙貌壮清都，万里江流涨势纡。一代才人春去疾，深山犹自闻啼鸪！"三天后，我自广元乘车继续前进，途中在剑阁县险遭洪水——车到剑阁时，天色已晚，我等准备在此夜宿，但司机说再走一站，遂继续前进。深夜，剑阁山洪暴发，我等幸免于难。

在罗江时，汽车在水淹三尺的道路上徐徐前进，直到新都水势才稍退。当汽车缓缓开进成都北门时，忽见家家停丧，户户出枢，邻里相对悲号不止，众方以为异，后始明白近旬以来，成都霍乱流行，已丧亡七千余人，南来旅客不由大为懊悔！我进入市内住一喷泉附近的西式旅馆，华西大学得讯，派助教杨君前来迎接进校安顿。

我住在华西大学天竺街教授宿舍，后为府河，所住楼房一所，十分清洁幽雅，有园林花木之胜。成都是我旧游之地，也是很多人向往之乡。古语说："生到成都，死无遗憾！"当地消费职业，游观娱乐，真是富庶繁华，见所未见，文化亦十分发达，即保姆个个知书能写，比湖南长沙一带还胜一筹。至于大学生则文化水平较西北为高。总之，四川一省人口七千多万，版图辽阔，文物殷庶，一时无二。

我在华西大学期间，课务清闲，每星期上课几小时外，余时均作休息。成都是几年前旧游之地，北大同学在此任教者颇多，有人数近百的北大同学会,定期在望江楼聚餐联欢,交游颇广,大家于课余时游逛青羊宫、花会、武侯祠、草堂寺、文殊寺等地。

我在成都时初遇久别经时的高玉涵。玉涵一九二四年在柏林时同学,归国后参加大革命,毁家纾难,以资助《向导》经费。一九二五年选任第四次全国代表大会代表,大革命失败后,亡命四方,最近来到《新报》任主笔,著《九死一生记》。他住万里桥畔,时到华西天竺闲谈。

我继后识该报经理邓季惺,邓为一普通中年妇女,创办该报,从无到有。夫妇二人自任编辑、印刷、广告、发行各项繁杂工作。该报在南京开办,每日发行几百份,收入不足以维持开支;继续不断扩展,现已积资百万以上,每日发行十万份,广告收入亦超过各大报。邓为人局格开朗,能选贤任能,并与各大学能文教授联系,故多得众所赞助。

我在成都受当地四川大学、成华大学及其他中等专科学校约聘,偶亦应约往诸院校做学术讲演。

三渡剑门

昔人有言:"三峡天下险,剑门天下壮!"我生平好远游,再渡三峡,三过剑门,可称"壮游"!回忆在抗日战争期间,交通十分困难,蜀道难行,人所共喻。一九三九年受国立西北大学之聘,首次自成都乘专车离川赴陕。一九四五年应华西大学聘,乘汽车自褒斜栈道经宁羌过七磐石,再度入剑门关。在成都华西大学讲学一年,明年期满又乘邮车出川,越嘉陵江,三次渡剑阁天险,直趋凤翔(宝鸡),渡渭水,到咸阳,前后九年间三渡剑门,备历险阻。追忆前情,分述如次:

第一次川陕之行,系携全家三人同行,乘坐国际顾问团专车自重庆出发,沿成渝路先到成都,行经合川、隆昌等县,两日到达成都,一路◇◇,行车十分顺利!

自重庆上清寺出发,车行二日到达成都,住沙利文饭店休息三天,刘鄢来话别后。自成都出发,经过广元、宁羌、褒城、沔县始达汉中(南郑),时已深夜。但因中秋节近,是夜月明如昼,车行如飞,抵南郑时城门紧闭,守门军队询明原委后,立即开门延入,是夕寓上海旅社。大家休息三日,游览汉中古迹战场后,我乃沿江北岸东行,即雇滑杆(一种轻便凉轿)三乘于翌晨清早向城固进发。是日天朗气清,惠风和畅,汉中平原风物优美,眼界为之一新!行过十八里铺抵宗营镇午餐,遥见城固雉堞环绕,钟楼尖塔,划破蓝天,耸立江滨,景象鲜明。近城郭,人民熙来攘往,十分热闹!半月以来旅途风尘,至此告一段落!

第二次自城固出发,先至汉中寓罗云峰家,伊兄妹二人均西大同学(满洲正黄旗人,母为公主格格),由二人陪同护送,亲驾车至沔县。乘坐私人汽车经过大安驿,以至广元,停留一星期,通过张凤阁(北大同学,河北人)介绍,乘西北盐务署专车自广元入川。

一九四六年秋在华西大学讲学期满,原定由成都东行,取道川湘公路回长沙,但因道路行旅阻梗,觅车未便,乃决定绕道西安东行出陕,经陇海线铁路回湘。于是仍循川陕公路出川。此为第三次渡过剑门,邮车系昼夜飞驶,乘月色前进,风驰电掣,速度颇快。邮车过大庙山忽遇盗警,过嘉陵江渡口,汽车轮被漂失,在沙河铁索桥畔发生车祸,夜宿柳沟(剑阁附近),次日山洪暴发,旅店被大水冲毁,沿途经过十分惊险!极难忘怀!

附:国际专车有乘客及翻译警卫人员共五十余人,共有大型交通车(法国制大型卡车)三辆,坐车设备华丽,沿途加油及食宿招待均由各县政府专设外事机构办理,招待十分隆重。顾问团车辆持有特殊通行证,沿途优先放行,遇有重要关津渡口,不必排队等候。

此次长途行车途中有多数外国朋友同行,彼此交谈,度峻岭,涉巨川，备历险阻。外籍友人中有潘伯夫（Panbuf）最近回国述职。潘自称南欧人，五十多岁，曾在德国学习军事，回国后参加第一次世界大战担任高级军职。潘博学多能，擅长外语，能操德语与法语，谈吐文雅兼富幽默感，终日手不释卷。潘与我交谈，态度坦率，谦虚好问，一路上对我优礼有加，偕我并坐前排，观览沿途景物，询问地理风俗，每问必称"Porfessor"，行抵南郑，互道珍重，握手告别！Auf Wiedersehen！

在西大最后半年

我经过一年之久治疗，由于长期服龙胆酊和休息，胃病业已痊愈，身体渐复健康，有志乡土，乃作归计。时华大当局坚留不放行，杨右之、罗志恕、熊子健教授亦多方劝阻，谓目前交通梗阻，行旅不便，可候时清，然后出川。我去意甚坚，均婉谢之。

一九四七年暑假期间，由于华大同学刘君的介绍，经四川邮局同意，我乃乘邮车北行。临行前，同学开会欢送，同事设宴饯行，刘炎亦来送行，我赋诗为别，于是在成都的教授生活于此告一段落。

我此次从成都北行是乘坐邮车，该车只装邮件，不载普通客人。车行经过柳沟和太庙二地时，均遇匪警。幸司机老张挺身向对方说明，晓以大义，对方乃放行。中途过襄城时，曾电在汉中银行工作的梦平来襄城晤谈，因天雨道阻，梦平竟未来会。乃附邮车北驰天水，邮车到达宝鸡，即请转陇海铁路东行，乘火车到达西安。此时西北大学已从城固迁往西安，西大新校即前东北大学旧址，在小南门外大荐福寺北。西北大学校园广大，四周围以短墙，方圆数十里，大学分文、理、法商学院，凡二十余系，有教师员生五千人。

我在西大最后半年中，终日扰扰，忙于课务，无大成就，仅有数事颇可足纪！

其一，一九四六年夏季，西大前届毕业生房仲龄（女）介绍其兄仲乔来会，仲乔在西安出资办理《正报》，政治立场中立，言论公正，不偏不倚。谈话结果，我以西大经济系名义，在该报出"经济周刊"，随后我又不经该报印刷，自行出版《经济新潮》季刊，这是我到西大最后一年的文字因缘。除上述两个刊物外，我未在其它报刊写文章，这也是素来的态度。

其二，龚孟希◇◇专研究中古以来欧洲战争史，以当代孙膑自许。我观其作《登慈恩寺塔》古风，意境颇新。

其三，当时时局动乱，是非不明，青年学生醉生梦死，其品学兼优者尤属寥寥，唯经济系学生王敬栋，行谊卓绝，可风，堪称出类拔萃！

先是，经济系一群学生群队回乡，经河南到山东，其中一人忽患重病，偃卧旅社不能行动，王敬栋怜其病困，乃设法医治，并护送其回家。由于战时交通困难，比及返校，已逾"旷课不得超过五分之一"的规定。教务处照章给予开除学籍之处理，同学不平，再三申诉，无效。我乃致函教务处，表扬王敬栋的侠义行为，并以己之去就力争。校长无奈，重新召集会议，再开讨论，结果一致同意我的提议，恢复王敬栋的学籍。

其四，西大学生刘淑端，阜阳人，一九四六年暑假西大毕业，成绩优异，名冠全级。原定回安徽省亲，由于抗战交通阻断，流寓西安。夫妇二人及小孩均无法生活，经济困难到达极点！她租住小南门外柳树林一座土窑安身，窑深五尺，阔三尺[1]，仅铺一木板，以蓆为门，遇雨则积水倒灌入窑，不堪立足。她于一九四七年间即写信给我，请求介绍工作，我乃向学校推荐，因竞争助教者有十余人之多，西大当局颇难应付，故而久延未决。我一再向学校争取，

---

[1] 抄件有疑存，询之于刘本人，回忆当时境况，略有出入，刘言："租住西门外一间简陋而狭小的民房，屋内仅铺一床，拥挤不堪，遇雨天屋面还漏雨，简直不堪立足。"

经过一月始决定任刘为经济系助教。刘收到聘书，大喜过望，嫣然一笑，立即到经济系办公室上班，并即迁进教师宿舍安置。其夫王昭洲亦因我之介绍找到工作。刘对此事感激不已，我亦自认为，平生助人为乐，为学生介绍工作等事甚多，但以此举为最称心快意。刘淑端进校后，成绩优秀，由助教升为讲师云。

溯自我居城固前后八年（一九三九至四六年），个人的学术生活与政治完全隔离，足迹未出县城，亦未到过西安一步，此次路过西安被留暂住实属意外。

先是在成都时，大学方面早已预将下年度聘书送我，坚约我长期留成都讲学，但我事先已应湖南大学之聘，情不可却。当时东去交通阻梗，不得不绕道西安南行，乃决定经西安回长沙。不料此事已为西大方面所探知，过西安时，西大学生结队到旅次向我请求先到西北大学新迁校址稍作休息，西大当局亦纠缠不已，我乃勉允其请，表示可短期留居西大，俟系务安排就绪后继续南行。

留住西大原属暂时之计，西北军政当局屡下逐客之令，亦被西大员生顶回。

我在西大半年期间，埋首调整课程，安排系务，完成讲稿，并未出校门一步，但当地党政军界、权门鹰犬东厂西厂，虎视眈眈，令人如坐针毡，寝席不安！同时湖南大学方面，先后来电敦促启程，履行聘约，急如星火。

湖大六年

南归故乡

至一九四七年冬十月,西大校长另换马某,陕西人,此君庸碌无能,但是非常奸滑,结党营私,妄想在西大实行"门罗主义",排斥外省籍教员,结果学潮迭起,全校优良师资均不自安,我乃慨然有南归故乡之意。时东面铁路轨道已断,西路栈道阻塞,我乃决计南行飞渡秦岭,经武汉到达长沙。临行通过张石田教授向航空局买得三个座位。当时乘客拥挤,顺序排队,动辄数月才能得到座位。西安至武汉票价每人四百五十万元,三人合计千万余元,行李附载二十公斤免费。第二天拂晓前起飞。乘客由于想减少行李过磅重量,故身上的衣服特重,并背一个大口袋。有些人把大量钞票缚于腰间、腿部,行步蹒跚,登机困难,令人发噱。

一同乘机南下除医学院院长汤教授夫妇外尚有其他众多人员。早上五点钟大家即登机。登机后情绪紧张,默无一言。机上服务员告知大家,镇静,不要惊慌,一切要遵守秩序,各就各位,肃静无哗。每人发给糖果食品一袋,并嘱大家紧靠椅背系好安全绳。马达开动后,飞机开始在跑道上滑行,约几分钟后,突然大吼一声,机身渐渐凌空而起,越飞越高,顷刻便升入高空,但见城廊人民,山河大地悬在眼底。飞机渡过南山秦岭时,上面是晴空蓝天,脚下却铺着一片片白云,层层如同绵絮,十分柔和幽静,十一点飞过云梦泽上空,只见薄雾浸空,郁郁苍苍,顷刻间便飞临汉江平原。但见川原山岳起伏，蜿蜒如同蚁蛭，渡长江时低飞在数百米上空，地面牛群、水车如同儿童玩具，观此，心情为之一畅。

全机乘客见到了徐家棚附近的机场，大家如释重负，心情愉快，开始谈笑。医师笑谓，这叫做"起死回生"。其意为乘飞机起飞时即是向死路迈进，而回到地面上也就是回生了。十一点半，飞机在机场安全着陆，全程亦告结束。

我在徐家棚机场着陆后，即由航空公司派专车送往黄鹤楼大旅社。我自一九二七年离开武汉后，二十年后之今日重来，见山川如旧，人面皆非，乃登黄鹤楼、晴川阁，游览三日。再登火车，得到软席座位，向长沙进发。翌晨火车到达长沙，在小吴门车站下车后，先雇车到犁头街湖南大学办事处接洽，该办事处负责人即电话通知湖大派人来长沙迎接我到校安置。于是我全家渡江，被引导到湖大教授宿舍，住在至善村五号。

我到岳麓山次日，气温突变，连晚下雪，漫山遍野冰雪弥天。清晨，我携全家步行登山到山顶云麓宫赏雪。我自一九一七年偕润之登云麓宫踏雪，转眼亦三十年。面对城廓依旧，物换星移，不禁百感交集，乃赋诗一首，诗云：

云麓宫前树，山河劫后身；陵埋金剑锈，户沸诵弦新。
水落蛟龙远，峰回雁阵亲；山河频北眺，风雪怅归人。

返归宿舍，当地报社记者段梦辉来访，顺便将《重登云麓宫》诗在《湖南报》刊出。于是旧友纷纷来访，一时聊破沉寂。

我到岳麓山后，西北大学学生数人随我转学，如段开秀、龚一华等。段开秀参加湖大转学生考试，成绩最优。在湖大毕业后，分配在东北工厂工作，这年他在我家住了一个学期。

我在湖大，课务清闲，以讲学著书为务，当时刊行《中国国民经济史》上、下册,《史学论》[1]一册,《欧洲经济政策》一册,另其它讲稿几种。

湖南大学校长胡庶华,字春藻,湖南攸县人。中国首届留学德意志学生,学习冶金专业,誉望甚高。其办学精神极嘉,求贤若渴,大公无私,并实行民主治校。因此,湖大教授阵容整齐,著作如林,名满海内。

校内名教授数十人,分住至善村、麓山馆、稻香村、枫径亭等处宿舍,待遇优惠,生活无虞;故学术空气极为浓厚,学会组织遍满〔布〕校园。教授中与我往还较密者有下列诸子:

杨遇夫(树达,长沙)中国语文系主任;

谭戒甫(长沙)经史名家;

李祖荫(零陵)留日,法律学系主任;

易鼎新(醴陵)留美,电力学教授;

何之泰(安徽)水利系主任;

文斗(长沙)留英,机械系主任;

潘源来(浏阳)留英,经济学专家;

曾昭权(湘乡)留英,电机专家,系主任;

唐艽荪(长沙)数学家。

我在湖大任教期间,先后担任经济系主任、校务委员会教授代表、全校学习部主任等职。

一九四九年十一月一日,外孙女星原出生于岳麓山至善村。

国立湖南大学"马克思列宁主义学会"

解放战争后期,在当时的湖南大学曾经建立一个"马克思列宁主义学会"。学会在团结湖南大学的上层知识分子,研讨、宣传马

---

[1] 《史学论》可能是《经济史学原论》之误。

克思列宁主义等方面，都有着明显的作用。我当时正在湖南大学任教，始终参与其事，现就回忆所及，对当年马克思列宁主义学会的建立、成员、活动及历史作用等方面情况做一简单介绍，脱漏、错误之处在所难免。求正于广大读者。

一、学会成立的缘起。

我于一九三五年起在开封河南大学经济系任教，讲授的课程是经济科学类，其中有一门叫做"社会主义与社会运动"。未几，日寇进犯中原，河大南迁，先到豫南鸡公山，为时一学期。后北平各高校亦部分南迁，遂转抵陕西城固，成立了西北联合大学。一九三九年我应西北联合大学之聘，一度担任经济系主任。城固地处偏僻，对外联系与交通均阻塞，加之日本侵略者实行经济封锁，致使物质生活十分艰难，但师生仍在困苦环境中坚持教学活动。

我在西北大学十年，教学而外，主要工作为从事建立中国经济科学的学习活动，略有成效。一九四五年日寇投降之后，我应湖南大学校长胡庶华之邀，由西北大学回到湖南长沙，亦执教于经济系。

湖南大学的前身是岳麓书院，如上溯到古代之岳麓书院则至今已有一千年历史了，是中国历史最悠久的一座学府，科系众多，组织完善，教师阵容亦颇强大。经济系又是一个大系，师生人数很多，教课人员队伍比较充实。到一九四八年夏季，解放战争已近尾声，长沙城内革命与反革命势力的斗争格外激烈；国民党反动派面临覆灭，图最后的挣扎；我地下党组织活动更加活跃，和平解放正在酝酿之中。此时，岳麓山下的湖大校园里的政治形势亦有变化。一些思想比较开明的老教授及中年教授，常常暗中聚集一处，互相交换对于时局的看法，交流从多种渠道得来的解放战争胜利消息，更三三五五在一起预测将来解放以后的情景，自然也就涉及对我党的理论基础——马克思列宁主义学说的探讨。这一切虽是自发进行的，却萌动着一种新的政治倾向与要求。这些，都使我们深深感到有引导和提高这些认识的迫切需要。于是,以我所在经济系全体教师为主,发起了组织湖南大学马克思列宁主义学会的活动。这一行动获得了校内许多方面的支持,随即广泛地联合了全校十几个系的教师,大家共同努力,建立起一个规模很大的学会,全名即是"湖南大学马克思列宁主义学会"。这个学会旨在提高会员的思想,宣传、普及马克思列宁主义的学说。在这些方面,它都是与一九二〇年建立的北京大学马克斯学说研究会一脉相承的。

北京大学马克斯学说研究会在全国范围内有深而广的影响。后来会员发展到几百人,分布在全国各地,其中很多都成为工农革命运动的先行与领袖,对中国革命起了相当大的作用。虽然北京大学马克斯学说研究会自从一九二六年九月起,我离京南下往沪、汉等地工作以后逐渐停止活动,但后来在学术界、思想界与全社会均受到许多人的深切怀念。这次湖南大学的马克思列宁主义研究会中,也有一些昔年北京大学马克斯学说研究会的会员。

二、湖大马克思列宁主义学会的成员。

湖南大学马克思列宁主义学会的组成以教师为主体。学会发展很快,开始有五六十位教授参加,半年余即扩大到一百余会员。成员当中除了一些中、外闻名的专家、学者如杨卓新、杨树达、易鼎新等人之外,尚有许多在科学、思想、教育、经济建设等方面虽名不显而贡献却很大的知识分子。学会的发起人是罗仲言、潘源来、杨树达、谭戒甫、侯哲葊等五人。现在我将主要成员的大致情况逐一介绍如下:

易鼎新,湖南醴陵人。经济系教授兼湖南大学副校长。易本是清末时的秀才,后赴美留学,成绩优异,学成归国后曾在安源煤矿任工程师,英文写作及口语均佳。安源大罢工中,他站在工人方面,思想感情上同共产党很早即有某些相通。罢工结束后,易亦离矿,后到湖南大学任教。易鼎新生性沉默寡言,少交游。我到湖南大学之后，他极表欢迎，知道我曾亲自参加秋收起义，很是感动，对当年斗争种种情况极有兴趣，一再要我细谈。易居至善村，与我住处望衡对宇，课余之暇，常相过谈〔从〕。易夫人王氏亦好客，恒云："易先生不好应酬，独乐与罗先生对坐倾谈，乐而忘倦。"易先生博学强记，少时所读经史子集多能背诵，某次学校招考新生，我二人同室阅卷，易朗诵《货殖传》，不遗一字。平日生活刻苦，每去长沙市内开会、办公，均坚持步行不乘车，常常手持雨伞，经返渡河，无论阴晴雨雪。若归家过晏，则由家人到河畔迎候。建国初期，一次易先生到北京开会，邂逅刘少奇、李维汉等，多年阔别，叙旧移时，谈话中对方偶询及我的状况，易乃告之：仲言即为予之好友。李维汉则云"很久未知罗之详情"，因请易先生回湘捎带口讯〔信〕，嘱我将历年撰述整理送中央一阅，易一一照办。中央对易先生德才均很重视，曾要他独力承办电力学院并任院长，易谦虚、逊谢，辞以"条件不够"，后未果。易鼎新对湖南大学马克思列宁主义学会是全力赞助的。

侯哲荖，湖南长沙人，合作系教授兼系主任。一九二六年曾受党的教育，曾赴日本考察农村经济及合作，并曾在上海各大学及重庆大学教授。侯是马克思列宁主义学会发起人之一，并草拟马列主义学习提纲，自任主讲。并曾对马克思列宁主义学会的成立发表一篇专论，多次出版著作廿余种，皆独立运思，面向未来，成一家之言。（长期研究民族学，善思考，颇有独特见解，是马列主义学会发起人之一。曾对马列主义学会成立发表一篇民族学专论，后出版了这方面的著作。）

李达，湖南零陵人，曾留日，经济系教授。李达生于一八九〇年，我到湖南大学时他已近六十岁。早年，他在书斋里埋头学问，主要是译日文著作。一九二七年大革命失败后脱离革命，后又回到革命阵营，曾任湖南大学、武汉大学校长。李对建立马克思列宁主义学会很重视,当我邀他出席成立会时,他说:"这件事只有我们能做,你有这方面的条件,别人恐怕号召不起来。我支持你,成立会我一定来参加。"他果然参加了成立会,并在会上做了发言。

（关于李达还想赘言几句,李在湖大,所用之人良莠不齐,其中有些人想通过他获得利益便包围他;另一些人出于嫉妒,认为他没有贡献,没有革命斗争经验,又无实权,不应当校长。因有些纷争,导致了后来湖大的解散。李达出身中小地主家庭,本人授业多年,生活安定,小有积蓄,十年动乱开始以地主头衔被斗致死。据云当时润之在东湖,李曾写字条求救,因消息迟到未获解脱。）

潘源来,湖南浏阳人,曾留英,经济系教授,也是马克思列宁主义学会发起人之一。潘著有《政治经济学》,由湖南大学出版。

李祖荫,湖南零陵人,曾留日,湖南大学法学院院长。曾任湖南省教育厅厅长,任期内并请我到省教育厅讲学。后离湘去北京。（祁阳人,留学日本庆应大学。）

罗仲言（章龙）,湖南浏阳人,经济系教授,后期兼任系主任。是马克思列宁主义学会发起人及主要负责人。

谭戒甫,湖南湘乡人,文学系教授。著作不辍,对中国学术界有突出贡献。谭系将门之后,少年英俊,风流倜傥,自言曾任湘军某师团长,后弃武习文,折节读书,并自修德文,在湖南省第一届留学生考试中名列前茅,但因辛亥兴起、政治变革而终止出国留学。遂转入教育界,先任长沙第一师范教员,毛润之、萧子升等皆出其门下。后辞职出游,往大西北,任西北大学教授,再应聘来湖南大学。戒甫博学多能,且精通诸子百家,其所考订之墨子、老子的文章,为士林传诵,从学者甚众,每一登坛讲演,座无虚席。谭戒甫教授亦是马克思列宁主义学会发起人。

杨树达（遇夫）,湖南长沙人,曾留日,文学院教授。遇夫先生学识渊博,著作等身（参见《杨树达先生年表》）,平生致力于文字学，年高德劭，海内外知名。先生在湖南大学曾倡议并组织"知新学会"，本"温故而知新"之意研讨中外各项新学，成为在湖南大学颇有影响的一个学术性团体。马克思列宁主义学会的成立，杨先生参与发起，全力支持，并带领知新学会全体成员加入马克思列宁主义学会。先生对于所有有利于建立新中国、新风尚的活动均极力赞助。曾记得某次雷雨之夜，岳麓山自卑〔碑〕亭附近有天外飞来之大块陨石伴大声坠地。杨先生曾对我说："这是一次人生奇遇，难得碰到，定是天外飞来，可惜我于此道很少研究。不过，据此看来，难道岳麓宫下的飞来石就不是真的吗？难道都是荒唐无稽的吗？"我们一同观看陨石后，先生又说："大家都以为陨石不过是顽冥之石，我想，有可能是星外的使者，但我们还不认识它。安知其中不包含着知识、消息之类？只不过我们暂时看不出来罢了。"先生对于这一自然现象的评论在今日固然并不罕见，但四十年前一位中国文字学者能有此大胆的、新颖的见解，已是很不平常的了。特别要指出的是，解放全中国时，先生已年近花甲，但他的思想仍能跟上时代步伐，产生了很大的变化。如在一九五一年十月一日长沙市举行国庆游行之时，杨先生曾往观，归来作诗一首，题为：

一九五一年十月一日长沙市观国庆游行行列，喜赋
热泪纵横不自休，暮年喜见此年头。
夜门兀自无人闭，谷粒都归种者收！
淮水安澜赓大禹，夷人授首洗前羞。
平生梦想今都现，笑口嫣然待首丘。

诗句中，可以感觉到一位老学者对新中国的无限热爱与自豪感情。近日我曾见到杨先生的后人，据云先生遗著已将大量重印，我亦为之庆幸。

（杨先生博学能文，著述等身，驰誉海内外，其治学精神、道德风尚……我们之间，交心若同金石，谊兼师友，析疑问难，深受教益。先生轶事，制礼在乐，代有新人。同座熊知白、戒甫教授深趋其旨。一九四一年当时以杨先生为主导的中文系老师组织"有知新学会"，会员均属一代学人，知名当世。）

马恒儒，湖南长沙人，矿冶系教授，湖南大学副秘书长。曾任太阳学社主任。

阎金锷，山东人，文学院教授。青年文学家。

雷敢，湖南浏阳人，历史系教授。著作甚多，对中国史学界有很大影响。

涂西畴，湖南澧县人，经济系教授，中共湖南大学党委副书记。

文斗，湖南宁乡人，机械系教授。曾留英。

江之泳，湖北汉阳人，政治系教授。

康辛元，湖南衡阳人，湖南大学教务长。

向郁阶，湖南长沙人，经济系教授。

汪诒荪，安徽怀宁人，历史系教授兼系主任。湖南大学大课委员。

何之泰，安徽人，水利系教授兼系主任，攻水利桥梁专业。新中国成立后，修建武汉长江大桥时他任总工程师。

唐炳亮，广东中山人，曾留英，经济系教授。著有《统计学》。

陈绶荪，湖南澧县人，曾留日，经济系教授。编有《社会科学辞典》，流传很广。是学术界知名人士。

杨丙炎，湖南长沙人，曾留法，经济系教授。

秦佩珩，山东济南人，经济系教授。

刘光华，湖南长沙人，曾留日，经济系教授，兼教务长。

姜运开，湖南宁乡人，文学院教授。著有甲骨文、金文、竹文等专门著作。

曾昭权，湖南湘乡人，电机系教授。文学方面亦有专长。

刘克俊，湖南浏阳人，曾留德，法律系教授，对民法有很高的造诣。

王觐，湖南浏阳人，法律系教授，有名的刑法专家。

彭师勤，湖南衡阳人，合作系教授，合作金库主任。

皮名振，湖南长沙人，曾留美，历史系教授。

皮名举，湖南长沙人，曾留美，历史系教授兼秘书长。

魏文梯，湖南长沙人，曾留英，化学系教授，曾任总务长。

杨卓新，湖南新化人，曾在湖南长沙实业学堂机械科毕业，执教于某县中学。一九一三年应湖南留学生考试，数千考生中仅取留西洋学生二十四名，先生列为第一。留美计六年，获数学博士学位。继赴欧洲深造，曾先后就读于英、法、德之有名学府。一九二三年得与爱因斯坦会晤深究讨论"相对论"之观点。一九二四年回国，一九二五年省立湖南大学筹建时为理学院院长兼数学系主任。同时从事哲学研究，发展了"相对论"，学术方面有不少创见。曾代理湖南大学校长，深受师生爱戴。

戴桂蕊，湖南长沙人，机械系教授。

戴耀本，湖南长沙人，水利系教授。

柳士英，湖南长沙人，土木系教授兼系主任。

黄建平，湖南萍乡人，合作系教授。

周传璧，湖南平江人，矿冶系教授。

萧伊莘，湖南长沙人，数学系教授。

周林，湖南平江人，经济系教授。

胡代光，湖南长沙人，经济系教授。

陶继侃，湖南长沙人，经济系教授。

陈则民，湖南长沙人，中文系讲师。

姚㹠元，湖南衡阳人，水利系教授。

以上四十余人,是我记忆所及印象较深者,其余则因岁月流逝,文件散失,沧海遗珠,未能全记。

(王舒,公共课程德语教师,王壬秋(王湘绮)之孙,杨度(晳子)之外甥,与罗仲言、江之泳往来甚密,交谊素笃,共同在至善村小组学习。)

三、湖南大学马克思列宁主义学会的组织机构。

马克思列宁主义学会成立之后,经过大家选举,产生了一个领导小组。领导小组由九人组成,成员是:

李达、易鼎新、侯哲荞、李祖荫、谭戒甫、马恒儒、阎金锷、江之泳、罗仲言。

学会并选举书记一人,由罗仲言担任。

四、湖南大学马克思列宁主义学会的活动。

湖南大学马克思列宁主义学会的学习活动大致上仍遵循当年北京大学马克斯学说研究会的方式与内容。有如下几项:

1. 按系分为学习小组,作为学会展开学习讨论的基层单位。

2. 定期举行各小组的联系会议。会议除研讨学会事务之外,也组织共同的学习。

3. 参加大课委员会,听取各类报告、讲话。曾请到刘咏世同志讲当前形势。同时开展讲演活动以交流学习成果。如一九五〇年二月二十五日在学会第三次小组联合讲习会上,李达即以《如何研究马列主义》为题做了讲演,讲演全文刊载在一九五〇年五月十七日(星期三)《人民湖大》报第三版《大课堂》栏内。请参见附件二。罗仲言亦做了《论社会主义经济计划的本质》报告,见附件三。

4. 翻译马克思列宁主义经典著作及有关传记等,由罗仲言、潘源来、唐炳亮、江之泳等教授负责主编。

5. 开展辩证法的学习。曾由侯哲荞执笔编写了《辩证唯物论表解》,侯并担任主讲。(《辩证唯物论表解》见附件一)

6. 加强时事学习。主要内容为收听新华社广播及中共中央发表的重要文献以及新中国成立后的政纲、政策等。

7. 自一九四九年起，学会经常组织会员讨论社会主义新中国的建设问题。会员们以本专业本单位为基点，广泛地研究探讨中国的政治、经济、法律、文化、艺术与教育等方面的实务问题，并纷纷著书立说，以申述本人的见解，希望为建设社会主义的祖国略尽微薄的力量。

在此，我将一次很有意义的学习会的情况介绍给大家：

在一次座谈当中（当时大约是湖南大学接近于解散前不久），考虑到新中国不久即将完全统一，以后更多的新问题还会发生，座谈中心便集中在"中国的昨日和明天"这一点上，更有会员认为，古往今来，以"明日"最为重要，且如果对明日的中国问题漫不经心，将来定会陷于被动地位。正如过去旧社会对中国的历史缺乏知识所造成了后来种种的错误一样。于是座谈便以此为题在半山亭进行。

出御书楼北门，绕行而东，渡枫经峡，拾级而登，行约百米，便达半山亭。半山亭，四面环山，小溪流水淙淙有声，愈觉幽静，令人难忘。更可怀者，几人围石凳而坐，自由自在，围绕着若干大大小小的话题，各抒己见，自鸣天籁，颇有兴味。时某教授自告奋勇为座谈会做记录，可惜当时日记后被散失，未能详述。

8. 为巩固学习的成果，会员的科学著作可以公开出版。如笔者即在此时期出版了《社会主义计划经济理论》（编入湖南大学丛书），《中国国民经济史》（收入大学丛书）等。这项工作还取得了更多方面的支持。如毛岸英即由北京亲笔来信提供资料。说："苏联国民经济领导研究提纲是苏联共产党中央最高党校学习提纲之一，因此没有这么一本'原书'，而仅有好几十种讲授'原文'，尚文有中译、英译，德译我想也没有。"并说"研究苏联经济各项问题，不懂俄文是颇困难的，因为丰富的好材料都是俄文。译文有一些，但还少，且不够及时,热望下最大的决心把俄文学好。"还表示"等到能自由看书的时候,我可以介绍一些俄文材料。"(引文摘自毛岸英就学习问题给笔者女儿罗梦平的亲笔信,原件存中国革命博物馆。)

9. 参加社会调查研究和大型政治活动,以促进理论与实践的进一步结合。这当中,意义深远、规模较大的活动即是湖南大学师生参加土改工作。马克思列宁主义学会成员更是主动争取投入土改。

10. 湖大马列主义学会会员应邀外出讲学。接受此项邀请的会员颇有几人,我也是其中一个。

五、结语

在湖南大学组织马克思列宁主义学会的时期,生活内容丰富,我个人的学识与阅历亦大有提高。前后七年的湖大生活占我一生中极为重要之位置,故当时所见所闻所为均历历如绘,一时实难尽述,以后当陆续整理刊布以飨读者。惟此处不能不对湖南大学马克思列宁主义学会做一肯定的小结。

综观我以上述及之极不全面、不系统的情况,可以断言,马克思列宁主义学会在其短短几年的存在当中,是有着巨大的影响的。它所处的时代正是新中国取代旧中国、国家与人民的命运由黑暗转向光明的关键时刻。面对促成这一转变,提高人们的思想觉悟,调动广大人民群众(主要是高等院校上层知识分子)的积极因素,直接、间接地参加新中国的思想建设与经济建设等等方面,均起了不可忽视的作用。尤其是团结、提高从旧中国过来的高等知识界人士方面,成绩显著。因此,我们认为,湖南大学马克思列宁主义学会是时代的产物,并反转来促进了时代的进程。

其次,马克思列宁主义学会是一个在中国发展马克思列宁主义学说,进一步以马克思列宁主义学说指导中国革命与建设,使马克思列宁主义同中国革命实践相结合的承前启后、继往开来的组织。如果说,距此三十年前的北京大学马克斯学说研究会是具体以马克思主义指引中国社会主义革命的话,那么,湖南大学的马克思列宁主义学会就是具体将马克思列宁主义用于指导中国社会主义建设实践的良好范例。它的历史作用更是人所皆知的。

我撰写本文的过程中,因材料很多,不可能全部整理出来,匆匆写成更难免挂一漏万,且年深日久,记忆亦多有不周之处,敬请各方面的读者不吝指教,更希望健在的当年会友批评指正。

校外活动

一九五〇年,山西大学曾约我至太原讲学,山西大学校长赵宗复、王任之、系主任刘君,均旧识。

我应邀赴山西大学讲学一事,见于一九五一年一月十五日山西大学《学习报》第七期第二版,有报道题为"湖南大学教授罗仲言来校讲学,讲课计划经济的理论与应用"。正文略云:

> 湖南大学国民经济计划原理教授罗仲言先生应铭贤学院与本大学之邀,来晋讲学。一月九日为本大学财经学院及会计统计班全体同学报告。题目为:计划经济的理论与应用。首先讲述社会主义计划经济的几个法则,其次讲苏联实施社会主义计划经济的过程及经验。最后讲中国如何接受苏联经验,结合本国的实际情形,从事新民主主义的建设,逐渐走向社会主义的道路。

这次赴晋讲学系由山西大学将邀请我的要求向湖南大学提出,获得湖大允准后我始北上。在太原时得晤赵宗复(山西大学副校长,赵戴文之子),赵设筵为我洗尘。向我谈及中国革命后应兴应革诸项问题。我说,此课题甚新,现在还没有这方面的行家。国家大政,差之毫厘,谬以千里。大炮固然可以攻城略地,但主持教育不会如此简单。要解决问题必须虚心学习,不激不弛,才能奠定国家如磐石之安。两人交谈甚洽。宗复为人，抱负非凡，又年富力强，极有远见。平时上下班均以自行车代步，衣履朴素，生活简约如平民。而好学不倦，所提问题均有远见。曾劝我留居太原，不必南返云云。

在山西又会晤了田子方教授。田教授为我在巴黎时旧相识，主持铭贤学院教务，对我优礼有加，极尽东道主之谊。其夫人赵女士文化水平甚高，伉俪极笃。我做客虽久而礼貌不衰。时可南屡来电催我南返，彼夫妇亦再三强留，盘桓多日。

我留太原月余，除讲学外，便与师生座谈时政，漫话个人学习生活。记得讲课时有一女生，每课必到，坐在前排，用心听讲认真记录。课毕时，她通过某夫人自言愿随我南归，转到湖南大学学习，其同班同学亦多提出同样要求，但限于规章制度，未能一一照办，学生均表示遗憾。

我到太原山西大学住了一个时期，同时当地太谷铭贤学院亦邀往讲学四星期。太谷是明末李自成辇金散失之地，故而也是近代中国金融重镇，钱庄、票号，汇款业务最早起源的地方，全县乡村一律是砖瓦洋房，与广东中山县情况相仿佛。

铭贤学院是美国教会动用中国庚子赔款数十万美元开办的，主要是用以纪念庚子年在山西遇难的几位教士。学院建筑豪华，号称"小燕京"。南院有墓园，内有庚子死难的八名外籍男女教士。坟墓上各有中西墓志铭石刻一块，详纪死者生年死日及死事经过。

铭贤学院院长田子方，山西五台人，原为法国巴黎大学留学生，风流倜傥，博学多闻，好交游。其夫人赵妙容为当地幼儿院院长。田子方家传古代西夏（赵〔李〕元昊）时代制钱一枚，据国际考古专家鉴定，该钱币在国际考古市场为绝无仅有之珍品，该西夏古钱一枚可值美金五万以上。我观该钱，比唐通制钱稍厚，古色古香，光泽夺目，铸有西夏文年号。我乃笑向田云："'匹夫无罪，怀璧其罪！'先生应注意及之！"田笑答："'三军可夺帅也，匹夫不可夺志也！'"田之为人机警善辩，如此风趣，可见一斑！

我在山西大学讲课时，有该校女生常媖在座听讲，我在山西大学讲课结束离校时，常媖又随我到铭贤学院听其讲课，每堂课必做笔记。我离开铭贤学院时，常媖向赵妙容表示，愿随我转学到南方。妙容云：常媖家住榆次，生平足迹未尝出乡里，此次忽欲南行，实不可解。我乃央请赵向常媖解说，常终不怿，究不知其故之所在，疑莫能明。

我自山西回到长沙不久，忽一日萧子璋自北京来湖南大学相访。二人自一九一八年北京一别，契阔至今，历三十年之久。相见之下，彼此均甚感欣慰。萧并携苏联籍夫人和年幼儿女来访故乡，惜乎新民学会初期会员已寥寥无几！

萧子璋与我共车到爱晚亭一游，又同访瀂痴寄庐。因无当年向导，到溁湾市附近追寻，亦无处可觅，直到后来才访到新民学会召开成立大会之旧址周家台，并见到当时在会场执事的周家大爹，时年已六十余，拍照留念为别。

参加土改运动

我曾亲身参加实际的土地改革斗争，在此可以做一较为详细的记述。

土改开始之后，湖南本省分为几个区，如常德、湘西、零陵、郴州等区。在一九五二年一月，湖南大学约两千多名师生组成工作队，先后下到各区参加土改运动。

当时我带领经济系等师生二百余人去郴州地区。我去郴州有两个想法：一是当初一九二七年秋收起义时，中央决定我去湘南行动委员会，负责组织武装斗争。正欲动身，中央又通知我速往上海出席扩大会议，国际代表亦有信促行，我因而未能到湘南。后湘南的局势发生于我方不利的变化，又乏人指导与主持工作，以失败终。我拟趁此土改时机顺便考察秋收起义的文物、遗迹，访问有关人物，对当年斗争再作一全面回顾。二因土改是中国一项伟大运动，我也极愿亲自参加。那时我身体本不好，又逢胃病发作，家人亦不同意我去。最后在有关人员的鼓励之下，实现了我的愿望，于是克服了步行几百里的巨大困难，到了郴州地区的宜章等县。

一九五一年我偕经济系教师刘某，工学院教授文斗等率领工作队到湘南进行工作。全体队员一千五百六十人，工作地区是郴州、宜章、桂阳、零陵、酃县、临武等县，都是崇山峻岭，人稀地广，盗匪出没的山区地带。

我在郴州地区共三个月（约一九五二年一月至四月间），后因公事返回长沙。在宜章参加土改，遇到不少险情，但也结识了不少朋友，颇有可记之事。

郴州地区，组织基础薄弱，有些封建势力的武装尚未消灭，仍在作威作福，极端仇视土改运动，计划把土改人员全部消灭以达到其破坏目的。此事酝酿已久，原拟在阴历春节时候发动，由于偶然机会被我们侦知——当地一女教师与我谈话中无意间提及此事——即以迅雷不及掩耳的手段捕捉了该伙匪帮的头子，反革命暴动未能成功。倘若这一阴谋付诸实现，则土改队员就要无一幸免了。

又一次，我居住在某乡乡政府，有巨匪原逃亡在外，某夜忽归家，为邻人察知，该匪乃怀枪闯入乡政府，双方开枪互射，流弹横飞。双方格斗中，我亦从旁相助，卒将该匪击伤擒获。时远近农民闻讯齐集来援，幸好我方无伤亡，未受大的损失，算是一场虚惊吧。

另一次，在四区塘湾乡政府与地主武装发生激战。乡政府有城堡及壕沟，堡内有快枪十支、手枪二支、左轮一支。残余的反动武装来围时，我因昔年曾组织过武装斗争，当即率民兵及学生共同登陴守城，双方互击，敌前哨伤亡三人。战斗一昼夜，城堡赖以保全。

第三天,援兵到达复内外夹击,敌始溃退。此次作战,妇女在后助阵,出力不小。这是土改中一次实际的"武装斗争"。

在肃清残匪的斗争中,我们也牺牲了不少人,斗争十分激烈,但是终于完成了土改的任务,广大师生也从中得到一次实际的锻炼。

郴州地区也有不少古代文化与遗迹。当年楚项羽放逐义帝,即追杀义帝于此,遗留高冢于荒烟蔓草中。女教师萧淑媛曾导游至此,见坟前烧化冥纸者颇众,纸灰飞扬,引人遐思。我二人流连移时,不忍离去。乃赋诗二首而别。诗云:

(一)
斩木揭竿起义军,咸阳一炬漫天焚;
鸿门和战真儿戏,万里南荒此奠君。

(二)
一代兴亡两牧童,墟秦兴楚与谁同?
睅墙自古倾城国,何处彭城觅鲁公。

诗中"两牧童"指楚怀王孙心(即义帝)与刘盆子。

至北宋时,秦观(少游)曾到此留寓多日,临行填词一阕,题为"驿寄梅花,鱼传尺素",为苏东坡所见,二人因此颇有争论。词中有句云:"郴江幸自绕郴州,为何流下潇湘去",涉及之事与物楚楚可见,如闻其声,堪称绝唱。

当地有苏仙岭,高约五百米,其高阜上有苏仙祠,庙祝年已九十,殷切献茶,打卦布筊,说吉道凶,呶呶不休。其间译陈道经义,穷乡僻壤,竟有老聃高徒,殊足为异!庙祝并言邓大壑(仲獬)曾随父住庙中读书避暑,壁间原有联语,因时间匆促,未及细阅而返。

深山有人若此,我居工作队亦见到奇人。一个是老常,河北人,行伍出身,肩背马枪,枪法很准,飞鸟、游鱼,一弹出膛应声而毙,远近皆知,传为"神枪手"。我与他联床共语,十分相投,结成好伙伴,外出则同行,给我印象很深。

另一人亦值得一记。我前曾说过,我在土改队三个月后因公需返长沙,乃独自束装离郴北上。乡政府派一人送我。此人名邓瑛,原系湘南巨匪,杀人越货,闻其名者无不震恐。三年前,他聚徒众千余,长短火枪五百杆,四出行劫不下三百次,并曾在界岭抢劫外国旅客汽车,俘三十余人,号称"临城劫案重犯"。后来经过谈判,招安改编为独立队,但人们犹慑于他的恐怖行径,每每谈虎色变。乡长对他极不放心,再三叮嘱。邓瑛言:"我当年也是替穷人争饭吃,争衣穿,侠义行为名震五岭各县。改编以后,部下分了田地,从此洗手不干了,要干也干不起来了。这都是实话。我是真汉子,不做假事。沿途我保证教授先生安全,如惊恐大驾,我以全家六口生命担保。"乡长乃同意他护送我。邓瑛更向我说道:"'强中自有强中手',先生并非等闲之人,邓某何人,有眼当识泰山。岂敢说谎,自坏名声!"一路上,他小心作伴,将我送到坪石,办了签证,才欣然回去交差。

我率领一队学生到郴县,步行到宜章观音寺,进驻在一座女神庙,开始从事休整队伍,了解当地情况。时正阴历春节将临,队部会议决定,春节度过即开始工作。为欢度春节,加强了伙食组的工作,组织了一个春节文艺队,同时也注意到加强警卫方面的工作。为改善伙食,伙食组派人用手榴弹炸鱼塘,捞了十几条大鱼,又派人进山猎获了一只獐子,以为加餐之用。

正在除夕聚餐即将举行时,忽发现一厨房工人请假回家看母亲,厨工负责人留他不住,那人就匆匆走去。负责人乃另派一伙计带了一些吃的东西去追他。这张伙计与那请假的邓伙计平时很友好,便向邓说,吃的东西是送给你母亲的,并嘱邓说,回家交给母亲后仍回队吃年夜饭。小邓听说很受感动，回答说："我现在并不是回家看母亲，今晚有很重大的事，你对我很好，我说给你听吧，你不必回队了，今晚观音寺四乡农民大暴动，三更放响炮，见工作队的人便杀，一个不留！"小张听罢大惊，乃力劝小邓回队，说观音寺火力强大，四乡农民枪械少，绝不会成大事，并晓以大义，要他立功。小邓应允，乃回队引导武装部队搜查，擒获为首暴动头领八人，又召集农民开会说明经过。一场大乱，便消灭于无形了。

观音寺事平后，我率队进驻塘湾乡公所。这里有几百户人家，三千多居民，田少山多。解放前农民聚族而居，半耕半匪，在歉收年景，男女老幼无不为匪，湘蒲至广东连县公路经常发生劫夺案件，出事地点便在塘湾。他们掠夺的国际列车赃物还存留不少。由于当地居民民匪不分，清除极为不易，每每元憝匪首，犯案以后，匿居外地，便逍遥法外。匪首因有百姓掩护，往来出没村庄墟落间，亦无法捕获，境内金鸡岭匪寨地居湘粤边界，长期无法攻破。工作队进驻乡公所后，以全力搜捕匪首，费九牛二虎之力，始将当地最大匪首集团分化瓦解，歼其渠魁。在双方搏斗中付出很大代价，共牺牲战士四名，农民二名。工作至此告一段落。

我经过半年之久，直到完成工作。一九五一年春由乡公所刘所长、邓福生领四杆火，将我护送到坪石水牛湾，登车返长沙。邓福生为中夏族叔，中途导我登金鸡寨，见悬崖峭壁，上有三个大水塘，泉流永久不竭，中养鱼长数尺，自古以来，号称绝险，不易攻下。

自一九四七年到一九五三年，我讲学于湖南大学前后亘六年之久。一九五三年由于院系调整，我乃离开长沙前往武昌湖北大学任教，继续教授生涯。[1]

---

[1] 作者的回忆录写到此，另有个人年谱，截止于一九七五年，本书未收。

第五部分

附　　录

（计十四件）

【附录一】

《椿园载记》自序

《载记》之作,源于抗日战争时期。时大好河山沦于敌寇,国难深重,展望国家民族前途,令人坐卧不安。中国大革命功败垂成,其前因后果诸问题,亦时时萦回脑际。我从华北开封河南大学西迁汉中城固,执教西北联合大学,每在课余,探索上述问题,并忆录史实,草拟论文,以备遗忘。在城固十年之余暇中,积稿成帙,初步整理得三十万字,其中一部分便是《载记》的题材。

一九四七年,我回长沙岳麓山湖南大学任教,住至善村。乃重访秋收起义诸胜迹。我自长沙参加秋收起义(一九二七年九月),时过二十余年,旧地重游,往事仍历历在目,于是又写了一些资料。适为杨树达教授所见,颇感兴趣,认为所记新颖真实,非局外人所能道,殆属旷代逸史。因劝我赓续勿辍。我决心亲临一九二七年九月间各处战场遗迹,进行考察,于是寻觅附近水陆洲、洞庭庙、牛头洲、捞刀河、猴子石、大托铺、暮云市、麻园岭、识字岭、杨家坟等秋收起义旧址,访问一些健在的有关战士及英烈人物遗属,开拓了新的意境。

一九五三年院系调整,湖南大学解散,我调中南财经学院任教(后扩充为湖北大学),寓蛇山抱冰堂,邻胭脂山(原中共湖北省委所在地),隔江与汉口丹水池、汉阳琴台相望。二十多年前当地乃武汉国共合作政府"京兆地区"。作者时适在中共中央工作,并兼汉口市委书记、中共湖北省委宣传部主任,当年北伐军攻下汀泗桥、克武昌、收回汉口、九江英租界、戡定夏斗寅叛乱、荡平黄安、阳新反革命武装叛乱诸役，作者均躬与其事。

我怀兴奋心情，忆触目惊心之往事，访旧地，探史迹，重履武汉政府所辖三镇地区和长江中上游，东至九江、黄蕲，西达宜昌，南往岳阳与澧县，北出武胜关等地区。在此期间积稿略具规模，乃将全稿分订成册，私心颇觉自慰。

但是这些卷帙，当时无法印行，正不知如何处理。一九六六年七月"扫四旧"运动，动乱中全稿大部散失[1]，多年辛劳毁于一旦，良堪惋惜！但当年斗争史迹和生死与共的同志英雄风貌，仍深铭心版，永难忘怀，乃思重写，以复其旧。

一九七八年夏，中共湖北省委宣传部会同湖北省党校、湖北省革命博物馆、湖北农讲所、武汉大学、湖北财经学院等单位，在武汉东湖翠柳村舍举行座谈有关党史问题，邀我主讲，历时一月有余，事后与会同志朱玉莲、于桔楠、张俊、廖鑫初、张英宣、甘俊、罗梦平、罗星原等，协助我写成了一份《东湖座谈录》。

九月，我应邀赴北京，参加李维汉同志主持、由中国革命博物馆和全国政协文史委员会联合举办的大革命时期党史问题座谈会，座谈至春节结束。会后，革命博物馆同志整理了一份座谈记录稿，其中部分曾发表在《党史研究资料》上。

一九七九年六月我奉调来京后，各省市地区来访的同志较多，谈论的问题尤为广泛、具体，更引起我对当年先行人物的怀念。他们在大革命艰难时期，犹如闪电爆雷、声光灿烂，奇情壮采的英勇史迹，不应长期沉霾。在一些同志的敦促建议下，我才重加董理，在原有工作的基础上重新回忆，补充、整理成《椿园载记》。谨以此书

---

[1] "文革"期间罗章龙曾被抄家，他一九六五年完成的回忆文稿《亢斋载记》散失了一套，但复本尚存。

奉献给我国大革命时期,在中国共产党领导下,为共产主义伟大真理而奋斗、献身的英烈们。

由于时间仓促,本书内容失当与谬误之处所在都有,至希读者不吝指教,以便再版时改正。

在本书整理过程中,曾得到夏立平、黄高谦、赵春濂、季国平、张德忠、高荣光、李峻晨、陈文伟、王庆淑、李长盛诸同志帮助,盛谊至为可感。谨此致谢!

罗章龙

一九八三年九月中秋节,于椿园书屋

【附录二】

罗文虎谈早期五次党代会[1]
（中共一大至五大）

一大

一九二一年暑期将临的时候，我们接到上海方面的通知，要我们派人去参加会议。我们对会议的性质并不如事后所认识的那样，是全党的成立大会。时北方小组成员在西城辟才胡同一个补习学校兼课，就在那里召开了一次小组会议[2]，会上推选赴上海的人员。守常先生那时正忙于主持北大教师索薪工作（原索薪会主席马叙伦，马因病改由守常代理，这次索薪罢教亘十个月之久）。在场的同志因有工作不能分身，我亦往返于长辛店、南口之间，忙于工人运动。张国焘已在上海，乃推选了张国焘、刘仁静二人出席。会上未作更多的准备工作，刘仁静赴南京参加少年中国学会，会后才到上海的。

二大

一九二二年七月中旬，中共第二次全国代表大会在上海举行，

---

[1] 根据作者后人提供的记录件录入，标题是另拟的。因为作者谈话并不集中在一次，记录也不是一次完成的，所以本文的叙述人称并不一致，有时用"我"，有时用"文虎"，均是罗章龙本人。

[2] 罗章龙从未谈及此次小组会的人数，他遗存的其他手稿中另有说明，到会的仅三人：罗章龙主持，李梅羹和刘仁静参加。本文所谓"在场的同志"即指李梅羹一人。

上距一代会恰满一年。在此一年中，中共已奠定工人运动阵地，全党党员约半数在北方，以产业工人比重最高。此次全国出席代表二十五名，其中北方代表有李守常、罗章龙、何孟雄、王俊等八名。

文虎参加二大，时间盛暑，地点上海英界新闸路，日夜开会，文虎与王瑞俊同往。代表坐斗室中，散坐无长桌，陈仲甫时来时去，文虎代执行主席。议案分小组讨论。二大选出中央委员陈独秀、李大钊、张国焘、罗章龙、毛泽东、蔡和森、向警予。

（谈话记录：文虎出席"二大"，很吃香，仲甫很抬他，因为文虎领导工人运动规模较大。文虎是二大主席团执行主席之一。）

三大

三大中央设秘书一职，由党章规定通告须由秘书联署，否则无效，以防独断专擅行为。马林提出，毛泽东附议。陈独秀虽不以为然，但格于众议，不敢申异议。陈有时发脾气便向文虎说："我一切相信你，你代我签字也是一样。"文虎明知这是他的气话。文虎说："我们受大会重托，应该按章办事，否则别有用心的人必乘机进行挑拨离间，将来怎么向全党交代呢。"陈对此事乃不再说话了。

三大选举结果，国焘落选，主要原因除与马林意见相左外，国焘在二七罢工中临阵怯战，仓皇东下，影响士气，使江岸工会支部首先解体，杨德甫等多人逃避庐山。因此，湖北书记部对他啧有烦言，国焘亦自觉无颜见人。

三大会后，他离沪赴京，我去送行。他向我说：他自离开北方后，高高在上，久已脱离罢工斗争，同志对我批评，自属理所当然。这些话可以说当时他还有点自知之明的地方。

四大

伍廷康，太上皇

四大组织变动，虚君共和，挟天子以令各方。

宣传：彭述之、王若飞、郑超麟

秘书：任作民、张伯简

广东：陈延年（南粤王）

北京：刘伯庄、赵世炎

山东：尹宽

湖南：罗迈

共青团：任弼时

上海：汪寿华（何今亮）

个人迷信，家长制形成。

（谈话纪录：陈独秀跟张国焘是又好又不好，要依靠张做事，又怕张跟他抢权，张是个能干人。）

伍廷康说，北方书记部的人不听中央的，什么事自己做主干，事后才跟中央说一声，不听话。请彭述之、尹宽、赵、王若飞合作，陈独秀接受了伍的意见，四大中央让这些人掌了权。

五大前后

一九二七年文虎自上海动身去武汉

上海三次暴动，仲甫、亦农、何今亮（松年）亲自参加会议领导起义，吴淞方面由铁总委员王荷波、佘立亚、黄贺、陈寿昌领导。文虎率武装纠察队从吴淞进入上海区，接应工作。旋因武汉告急，中央决定文虎立即动身由长江水道迅速赴武汉，参加武汉中央分区北伐工作。

一九二五、一九二六、一九二七年棋局分布

广州：谭平山及陈延年
上海：陈独秀、罗亦农、何松年
北京：李守常、范鸿劼
武汉：鲍罗廷、张特立、罗文虎
江西：陈潭秋
湖南：罗迈、夏曦。

武汉中央分局工作人选：全总、铁总、北方区、鄂湘赣省委、两广、皖豫、陕北、陕南省委。

军务委员会：文虎、叶挺、贺龙、李书城、恽代英、卢德铭、罗章凤。

妇联：张金保、向警予、黄英兰、浦熙春、罗湘南、丰正英。

农联：毛泽东、彭湃、方志敏、陆沉、王凤飞、蔡以忱、王仲一、陈荫林、周以粟。马尚德，后名杨靖宇，河南确山人。王力新，信阳人。安徽袁新集、郭术申。

财经委员会：詹大悲、罗泰钧（葛荪）、陈公博、鲁佛民。

教育委员会：李汉俊、陈潭秋夫人[1]、浦熙春、黄国兰、詹太权、谢远定、罗昭吾、李书渠。

劳工部：罗文虎、谭平山、苏兆征、董必武、王荷波、郭亮、史文彬、陈郁。

外事工作人员：张太雷、向警予、黄平、谢黛茜（杭州）、冯品毅（河北）、谢廉清（闵）、范鸿劼、刘昌群、阮永钊、奚真、粟泽。

五大前，沪汉二中央并行不背，以鲍罗廷为首，罗易为副。鲍公馆，政令所出。

---

[1] 原稿无姓名，查为徐全直。

五大后,八七会议罗米那则独裁,双为傀儡[1],全部换班,各级遵命。

中共五大会简述

一九二七年夏大革命面临危机,中共中央为处理当前繁剧革命诸重大问题,遂于一九二七年四月二十七日至五月九日在武昌都府堤市立小学风雨操场举行。此次会议参加出席代表八十余人,代表党员五万八千名,为中共成立以后空前盛会。大会主席团二十六人,大部为工会、农会、武装部队负责干部,代表工农兵革命组织的群众数百万人,其中党所领导的正规武装部队四五万人。大会会场布置庄严肃穆,会场两侧悬有巨幅标语:打倒军阀!打倒国际帝国主义!国共合作到底!争取非资本主义前途!un-Kapitalism 号召全党精诚团结,工农兵团结一致,共同奋斗,肃清反革命一切阴谋与武装暴乱,巩固工农民主政权,进一步促成世界革命!

五大会上,由国际代表做政治报告,大会通过:政治形势与党的任务决议,职工运动决议。关于土地问题决议、农民政纲、青年与妇女问题决议等。

(大会选举中央委员四十人(内候补中委十一人),成立新中央。)五大中央局分工:书记陈独秀,组织王荷波,宣传苏兆征(林超真代),工委罗章龙,农委毛泽东。

在共青团五大会上选出 C.Y. 中央机构,C.Y. 中央负责人为恽代英、李求实、任曙与刘昌群等。

五大会

文虎任一九二七年五大会主席团筹备委员,大会秘书长,湖北

---

[1] 双,阿双,即瞿秋白。

代表团团长。时任汉口市委书记，湖北省委宣传部长，工运讲习所负责主持。大会开幕时，文虎亲自向大会提出大会主席团团员名单，包括陈独秀、张国焘、罗章龙等，介绍简历约一小时，由大会予以通过。文虎是大会政治决议案小组成员（召集人之一）兼职工运动决议案组长及执笔人，大会后任中央工委书记（直至一九三一年止）。

五大会后，在马日事变后，湖南省委涣散，中央特派文虎、泽东到湖南以中央委员身份整理、领导湖南省委及其后秋收起义行动委员会工作。一九二七年文虎出席中央扩大会议后，继续留在中央任中央工委书记兼全总党团书记直至一九三一年一月止。（十一月扩大会议多数人关于组织纪律问题受到处分。）

当时，中共面临国际帝国主义与中国军阀的残暴统治，在极端困苦的条件下，历艰冒险，为争取自由民主与改善经济、政治生活进行不屈不挠的斗争，积小胜为大胜，不断累积斗争经验，终于推动革命局势发展，群众组织力量达到一九二五年到一九二七年革命高潮，建立了中国第一个国共合作的革命政权，并实现收回汉口、九江英国租界，对内实行国民革命三大政策，公开提出争取非资本主义前途。这是中国共产党领导的光辉史绩，这是中国近代史上划时代的伟大创举。

中共五大会

我曾参加五大会任主席团主席，大会秘书长。大会开幕时执行主席任务，提名通过主席团名单。会场布置主要标语：国共合作到底，争取非资本主义前途。文虎、润之在会场同坐中排凳上，由仲甫做政治报告。陈穿黑色短衬衫，带红领巾（红领结）。罗易、汪精卫、谭延闿均列席参加开幕式，毛泽东当选为五大中央委员。

开幕后中间有几天我因省委事忙，又到过前线军中去慰劳，所以有时缺席，对会场发生过的事不甚清楚，如毛被取消代表资格。

（文虎五月间前后曾同润之登黄鹤楼观江景作词。）

润之三大、四大、五大均为中委，《农民运动考察报告》最先发表在党主办的《中央日报》，有单行本，是非常重要被重视的文章，当非因此而受到排挤。

【附录三】

力争紧急会议反对四中全会报告大纲

（一九三一年一月）

为彻底肃清立三路线调和主义坚决执行国际路线而斗争！

正当中国革命新的高涨的生长时期中，中国革命迅速发展的进程是愈加重了我们中国无产阶级政党的任务。不幸，在这个时候党的中央立三路线发生了根本原则上的完全离开马克斯列宁主义离开共产国际的路线，造成党中央领导的破产，革命的巨大损失！

全党同志为端正党的领导，保证无产阶级领导中国革命的迅速胜利，站在布尔塞维克的立场上坚决与非无产阶级的立三路线及其拥护者做无情的斗争。在这个长期斗争的经过中，是已遭受了立三路线与调和主义顽强的抵抗，并遭受了他们的种种无耻的欺骗和诬蔑。在紧急会议被破坏四中全会举行之后，立三路线中央的背叛阶级利益的罪恶是愈加彰着了，全党同志为国际正确路线而斗争也就是为阶级革命胜利而斗争的责任是更加严重！

因此，每一个布尔塞维克的党员，在今天应该有一种严重的责任，为肃清立三路线及调和主义，团结得像一个人一样，勇敢坚决为着国际路线而进行布尔塞维克的斗争！

（一）反马克斯列宁主义反共产国际的立三路线是完全破产了

中央立三路线是反马克斯列宁主义反共产国际的路线，立三路线统治着全党已经发生了很严重的结果，使党与革命受到不可计算的损失，这证明中央的立三路线的领导现在是完全破产了（至于立三路线的实质、历史根源及其对于党与中国革命的恶果，参看另发之材料，此处不重述）。

（二）三中全会的调和主义比立三路线更加危险

中央立三错误路线曾经过共产国际的指斥和党内同志不断的反抗，但是中央始则用顽强的态度敌视共产国际的意见，用家长制度惩办手段压迫党内同志的自我批评。后来国际一九三〇年七月间中国问题决议案等来到中国之后，中央召集三中全会。在三中全会上中央更狡狯地模糊混淆着两条原则上不同的路线（国际正确路线与中央立三错误路线），硬说过去中央路线与国际路线完全一致，同时否认立三路线的存在，对于全盘皆错的六月十一日中央决议还认为是正确的；又在三中全会根据立三路线补选新的中央委员与政治局委员。因此三中全会是公开保证立三路线继续执行，是更加有力阻遏党内同志反立三路线的运动。所以三中全会的"调和"主义只是立三路线的变本加厉，只是扩大和延长立三路线的恶果，只是推迟了对于国际正确路线的执行达六个月之久，增加党与革命更浩大的损失，是比过去立三路线还更危险的东西。

（三）三中全会后有系统地重复做着许多错误，继续执行立三路线反对国际路线

三中全会闭幕后，共产国际最后寄来一封长信，当时党内同志反立三路线及调和主义的斗争在全党已经到处普遍起来。中央一方面是用压迫手段阻挠党内同志反立三路线的运动，另一方面是用挑拨离间的造谣诬蔑对付一般积极反立三路线的分子，但是结果都归无效。中央受着党员群众的威迫不得不从事修正三中全会决议，做出更无耻的几次补充决议。中央在十一月二十五日补充决议说"三中全会路线是一般的接受了国际路线"，禁止讨论立三路线并限制国际来信及二十五日决议只可达到地方党部，在九号补充决议仍然掩饰调和主义的更大危险性。在九十六号通告仍然是一贯的调和主

义,只是表面上承认立三路线的错误,纸上接受国际正确路线,在消极的承认中央政治局的错误的时候,根本抹杀了反立三路线与执行国际路线的实际任务,取消了国际来信所指示的各项迫切任务的主要内容(如苏维埃任务、目前政治形势与党的任务等)。同时对于立三路线只是片面的认识(认为只是盲动主义的残余),立三路线与调和路线对于党与革命的损害估量得非常不够与模糊,尤其错误的是认为反立三路线便包含两条战线的斗争的右倾观念,松懈了对于党内主要危险的右倾的攻击。至于三中全会后,党的中央仍然继续立三路线的统治,中央在这期间是自觉的有系统地重复做着许多错误,没有丝毫诚意的接受国际路线。

(四)紧急会议是执行国际路线、建立党的正确的领导、保证党领导中国革命胜利的必要步骤

立三路线是完全破产了,调和路线更使党的危机加深,革命受着更大的损害,这证明中央已无领导革命的能力并缺乏对于阶级的忠诚(四中全会政治报告公开承认中央自觉的反抗国际),中央的威信是丧失得干干净净,中央的领导在政治上组织上是早已完全破产。一般党员群众的呼声不是要修改三中全会决议,而是要根本废除他,废除历次补充决议,一致向国际代表要求立即停止中央政治局行使职权,由国际领导反立三路线与调和主义的中央委员组织临时中央机关,召集党的紧急会议,从根本的解决政治上组织上诸问题。

紧急会议的要求是围绕着广大的党员群众,是具有重大的政治意义的,是要求改变党的错误的领导使回复到正确的路线,对于紧急会议的建议如下:

1)紧急会议列席成分必须以坚决反立三路线与调和主义的党的干部与群众组织中的干部同志为主要成分。

2)彻底接受和坚决执行国际路线。

3)取消三中全会的决议和选举。

4）正确估量立三路线与调和主义彻底予以肃清。

5）根据国际七月决议及最近来信，汇合全党各方面工作经验，郑重规定党的总任务，党的组织问题，职工运动问题，农民运动问题，土地问题，苏维埃问题等决议案（关于这些问题的正确意见，散见反立三路线各文件中，不久将另整理意见提出）。

6）根本改造政治局。

7）确定第七次代表大会的日期（与七次大会密切有关的即目前急须恢复党内民主，进行布尔塞维克的自我批评，发表反立三路线的决议与文件等）。

8）执行铁的纪律，处罚有系统的坚决执行立三路线及调和主义的中央主要负责分子。

（五）为紧急会议而斗争

围绕在紧急会议周围的是反立三路线和调和主义最坚决的广大党员群众，尤其是党的下层组织与在工会及其他群众组织中工作同志，他们是不约而同的起来做无情的斗争，就现在所知道的一部分说，已经包含有中央委员之一部分，全总党团，海总党部，铁路总工会办事处党团，上海工联党团，上海反帝同盟党团，苏维埃区代表团全体同志，苏准会工作全体同志，江南省委外县委员会书记全体同志，北方天津党部，山东省委，青岛市委，上海各区委（闸北沪东沪西沪南沪中等）及上述各地的所属多数产业支部，中心支部，中央直属小组以及全国积极的工会干部同志等（青岛上海天津武汉海员铁路苏区厦门等地）。中央在党员群众威迫之下，知道简单的高压政策决不足以继续维持其错误的领导，这样便采取了种种非无产阶级的手段，用欺骗的方式向党员群众假装着接受紧急会议的要求，以缓和同志们的反抗，例如中央向全总表示决定召集紧急会议并书面通知全总党团负责人起草紧急会议职工运动决议案，忠发在中央工作会议全国济总党团及苏准会工作同志报告中央已经正式决定召集紧急会议（会议的成分规定立三路线调和主义的中央委员参加者不超过四分之一等等），秋白恩来到闸北区到沪中区做报告时均详示服从区委同志决议，赞成紧急会议，国际代表屡次向全总负责人员表示均言全总党团决议的正确并声明政治上组织上保障其胜利，同时却在暗中秘密布置四中全会。这一切都证明中央所采用的方法是与国民党官僚黄色工会工贼同其性质，另方面证明紧急会议的召集是急不容缓之举了。

（六）立三路线派及投降分子破坏紧急会议

立三路线派是极端仇视紧急会议的，因为他们知道紧急会议必然是要埋葬立三主义及其统治的，同时还有那些在思想上同样犯有立三主义错误的陈绍禹等自然是怀着同样的恐慌，因为陈绍禹等过去是站在"左"倾的口头上反对立三路线的，他们在中央工作人员会议讨论六月十一日决议案时是完全同意立三路线的总策略的（即布置全国暴动总同盟罢工等），他们是用"左"倾的口头禅认为全国已有直接革命形势，而说六月十一日的估量为过低的，他们在三中全会后承认"三中全会有重大的意义"，认为立三主义只剩有"残余"只要中央承认错误"可以避免争论"（引文见陈绍虞十一月十三日意见书）。因此在紧急会议运动迅速发展之中他们是用种种不正确的宣传破坏紧急会议的工作，他们说："立三主义已不存在"，"反立三主义的理论争斗应该停止"，"国际路线已在党内完全实现"，"中央省委已承认错误，同志便不应该再谈改造党的组织"，"紧急会议是'左'倾分子的活动"。这些便是证明立三派投降分子等是时时企图破坏反立三路线的运动继续着维持立三路线的领导，并且他们这种企图是受着国际代表米夫不正确的指使，米夫是公开地向着全总党团，工联党团，海总党团负责人用左派别的观点估量反立三路线的整个运动，命令他们离开反立三路线运动，服从陈绍虞等领导（自然上述各党团负责人是当面拒绝并指斥他）。在这样的情形之下，他们便暗中布置合于旧中央及陈绍虞小组织派别的目的的四中全会以代替党员群众需要的紧急会议。

（七）四中全会的经过

四中全会的召集，原则上与党员群众们所提议的紧急会议完全两样。第一，参加会议的成分是由中央政治局自由指定的，主要分子是中央政治局本身，三中全会补选中央委员罗迈贺昌等，中央机关工作人员，长江北方南方各局的书记，这些都是立三路线调和主义的积极分子，他们占列席总人数的多数。第二，四中全会的举行，除上述诸分子之外，中央对其他被召列席的坚决反立三路线与调和主义的中央委员及群众的干部同志是全守秘密的，他们在赴会之前是完全不知道会议的性质及会议内容的，因此引起各列会的群众中干部同志的愤怒与严重质问，并一致声明保留其对于紧急会议的意见。第三，会议与讨论时间是非常短促的，全部会议以时间规定仅仅十五小时，每人发言不得十五分钟，因此有些同志因时间限制连第一次发言都没有允许，这完全表现是丝毫没有民主化的包办式的会议。

（八）四中全会是没有解决党的政治上组织上的主要任务，并且保证立三派的继续领导

四中全会做了些什么呢？第一，中央政治局在四中全会中，拒绝同志们提议在肃清立三路线实行国际路线原则之下讨论党的总任务及诸项重要工作问题，这些不可再迟延的重要议事日程是被调和主义的政治局始终忽略，认为不足轻重的和不需要的。第二，十一月二十五日补充决议明明是用调和主义的观点说"三中全会一般的接受了国际路线"，但是四中全会不敢明白指出，反说"二十五日决议又向国际路线走了一步"（紧急通告已宣布废除三中全会及二十五日决议，四中全会连这一点都不肯承认）。第三，及九十六号通告，中央站在离开领导的立场，只是消极的承认错误，忘却了目前

党的迫切的紧急实际任务，同时在分析立三主义来源上，在指出反立三路线的斗争就是两条战线的斗争上，在估量立三路线与调和主义等等地方，都犯着严重的原则上的错误（理由可参阅一月一日全总党团对紧急通告的决议）。这些错误都是从调和主义来的，但是四中全会对于九十六号通告却认为完全站在国际路线的基础上是正确的。第四，正因为上述这些原故，所以四中全会对于三中全会的调和主义及组织路线实际上是赞助的，在决议案中虽然表示过要取消三中全会的补选，但结果三中全会的补选除贺昌罗迈之外其余多数立三路线调和主义的分子更加了一重保证，并且在四中全会上公开拥护立三路线调和主义的积极分子，把最高指导机关的中央解释成为教育错误同志，试验那些几年以来从陈独秀到现在一贯的机会主义分子的地方，因此周恩来向忠发项英任弼时等仍旧继续中央政治局的领导，李立三瞿秋白仍使其隐藏中央委员会之内，对于毫无工作经验同样犯有立三路线错误的陈绍虞等，使其加入政治局负领导重责。第五，在会场上很明显的中央政治局及其从属的上层机关调和主义分子的主张是一方面，坚决反立三路线的中央委员及下层群众干部尤其工人干部分子的意见是另一方面（几乎没有一个例外）。中央是有计划的指定列席成分造成自己的多数，实际取消会场的民主，垄断选举，并加反对者以种种罪名（如"反国际""右倾""取消派""暗探""小组织倾向""无原则的派别纠纷"等等）。

（九）反对四中全会，要求在共产国际正确领导之下召集紧急会议

四中全会的结果，政治上是调和主义的继续，我们认为不是国际路线而是米夫曲解国际路线，并且米夫自己站在派别观念上故意制造派别，造成党的纠纷。这里更明显的是组织上的立三主义一贯组织路线（家长制度命令主义）变本加厉的继续发展，虽然表面上引进了一部分工人同志，但实质上仍继续着小资产阶级书生的领导

（如周恩来陈绍虞等）。四中全会是助长立三路线调和主义的发展（如九十七号通告充满了立三路线及调和主义精神），是比三中全会更可耻的会议，实际阻碍了国际路线的正确执行及反立三路线运动的进行。因此我们应站在国际正确路线领导之下立即推翻它的全部决议，向共产国际建议立即撤换负四中全会主要错误责任的米夫，并号召全党同志为召集自下而上的紧急会议而奋斗，要求国际重派正确的代表领导坚决反立三路线调和主义的中央委员，成立临时中央，主持全国紧急会议，解决党的政治上组织上的迫切问题。只有在紧急会议中产生新的中央，由他召集和主持第七次全国代表大会，才能保证第七次大会的真正胜利。我们反对四中全会产出的调和主义的中央的领导，反对他们召集和包办的第七次全国大会。

（十）拥护共产国际，要求撤换负四中全会主要错误责任的米夫

现在立三派及投降分子陈绍虞等小组织是到处继续造谣诬蔑恐吓欺骗那些积极反立三路线反四中全会的同志，他们最主要的借口便是说"四中全会是国际领导的，反四中全会便是反国际"。这种说法正如李立三及其党徒在三中全会时对于当时反对三中全会同志的诬蔑同一口吻。我们知道当时国际代表领导三中全会犯有错误，他曾经反对"把立三路线和国际路线对立"，又说"党的路线与国际路线相适合的，从来没有两条路线"（引语见远东局代表致三中全会的信）。我们是曾经反抗过这种错误的，并且现在已经证明我们这种反抗正是为忠实国际路线而斗争。这次米夫领导的四中全会是本其在六次大会时附和右派布哈林调和主义的立场及其私人派别的成见，完全抹杀党员群众的意见，重复着做出严重错误，显然是违反共产国际的原则，这是毫无疑义的。因此只有坚决的要求国际撤换他的职务，纠正他的错误，才能使肃清立三路线执行国际路线的障碍彻底铲除。

（十一）号召全团的同志为反四全会召集紧急会议而斗争

立三主义取消了团的组织，是青年运动的极大障碍，立三主义在团里面还有很深厚的基础，团的中央是顺从着党的中央系统地做着错误。因此在反对四中全会力争紧急会议的运动中，党的同志必须领导团的同志，赞助团的同志在少共国际正确指导之下，从下而上的召集紧急会议，实行向团中央的立三主义调和主义做无情的斗争，解决团的路线问题与组织问题。

（十二）反对斗争中的不正确倾向

我们要在思想上组织上实际工作上坚决反对立三路线调和主义到底，并且要时时注意站稳布尔塞维克马克思列宁主义的立场，坚决的正确的做两条战线的斗争，与一切不正确的倾向奋斗，尤其是反对党内最主要的右倾危险，反对托陈取消派分子乘机混进党内活动的阴谋，反对李立三及陈绍虞等小组织的活动，并且要在不断的以正确的澈底的自我批评来检查立三路线长期统治下全党在各方面工作中及思想上工作方法上所犯的一切错误，同时要在加紧实际工作中去坚决反立三路线调和主义，以完成国际路线所指示给我们的迫切任务。

【附录四】

中共中央非常委员会文件

（四份）[1]

（一）中共中央非常委员会致共产国际信

共产国际中央执行委员会：

中国共产党自从瞿、李两次执行左倾错误路线以来，中国革命遭受重大损失，党的元气大伤。最近国际来信，加以批评，全体党员深怀感奋，群起纠错，誓把党的长期以来的错误路线纳入正轨，争取在不久的时间迎接新的大革命高潮！

最近米夫奉命来到上海，全党怀有希望，实行改弦更张，把三年以来一错再错的政治路线一举肃清。但是米夫存心践踏党章，以便私图，悍然召集四中全会，非法成立临时中央，实行篡党夺权。临时中央是纠合向忠发等人组成的，它的政治路线是左之又左极端错误的路线，与当前中国实际完全脱节，对中国革命具有严重危害的路线。临时中央本身是一个宗派集团，米夫到上海后，实行招降纳叛，纠合向忠发等少数人成立篡党的非法中央。临时中央的组织路线是任用匪人，排挤真正革命老干部，自成帮派，在党内实行残酷斗争与无情打击，把一个无产阶级革命队伍，弄得四分五裂。

基于以上临时中央在政治与组织方面所造成的严重错误路线，中共全体党员，纷纷起来抵制，予以严正批评，这是符合党章的正

---

[1] 这四份文字未见档案原件，无以核对。

当做法。不料米夫等恼羞成怒，不顾一切，倒行逆施，对党内采取恐怖政策，开除大批六大中委，篡夺全总，自上至下，成立非法御用的党与工会机关。米夫这种种行径，假冒国际路线，其实完全与阶级敌人无异，极端反动！罪大恶极，党史上所罕见。当时六大绝大多数中央委员，齐集上海，眼看临中倒行逆施，党组织遭到摧残，党员人身自由毫无保障。面临党与革命严重危机，事态非常，义愤填膺，忍无可忍，代表广大党员的意志成立中共中央非常委员会，对临时中央予以有力抵制，实行运用群众力量，自下而上，保卫党的组织，挽救革命危机，以期把中国革命进程重新纳入正确的轨道。

中共中央非常委员会成立以来，代行六大中央职权。我们的斗争是正义的、神圣的、最高原则的斗争，我们十年以来进行的社会主义革命，坚决与阶级敌人进行不妥协的斗争，我们誓把中国革命与世界革命进行到底。为了完成上述历史的神圣任务，我们代表中国支部及全体党员向共产国际中央执行委员会公开申述自己的政治观点，并郑重提出以下要求：

1）国际对东方部在中国革命问题上所犯的错误必须承担责任。

2）迅速撤换米夫，收回成命，解散非法成立的临时中，宣布临时中央一切公布文件无效。

3）迅速派公正人员查明四中全会事件经过，对肇事人员予以纪律制裁，以肃党纪。

4）召集紧急会议，解决当前党的政治路线与组织方面的问题。

5）筹备第七次党的代表大会，根本解决一切有关中国革命政策上的重大问题。

中共是共产国际最大的支部，艰难缔造，牺牲浩大，国际对于中国大革命经验与教训应予以尊重，如果低贬兄弟党的成就，视同草莽，任意加以芟夷，这就不啻违反国际主义原则，违背列宁的遗教，损害革命，这是令人遗憾的事。

我们站在国际主义庄严的立场上，我们提出忠告，希望国际郑重考虑此举失当，悬崖勒马，翻然改图，采取有效措施，制止东方部一切非法行动，则亡羊补牢，犹未为晚，国际共产主义事业光辉日新乃指顾间事。否则中国革命必因此受到严重打击，影响所及国际其他支部纷起效尤，则国际本身亦失其存在基础而趋于瓦解，自召毁灭，这就为亲者所痛，仇者所快。

以上所云多质语，为世界革命前途起见，我们责任所在不容缄默，敢进忠言，诸希谅察。

中共中央非常委员会

（二）中共中央非常委员会告全党同志书

中国共产党全体同志：

我们的党自一九二一年成立到现在整整十年了，在这十年期间全体党员为中国劳动人民解放事业，为人类远大理想而斗争做出过重大贡献，取得了辉煌成就。我们党的历史具有"二七"斗争的光荣传统，是非常伟大与光辉的。

自从一九二七年大革命失败以后，中国革命事业虽然暂时遭受到挫折，但全体党员万众一心，精诚团结，奋勇前进，所向无前，远景和前途是非常光明的。遥瞻革命新高潮重临，是为期不远的。不料最近党内竟发生了一桩意外不幸的事变！

一九三〇年十二月东方部米孚突然来到上海，自称奉命召开四中全会，他在四中全会上运用一切阴谋诡计与非法手段，实行篡党夺权，成立了一个御用的临时中央。他发号施令推行一条比过去瞿李更左的错误路线。同时在组织方面采取东方大学宗派统治，排斥真正革命同志，纠合工贼、流氓、政治骗子等组成帮派集团，统治全党，发动党内残酷斗争。

综观米孚行为极端卑鄙无耻，临时中央一伙党羽均属革命败类分子，他们互相勾结，互相利用，对全党发起进攻，自称左派，诬人为右，全党人人自危，使革命事业遭受严重破坏。一切革命斗争工作陷于停顿状态，岌岌可危！他们倒行逆施，激起全体党员的义愤，一致奋起申讨，以期力挽狂流，拯救垂危的革命事业。

中共六届中央绝大多数中央委员与监察委员，共同集会于上海，商讨拯救党与革命的对策，以应付非常事变局势，乃一致决定组成中共中央非常委员会，号召全党同志奋起反击，坚决与篡党分子做不妥协的斗争！誓把米孚、王明等对党猖狂进攻给以坚决的打击！这场激烈斗争正在开展之中。

中共中央非常委员会现对全体党员庄严宣告，这是一场保护党章，捍卫六大中央路线与维护中国革命利益的神圣斗争！号召全党同志积极参加，与篡党、分裂党的分子的临时中央做针锋相对的坚决斗争，并把这一斗争，进行到底！

中共中央非委认为这样做是完全必要，是符合党章，顺应全体党员意志的合理决策，特别是从革命长远利益出发，应该这样做，舍此以外再找不出其他合适的办法。中央非常委员会殷切期望全党同志共同奋斗，完成这个历史上的神圣革命任务！

勇敢的斗争，必须建立在明智的革命理智上面，先有革命的理智，然后才发生大无畏的革命行动。于此，中共中央非常委员会向全体同志倡议：

全党同志应该明白认识反击米孚、王明等奸徒所组成的临时中央，是当前一场大是大非的原则性斗争，是毁党与救党的斗争，是革命与反革命的斗争，如果临时中央一切阴谋得逞的话，中共党组织即当面临毁灭的危机，中国革命必招致严重的损害，中国人民的灾难更因此延长岁月，蒙受更多、更深的苦难！我们意识到反击临时中央的斗争如能及早动手，及时完成，那么党与革命的损失程度就可以大形减少，因此全党同志应从革命远处着眼，一致奋起挽救革命危机，一切临难苟安，以期幸免，都是不应该，也是行不通的。

我们深信：坚持真理战胜邪恶是无产阶级革命本色，全党同志对于王、博篡党，除奸纠谬，人人有责，义不容辞，对他们罪恶容忍就是对革命不负责任。现在正是关键时刻，稍纵即逝，如不急起直追，扑灭他们的凶焰，以后他们的恶势力就要坐大，断送整个革命，那就后悔无及了。

全党同志还应该明白：米孚、王明等在党内明目张胆，非法建立党内宗派统治，这就意味着在党内实行独裁专政，唯我独尊、为命令主义、惩办制度、残酷斗争取得合法地位。这是旧社会军阀、官吏、工贼、流氓、恶霸等作风的残余积习，是破坏无产阶级政党的优良传统，导致党走向瓦解的道路，为一切野心家篡党夺权开辟道路。因此反击米、王也就是为未来消除党的隐患。

在反击米孚、王明篡党集团斗争中，每个同志应明辨是非，勇敢参加，对于他们危害党与破坏革命的作用不能过低估计，过低估计就会不堪收拾，酿成全党的空前灾难。因此应该及时肃清那些消极情绪和不健康的思想，如明哲保身、隐忍持重、瞻前顾后、苟且偷安种种懦夫思想，姑息养奸、助长后患，这都是政治认识不足的缘故。

最后，中共中央非常委员会希望全体党员注意进行下列各项工作：

1) 各支部根据非委"提纲"通告文件内容开展全党讨论，讨论时要结合实际工作，以实际革命行动为表率批判米、王集团，从理论到实践方面的一切反革命罪行，揭露他们假布尔什维克的面具，加强保卫党与工农革命组织的利益和威信。态度要光明，行动要切实。

2) 无数事实证明：米、王一伙原属反动政客、残渣余孽（反动的国民党、国家主义派混合组织），他们本身既不懂革命理论，不知革命为何物，又毫无革命实践，只是作为东方部奸人厮养走卒，纠集败类进行篡党夺权。米、王所卵翼的临时中央所标榜的国际政治路线，是破坏党组织与危害革命的反动路线，应该根据六大路线予以摧陷廓清，勿使谬种流传，并肃清其影响以教育群众。

3）在任何重大革命斗争中毋庸讳言：一方面有坚持正义的大多数同志，但同时也有少数不明革命大义的人徘徊瞻顾，观望不前。他们在东方部积威之下，一时见理不清，盲从附和，非委殷切期待他们参加支部学习讨论，一旦改正错误，醒悟过来，积极参加反击米、王集团，共同奋斗。各支部对他们应耐心劝导，尽力说服，不要轻率采取组织手段。

中共中央非常委员会

一九三一年

签名　文虎　史文彬

（三）中共中央非常委员会致中共各苏区信

中共江西中央苏区

中共赣东北苏区

中共豫鄂皖苏区

中共湘鄂西苏区

中共陕北苏区

中共东北苏区

全体同志钧鉴：

前次送给你们的中央非常委员会公布的《反四中全会提纲》、《告全党同志书》等文件谅已收到。

此次国际东方部米孚来到中国，在四中全会上实行弁髦党章，篡党夺权，成立非法的临时中央，乃中共党史上违法乱纪的严重事变，全党同志都应一致奋起予以坚决抵制，实行纠正，这样才能保卫党的生存，保卫中国革命，对无数革命先烈抛头颅、洒热血、艰难缔造的社会主义伟大理想与事业做出贡献。

米孚与王明、博古、向忠发等罪行包天，悍然违背全体党员的意志，践踏党章，实行篡党夺权，成立非法的临时中央，这次事变决不是偶然发生的，乃是东方部长期漠视中国支部与中国革命的罪恶作风所酿成。临时中央的政治路线是继承瞿、李路线的左上加左的错误路线。临时中央的组织路线更是荒谬绝伦的，他们公然提出在党内进行残酷斗争与无情打击，实现其毁灭党与破坏中国革命的滔天罪行。

中共中央非常委员会面临当前我党与中国革命的空前危机，鉴于革命大义所在，旗帜鲜明、挺身而出，号召全党起来坚决与米孚、王、向一伙做不妥协的斗争。中共中央非常委员会认为目前反临中的斗争是事关党与革命成败的正义的斗争，是神圣的、伟大原则的斗争，凡属中共党员都有义务和权利为党与革命利益义无反顾、奋斗到底！

中共各苏区全体党员长期以来艰苦卓绝，奋勇作战，为中国革命斗争开辟广阔地区，做出了重大贡献。你们过去对瞿、李、向的错误路线身受其害，痛定思痛，记忆犹新，对于危害性更严重的临中错误路线，深恶痛绝，继续抵制，自不待言。

为了向临时中央一切非法行为共同一致采取坚决行动，我们向你们郑重倡议，并公开宣布以下各点：

1）各苏区全党各支部应自即日起动员起来，对临时中央的非法行动全体一致声讨，彻底揭露他们反马克思主义、冒牌布尔什维克的篡党夺权的罪恶实质、破坏中国革命的巨大危害性。

2）在共青团、工会、农会、妇联及其他革命群众组织中严厉制止临时中央的一切破坏活动。

3）全党支部在中央非常委员会继续领导下,对于与反革命政府斗争、与黄色工会斗争、与改良主义斗争的日常工作因密切关注,勇敢进行,争取不断的胜利。

4）应禁止米、王死党进入苏区,借口"反右运动",进行对红军、苏维埃政权实行捣乱破坏。

5）米孚、王明、向忠发等罪行重大,如派人窜入苏区,对首恶应加以处理制止,以平民愤,其他协从分子可以从宽。对于东大支部所排挤的同志回国后进入苏区应一视同仁,予以保护,对于临时中央所取的残酷斗争办法应立予取缔,以保革命元气。

总之,在各苏区对于篡党夺权的临中反革命分子,一定要本除恶务尽的精神,彻底加以廓清,否则养痈遗患,滋漫难图,今后一定会为苏区带来更大的灾难。

最后,我们严正声明,殷切希望在湘赣、赣东北、赣南、闽西、湘鄂西、鄂豫皖、左右江、陕西甘肃等苏区党组织,应广泛开展反米孚、王明路线及其御用组织临时中央的斗争。

中共中央非常委员会

（四）史文彬等给东方部信

东方部诸位同志:

最近米孚指使王明、向忠发等成立了一个临时中央,他们在中国为非作歹,破坏中国革命,已闹了不少日子了。你们装聋作哑,不闻不问,实在大不应该。我们现在特别提醒你们一下,促使你们注意!

临中成立以后,到处与中共中央非常委员会为敌,他们的反革命行动与过去国民党工贼谌小岑、马超俊等反动行为完全一样,对于中国革命成事不足，败事有余，实在令人恼火，令人痛恨。因此，我们向东方部建议，应立即命令临时中央停止内战，约束米孚、王明、向忠发等改邪归正，停止一切破坏党与革命的活动。组织问题留待七大会解决。

你们如果能照办，还可以取得中共全党同志的谅解，中国人民的宽恕，你们如继续包庇他们，不闻不问的话，有朝一日，中共就会受到灾殃，东方部也会垮台，共产国际便呆不住了。你们更会受到全世界革命阵营的谴责，无以自解！

希望你们好好考虑一番，采取果断行动，迅速改正错误，一好百好，不要替共产国际丢脸！

此致

共产主义革命的敬礼！

国际中国支部

史文彬　朱宝廷　陈郁　唐鸿景

孙云鹏　王仲一　张青山等五十三人

一九三一年

【附录五】

中共中央非常委员会通信选

（五份）[1]

（一）许炳艮等给陈郁信[2]

陈郁同志：

来信阅悉，深为遗憾！

此次海总同志全体积极参加抗击米孚、王、博的斗争，你当初在四中全会也能分辨是非，见义勇为，全党同志无不表示赞扬。不料在双方决胜关键时刻，你忽见利忘义，临阵脱走，你信中所谈个人被迫，求谅苦衷，大家认为都是枝节小事，不成理由。难道一个真正革命的共产主义战士，忘掉阶级利害，专为自己打小算盘的肮脏想法能得到同志们的谅解吗？非委中央认为你这种附逆行为是完全不对的。你一念之差不仅丢尽工人阶级的体面，有（没）面见海员同志，并且还遗误自己一生名誉。嘎样多人都为你可惜呵！希望你能接受各支部的善意劝告，好好考虑，排除满脑糊涂思想，迅速回到海总工作。（下略）[3]

许炳艮、谭寿林、马骥、朱宝亭等同启

---

[1] 五份文件中，前四份根据抄件录入，按初步判定的时间顺序编排；后一份根据作者遗存的手迹件整理编入。

[2] 当时陈郁是全国总工会的领导成员兼海员总工会的负责人，他参加了反四中全会的活动，并当选为非委的中央委员，经周恩来出面谈话后，他转变态度，表示拥护四中全会，向非委和海总"请假"，许炳艮等人遂以此信劝告。

[3] 此处为原抄件所略。

（二）罗章龙致张国焘信

特立兄：

　　莫京分袂，三易寒暑，良以为怀。其间虽数承赐书，亦甚少报命，此乃由于中央事务丛脞，阿苏、阿湃[1]先后谢世，诸事独立撑持，心力交瘁，所以不常写信，诸祈谅宥。

　　兄此番生入国门，屈而复伸，公私属望，大慰平生，允宜及时努力为革命多所建树。特别在端正我党政治路线与巩固党的组织方面，多所努力，务能做出更多贡献。俾革命早日完成，中国人民获得彻底解放。

　　昨子夕[2]来晤，谈及近况并出示刊布诸论文，阅览之余，足见"桀犬吠尧"各为其主，"箭在弦上，不得不发"何足为异？临时中央问题时至今日，是非真伪，真相已经大白，非委所争在为革命正义与真理，苟利于党与革命，个人成败利钝在所不计。于此可知非委反击东方部并非门户之见与意气之争，乃纯为革命正义，千秋是非与共产党员风格，不得不如此做去。

　　兄本吾党旧人，如果随波逐流，寄人篱下，局促如辕下驹，昔勇今怯，岂不大违初衷，更为同志所耻笑？此间同人希望兄毅然决然，振作一番，踔厉奋发，反戈一击，肃清内奸，以建奇勋，万勿徘徊歧路，因循自误，功魁祸首，在此须臾！望深思熟虑，审慎出处勿稍瞻顾，择善而从，救党所以自救，免遗后人话柄。

　　悉叨末谊，语出至诚，知我罪我，幸赐明察。附寄各文，请阅后转发。

　　郑芹瑞、钱伯符、曾中圣、徐朋云诸同志均属革命英才，应加

---

[1] 阿苏、阿湃，即苏兆征、彭湃。
[2] 子夕，即杨子烈，张国焘夫人。

垂青，予以爱护，使各展所长，不宜随便弃置，投诸闲散之地。

此致

敬礼！

文　手泐
一九三一年

（三）罗章龙、王仲一致贺龙、贺锦斋信[1]

云卿、锦斋同志：

湘鄂西出席苏准会代表团已会毕返原防驻地，此间近日情况当由他们当面转达，一切请按非委《提纲》施行。

回忆武昌夜话，申江共栖，旧事历历，如在眼前。国事多艰，革命道路上荆棘横生，两兄转战湘鄂西线，生活极度困难，唯赖鼎力撑持，不偏不倚，前途希望大好！迈伯[2]西来，可分任劳苦，希遇事推诚相与携手前进，共摧强敌，持之以恒，锲而勿舍，行见大革命高潮，重临乡土，他日会师江汉，非异人任也。

率布所怀，诸维心照！

文虎
仲一　泐

（四）罗章龙、刘鄸致夏曦信[3]

梦白兄：

一别四年，石庐见访，倾谈竟日，非委提纲已蒙理解，良慰于

---

[1] 王仲一在大革命时期曾在贺的军队中任党代表。
[2] 迈伯，即夏曦。
[3] 刘鄸，罗章龙夫人，与夏曦（迈伯、梦白）同乡、同学。

怀。闻大旆西行,已达军前,军务倥偬,想指挥若定,诸事咸宜,至以为祝!云卿、锦斋处已专函致意,见面时可与其恺切一谈。德昌[1]为人极为明白通达,智勇兼资,缓急可以相助。

兄本新民旧侣,患难相从,历有年岁。惟在出国学习期间,所友不端,良因一念之差,遂遗白圭之玷。现在矮帮[2]日暮途穷,倒行逆施,流毒全党,祸国殃民,罪恶昭彰,人所共晓,从之者势成骑虎,欲罢不能,度兄处境,亦类于此!

然闻诸古语:识时务者为俊杰,以兄之明,岂见不及此?今日之事当断不断反受其乱,倘能悬崖勒马,挥兵靖难,拨乱反正,亦易如反掌,全党利赖,功垂百世有后望焉。

兹遣芝圃[3]前来,面陈一是,并共商进止,诸祈照察不宣。

文　鄢

(五)罗章龙致毛泽东信(残件)[4]

第一件:

报润书[5]

三使刘……陈……萧……[6]

---

[1] 德昌,即段德昌。

[2] 矮帮,指王明集团(因王个子矮小)。

[3] 芝圃,即张昆弟,后在夏曦主持的湘鄂西苏区肃反中被杀,罪名为"罗章龙分子"。

[4] 在罗章龙遗存的文字中,有他晚年回忆当年致毛泽东信的要点,为手书件,特拣出整理后编入。

[5] 润,即润之(毛泽东字)。

[6] 三使,从毛泽东所在的闽赣根据地先后派往上海的三位使者,刘即刘士奇,陈即陈毅,萧即萧道德。罗章龙曾接待过他们,听取了他们对当地情况的介绍。萧道德还随罗章龙参加了反四中全会的会议、签名上书等活动,他返回毛泽东身边后的情况不详。

送脚疮药收到否？[1]

……[2]

但以上所云，决非意气用事，只要合理解决，愿束身司败。

润兄批评一切鸡虫得失小节决不预闻个人恩怨门户之私。

瞻之在前，形势有好转，希望大有可为。

弟况一切粗安，毋以为念。

第二件：[3]

……自明的。

如果说当时作为堂堂之党、正正之旗的中共中央及全党，对此竟万马齐喑嘿无声，不加评论，不加抨击，不仅宁非咄咄怪事！如果是这样下去，不仅是中国革命蒙上奇耻大辱，而且适足以证明全党无人了！这难道是无关轻重的小事可以坐视不理吗？！

对革命忠心耿耿，疾恶如仇，是党的中流砥柱。对此小撮坏人篡夺行径，毁党叛革命奸谋，如何对策，消除隐患，兄想已胸中有成竹，妥筹之有素，必有妥善方略以继其后。万望剑及履及，奋起反击，树之风声则群小慑服，全体党员闻风响应，王博奸谋必难得逞。

匆率布礼，不尽欲宣。

学弟[4]

---

[1] 毛泽东患有足病，可参见杨开慧《偶感》诗："足疾已否痊？"
[2] 此处是原件所略，所略内容，可参见"第二件"。
[3] 原件无收信人信息，根据内容判断，可能与毛泽东通信有关。
[4] 原件无署名。

【附录六】

反立三路线中我的错误经过[1]

—— 陈郁同志在延安中央党校时的思想总结的第三部分

（一）当时情形

1）四中全会前时候，在上海工会和不少部份地方党干部，对立三路线的领导是极端痛恨，因在它领导下使工作受了很大损失，干部牺牲，入狱也不少，所以他们对李立三领导的中央，是坚决反抗的态度，当时我也站在同样立场之一个。

2）四中全会前夜，在上海工作许多干部，当时是聚精会神注意国际来信后，当时的中央领导的认识错误的程度等方面我是其中之一个，上述情形和正在中央要召集四中全会前夜，我正经广东回抵上海时，当时自己态度和作了些什么呢？

① 到上海后参加一次全总党团会议，当时我的发言是不主张开四中全会（这会议大多数对这个问题一致主张）而是要求开能较吸收更多下层干部参加会议性质的会议（我个人意见如此的）。

② 由于上海很不少干部反对召开四中全会，所以当时国际代表

---

[1] 据中华全国总工会中国工人运动史研究室所存《陈郁同志在延安中央党校时的思想总结》第三部分的抄件节录，原件注明著作时间为一九四三年，录入时未做文字更改，个别标点符号做了订正。原件无注释。

陈郁所述史事要点（重点是非常委员会成立的情形、时间）与罗章龙的回忆基本吻合，可供参照。

<u>米夫</u>[1]找几个工会较负责干部（当时余飞、徐锡根等我也参加了），他们是反对开四中全会份子，这次会议的目的，是要使上述那些人同意召开四中全会议，我当时并没有同意他主张，仍是继续过去自己的意见。

③ 上面这个会议后，不几天米夫和当时中央不管下面很不少干部反对，然而他们毅然的决定开会，有一天晚上通知交通员领着我到一个地方，第二天开会时才正式的通知开四中全会，其实那天晚上我想了是开大会，因此当时我深刻考虑和分析了当时情形，当时我想若我还继续反对中央立场，显然是违背党利益，所以自己决定不反对，主张开会，另方面我仍是希望四中全会可能会解决目前党一些需要的任务，所以自己转变了过去反对立场，并在会议上的<u>言论行动都进行与不同意开四中全会的人（韩、罗</u>[2]<u>等人）作坚决斗争</u>，结果会议开成功。

④ 四中全会改造中央时，我是被选政治局委员之一，但我对中央新成分那些人，他们过去没有做过什么工作，又没有受过革命斗争中锻炼，那时我对那些人是没有一点信仰的情绪，另方面我对四中全会，没有讨论立三路线和具体工作等问题，当时我很不满意的，我在会议上提出要求大会讨论，在我发言中也严格批评了，然而我的意见是被拒绝了，四中全会结束后，我对这次会议的估计开始是站在反对立场，四中全会后，在全总党团会议上，自己的发言是坚决反对这个会议，主要内容是这次会议没有解决问题（全总会议未经中央允许传达四中全会议问题，当时由于自己思想反对四中全会，自己是不懂组织手续，就了解我也不在乎这套的）。

⑤ 四中全会后，在全总反对四中全会是占大多数的，仅有关向

---

[1] 下划线为原文所有。下同。
[2] 韩、罗指韩连会、罗章龙。

应同志一个拥护四中全会，上海党及其他机关也有部分干部，他们同样是站在反对四中全会的立场，因此，当时国际代表（德国人）召集了在上海反对四中全会干部会议[1]，在会议中对我很厉害对我们批评，并大骂反对四中全会就是反党行动等锐利词句（当时他是缺少说服精神）。结果会议没有使他们接受国际代表意见，他们仍是保持反对立场（这次会议后我是有点考虑自己主张，就是说会议给自己有点影响，自然对我是不大的），这次会议后，全总党团又开了一次会议，当时出席人有很大部分非全总党团的干部（上海党和各机关干部），这次会议[2]集中在上海各重要单位负责干部（反四中全会），当时他们间有两个问题相互交换意见。

(一) 对四中全会的人，全总党团各　　包括不了现在怎样办呢？[3]

(二) 怎样给上海以外党的组织和国际方面知道我们反四中全会的是什么理由？反对四中全会主张，当时到会人意见一致，<u>非委会和宣言</u>[4]（当时仅提出但没有具体名单和宣言内容等工作）仅原则上通过这两件事情举办而已。

我是委员之一[5]，是因我的单位是海总，但宣言我仅同意发，内容我是不知道的，现在我还没有看着（因我很快与他们没有关系）。

⑥ 这次会议后，在上海反四中全会斗争性质更严重化，当时罗、

---

[1] 此会议在罗章龙一九七九年十月给中央政治局常委信中称为"花园会议"，时间约在一九三一年一月十一日。国际代表为米夫，他在隔壁房间操纵会议，他的助手（德国人）在会场上。

[2] 因为此次会最后研究决定成立"非常委员会"，所以将这一天视为"非委"商议成立的日期，时间约在一九三一年一月十二日。

[3] 此句空格为原文所有。

[4] "宣言"即《力争紧急会议，反对四中全会报告大纲》，罗章龙、林育南、何孟雄、李求实、吴雨铭等参与起草，由罗章龙执笔。

[5] 陈郁在一九四三年承认自己是"中共中央非常委员会"的中央委员，这和罗章龙一九七九年十月给中央政治局常委信中谈到"非委"领导成员中有陈郁是一致的，可参见罗章龙的这封信，本书已收。

徐、王、何[1]等人利用上海部分干部开始作分裂党、工会行动。

我当开始反对四中全会时，自己是没有估计到罗章龙等人，把个非委会去分裂和建立第二党，工会系统等行动，当时发生前我是知道了这个问题，那时我的态度如此的。

A．当时我花了很大力量，阻止罗等人这些行动，我们专门谈了一次，他们是反对我的意见，由此也了解自己是犯了错误，并坚决与他们分离（此行去掉约十五六字）[2]。

B．继续在中央政治局第一次会议（四中全会后几天）在会议上提出这个问题时候，我是承认自己所作的行动是错误，声言放弃自己反对四中全会立场，（事实是如此作了）但政治局委员徐锡根、王克全两人在会议上仍坚持他们原来反对四中全会立场，并声明他们行动是对的。（自此以后我与他们就没有任何关系）

C．经过上述情况后，我在海总和全总本身工作是坚决站在反对自己错误立场，恩来同志在海总传达四中全会时，和当时在海总工作朱宝庭同志也较清楚我当时的具体行动的。

D．分裂党，工会等行动，始终我没有同意过的，他们这些行动我是坚决反对的，因此，直接在我领导下的上海和广东党、工会，始终没有发生过那些分裂等行为。

⑦我犯错误的时间，仅几天就改正了，错误性质及当时具体情况：

(一)的确我这次犯了错误是严重的，政治和组织原则的错误。然而我这次反对四中全会动机，我个人主观上不是要破坏党和工会的，主要的是自己在思想上犯了幼稚错误，因此错误达到直接损害党的行动时候，自己马上就觉悟了。

---

[1] 罗、徐、王、何即指罗章龙、徐锡根、王克全、何孟雄。
[2] 此括号与其中的文字为原抄件所有。

㈡当时反对立三路线自己不懂得自己的错误从思想方法等根源去分析错误，而是仅在部分和自己眼前看到了危害党行动的感性现象的方法而已，自己反对四中全会问题上也没有从思想根源上去了解错误的，所以在承认错误之后也没有深刻反省自己，和没有把错误根子完全的拔掉，所以在后来工作新情况下党内斗争又作了一些错（虽然性质不同，和产生的环境条件也不同的）。

㈢当时自己没有起码的马列主义理论知识的，如当时反对立三路线错误斗争时，我仅仅看在工作上，尤其自己直接有关部分工作，但在思想根源上等问题是不懂的，加上在四中全会前后，关于国际文件又没有看过，当时中央也没有找我谈过任何问题，因此对自己思想上启发作用也得不着任何负责的同志帮助，在当时很复杂党内斗争中，自己过去也没有党内斗争实际经验，这样情形自己就没有抓住正确党立场，而犯了严重错误。

㈣这次错误性质是严重的，然而我是没有和罗章龙等人有目的和事先有任何派别方式商量去反对四中全会，我对四中全会采取对立反抗是自觉的行动，的确当时我认识到这次会议没有解决什么问题，所以就起来反对它的，因此我有以下情况说明：

A. 我对罗章龙是在一九二八年下半年，他代表全总到广东巡视工作而认识他，个人关系是没有的，徐锡根、王克全、何孟雄那些人仅在四中全会前才认识他们，除了全总工作关系，没有任何个人或工作关系，我在全总工作时比较好些，密切工作的人是余飞，个人也谈得来，（反四中全会时，他给我好多帮助，如非委会他首先指出我犯组织错误）他们这些人的历史和对党各种情况，可以说自己一概不知道的。

其次对王明那些人，都是在四中全会时才知道，我对他们更无从知道，只知他们是莫斯科的学生，没有做过负责工作，其他也没有人告诉，四中全会后较知道一点但对我没有什么反映的。

B．罗章龙那些人在他们未分裂党之前，我个人对他们信仰当然比较好，主要是我知道他是工运工作很长历史，在斗争中锻炼出来的干部，但对新选中央那些人，自己对他们是没有任何信仰的可言，当时我思想上认识对中国革命重要性主要是工人运动，自己的重视党内干部也是从工人运动中有锻炼的干部是较相信的，的确我有些偏向是过分看重工人运动和不足够认识革命其他部分的倾向的毛病。其次我个人虽然参加反对陈独秀机会主义斗争，但当时党内斗争仅限于上层的部分干部（在广东），所以对自己不仅谈不上什么经验，实际上对自己的影响也是很少的，因此谈不上什么经验。

C．我在四中全会前虽然是一个中委，然而我对中央负责同志除了个别外（恩来立三等）其他简直认识都没有机会，比较同过短期工作的仅有李立三一个，可是我对他是有很深的成见，因他的广州暴动失败到广东当省委当中央代表时，发号施令和无原则打击广暴时犯过错误的负责干部，他的工作方式是送死干部方法，强派工作等等。我对他是十分不满的，因此反对立三路线时，我对他领导下中央是更加紧我对他极端痛恨的。

D．自然上述说过，自己缺少马列主义起码知识，因此在政治上远见和分析中国革命的原则是不大懂的。但我对工作问题（主要是工人运动）的确有和王明等人在思想上是有些意见分歧的，在四中全会后我与王明等人讨论工人运动时，王明骂我右倾的机会主义，在莫斯科时也是一样，但是自己的确是缺少理论，因此不能把自己意见提高到原则性和系统发挥它的作用，这是过去自己工作极大错误的地方。

综上述情况，自己总括有下列几点意见：

① 今天反省过去，自己在四中全会本身所提出问题本身在基本上是没有什么错误的，然而在四中全会后，自己确是犯了严重错误：a.由于自己不懂怎样正确在党内斗争坚持自己意见，同时又没有在

思想上和组织上搞通，因此执行这些基本原则又有错误。

  b. 自己在党内斗争不了解干部历史和对党各种情况，事后又不去调查，在反对四中全会开始时，这次党内斗争如当时罗章龙等人在历史上对党是一贯很多不对头，然而我是失掉了阶级警惕性，在他们未分裂党、工会时，还相信他是有锻炼高级干部等错误。

【附录七】

上海东方饭店会议前后[1]

一九三三年二月七至八日,伟大的文学家鲁迅写了著名的《为了忘却的记念》一文,纪念殷夫、柔石、李伟森、胡也频、冯铿等五位青年作家遇难两周年。这五位青年作家是在一次党的会议上被国民党反动当局逮捕的,同时被捕的还有出席这次会议的何孟雄等同志。

这次党内会议于一九三一年一月十七日夜在上海东方饭店举行。关于这次会议,著名的美国记者伊罗生在《〈草鞋脚〉序言》[2]中曾提及过。

这次党内会议是在怎样的情况下召开的?对于这个问题,大家非常希望得到一个确切的答案。为了把这个问题解释清楚,我现在就从莫斯科东方大学说起。

第三国际东方部部长米夫是这所大学的第三任校长,他是接替拉狄克担任这个职务的。米夫长校以后,对东大中国留学生支部进行大清洗;名义是清除"托派",事实上是米夫有着不可告人的企图。这次清洗运动在莫斯科持续了很长的时间,除了所谓的"二十八个半"外,很多人都被戴上了"托派""右派"……等等的大帽子,被开除党籍,在精神上肉体上受尽折磨。这次清洗的结果:王

---

[1] 曾载《新文学史料》一九八一年第一期,原注明"罗章龙口述,丘权政记录整理,经罗章龙同志审阅定稿",实为罗自撰。

[2] 本书的"附录"中节录了该序言。

明当上了党支部书记，米夫由此控制了中国留学生的党组织。但这不是米夫的最终目的。虽然米夫认为，控制了中国留学生党支部，就是控制了中国党的中层干部，然而他的最终目的是要控制中国党的中央，由他来领导中国的党。这样，米夫就想把东大的王明支部转移到中国国内，夺六大中央以后的权，由他的心腹王明等人另组新的中央，一九三一年一月七日召开的六届四中全会，就是他们一伙篡党夺权的具体表现。

　　王明是米夫的忠实走狗。一九三〇年下半年王明回到国内。回国后他先是住在中央宣传部机关，其时李立三是宣传部长，王明此时没有具体的工作。在严重的白色恐怖下，不久王明被工部局逮捕，当时王明非常害怕和惊慌，他乞求工部局的一个巡捕送信给宣传部，并对这个巡捕说将来会得到酬谢。王明的信送到李求实手里，信中说：我已被捕，请设法营救。收到这封信，李求实大吃一惊，党内的同志哗然，都对王明为保命而不惜暴露党的机关的做法不满，结果党的机关被迫全部搬家。由于当时王明年轻，工部局不明他的身份，米夫知道这件事，认为非极力营救不可，便拿了几千元钱，通过关系把王明保释出来。后来米夫又为王明的这次被捕事件庇护。王明的这次被捕事件发生在一九三〇年下半年，三中全会之后，四中全会之前。我是最早知道这件事的，其时我与李求实一道工作，在办党的地下报纸《上海日报》，李求实将王明被捕事件的详细经过最先告诉了我。

　　王明获释后，要李立三给他一个具体工作。李立三认为，王明是第三国际派来的人，有米夫做后台，来头不小，野心很大，而且是反他李立三本人的急先锋，因此他不便给王明安排工作。这时向忠发是党的总书记，李立三是政治局委员，我是党的工委书记。在一次会议上，李立三对我说："王明要求工作，你们给他安顿一下吧！"我当时心中有数，便对李立三说："好吧！我们安排他罢！"

我按照组织的决定，安排王明、博古两人在全总宣传部工作。我们在一起办公。王明到全总宣传部后，一直不好好工作，认为他是被大材小用了。在一个偶然的场合，王明对我说："想与你谈谈。"我们如约做了一次长时间的谈话。王明说："我们的斗争在东方大学取得了彻底的胜利。东方部派我们回国不是做普通工作，而是要做领导工作的。"他对我反复强调："我们是国际直接派来的，你要认识这一点。"他还对我说："中国的党自建立以来一贯幼稚，不懂马列。苏区的人更不懂，他们什么也不晓得，一贯右倾，搞富农路线。……我们要把党从上到下加以改造。"我问王明："你究竟要我做什么？"他回答说："要你支持我。如果你支持我，什么都好办；否则，我们是会有办法来对付你的。"我在莫斯科参加党的六大筹备工作时，王明当翻译，那时他的野心已从言谈话语中流露出来了，曾引起我极大的反感。这时我听了王明上述的一番话更加反感和生气，心想你王明究竟狂妄到何等程度！我当即严厉地批评了他。王明强辩说，"我说这些话是代表国际而不是个人"，并要我回去"向大家传达"。我义正辞严地拒绝，并对王明声明："我不赞成你的说法。"但王明还是执意要我在全总会上提一下。我要王明打消这些念头，并再一次提醒他注意："你的这些想法很危险。"我回到全总机关，同志们都来问我王明找我说些什么，我把王明说的话向大家转述了，同志们听了之后都十分气愤，纷纷要求把王明打发回去。在这种情况下，王明很苦闷，认为在中国想达到他的目的希望渺茫，要得到各方面的支持也极困难，因之他一度非常消极，不干工作，而且也因大家不理他那一套使他无事可做。不久，米夫从莫斯科来到中国，王明也因他的"救世主"的到来而精神振作，飞扬跋扈，时来运转。

　　本来李立三在党的六届三中全会上已经承认和检查了过去所犯的错误，但米夫到中国后，又以反"调和主义"为名，主持召开了六届四中全会。在这次全会上，米夫只用了几个钟头的时间便成立起由他控制的临时中央。在选举过程中，米夫耍阴谋诡计，宣布凡是从莫斯科东方大学回来的党员（指"二十八个半"）都有表决权，还说：他代表国际，反对米夫就是反对国际。出席四中全会的老干部、工人和其他各方面的代表都一致反对他这种违反党章规定的做法，并集体退场表示抗议。米夫－王明集团炮制的文件说，他们是多数，在表决中以"一票之差"获得通过。这真是弥天大谎。事实是根本没有进行表决，更谈不上有所谓"一票之差"了。我们不同意米夫、王明等少数人以不合法的手段改组党的中央，当然也不承认由米夫操纵的"临时中央委员会"。我们按原来的中央组织系统照常开展工作，王明诬蔑我们"另立中央"，其实我们不是另立中央，而是根据原来六大中央的组织工作着。

　　米夫后来多次找我谈话。他说反对王明的症结就在我的身上。我反驳他这不是我个人、而是大多数同志的意见。米夫提出，希望给他一个解释四中全会问题的机会，我们就在上海英租界静安寺路一所房子（中央一个重要机关的所在地）的花园里召开了一次有五六十人参加的会议，后来就把这次会议通称为"花园会议"。在这次会议上，米夫杀气腾腾地做了一通长篇讲话，他说根据中国目前的革命形势和党的状况，我们只能采用"非常"的方式、紧急的措施，超越六届中央的组织系统。他还说，由于六届中央系机会主义的领导，并因此造成中国革命失败，所以现在只有王明才适宜于担任党中央的领导。他又对我们说，你们虽然是多数，但你们错了，这样也不能算多数，你们如果服从四中全会产生的临时中央的领导，就会得到好处，否则，将你们统统开除出党。我们反对米夫以"老子党"自居的独断专横作风，认为米夫一笔勾销中国革命的成绩是错误的。我们一致反驳米夫污蔑毛泽东领导的苏区"一贯右倾""富农路线""军阀倾向"……等等不实之词。我们认为党在白区工作成绩也是主要的。我们尖锐地指出，王明根本不能领导中国的革命，他不懂马列主义，他既不会打仗，又不会搞工人运动，他们要老老实实地到基层锻炼，不能平步青云直上中央。我们郑重声明：米夫要把我们统统开除是不合法的。辩论在激烈地进行，会议开了一天一夜，结果破裂了，米夫蛮横地宣布将我们统统开除出党。这次会议是在四中全会之后、上海东方饭店会议之前召开的。鉴于米夫—王明集团开除了我们的党籍，我们便起草了一个文件，在这份文件上签名的有一百余人，其中有我和何孟雄、史文彬、林育南，李求实、陈郁等同志以及各省的省委书记、工会负责人、各组织系统的代表。毛主席派来的一个苏区代表团、方志敏派来的一个赣东北根据地代表团和鄂豫皖根据地的几个代表也在文件上签了名。这份文件是由我亲手交给米夫的，并要求米夫转送给第三国际。我们起草这份文件并有那么多人签名的意图，是在于向第三国际表明我们的态度，说明我们不隐瞒自己的观点，要求第三国际召回米夫，收回六届四中全会的成命，解决米夫给中国的党造成的严重困难，如果不及时采取措施，后果不堪设想。我们的意图，还在于向第三国际表明我们不是居于少数而是多数。当时我们还出版了一个内部刊物叫《国际路线》，由李求实等同志负责主编。刊物的宗旨和内容是反对米夫—王明集团的。我们在请米夫转送给第三国际的文件中，有特别注明这是绝密文件、不得公开的字样，但是，米夫把这份文件给了王明，并在他们一伙中公开了。

为了商讨党的领导突然被米夫、王明一伙撤换及我们的党籍被开除，我们对此应该做出怎样的反应，为了反对王明的机会主义路线，为了使党的工作不停留于内部辩论的阶段而将革命继续向前推进，便由史文彬、何孟雄、李求实、林育南和我及其他一些同志共同筹备、召开了上海东方饭店的党内会议，会议由何孟雄、李求实、林育南等同志主持，参加会议的有全总、铁总、海总、上总、上海、江苏及苏区等各方面的代表。当时李求实负责文化方面的工作,他来问我:是否请柔石等人来参加,我同意了。这次会议是一次党的会议,它讨论全国的工作,坚持党的六大路线,反对王明集团。所以这次会议不是"左联"的会议,"左联"五烈士是后人的提法。当时在文化工作方面,我们曾建立了一个叫"文化革命联合会"(简称"文革联")的组织,它的纲领是李求实写的,其内容是如何发动文化战线的工作者对内反对王明集团及其错误路线、对外反对蒋介石国民党。"文革联"的负责人系李求实和谭寿林。李求实翻译过杜斯退亦夫斯基的传,二十余万字。谭寿林是我在北京大学的同学,全总的秘书长,他写过一部小说,由泰东书局印行,这部小说的题材是反映广西农村状况的,解放后重印了,董老有题词。在全总搞文艺工作的还有一个叫童长荣的同志,他在花园会议前由全总派到东北去组织抗日联军,后在盘山战役中阵亡了。马尚德(杨靖宇)也是在花园会议前由全总派到东北去的。

我本来要去东方饭店会上作报告,但其时因有一个外省同志来找我谈话,我去迟了。当时还有许多人因有各种原因未及时到会。史文彬也去出席了会议,但因事提前离开了会场。当会议开到一半时,工部局就突然包围会场把所有与会者逮捕了。除了在东方饭店一地外,搜捕还在其他几个地方同时进行。当时被捕的有党、团、工会、文化小组系统、外省市、苏区……等七八个组织系统的三十五位同志,后来有的获释了,有的被判处死刑,被国民党反动当局在龙华秘密枪杀的有其中的二十三位同志。

显然,国民党的这次大逮捕是有叛徒告密的。我个人认为叛徒的告密档案是有的,问题还是不难搞清楚的,国民党反动当局的判案也是有档可查的。

王明一伙曾谣传,说出卖何孟雄的不是别人,正是何孟雄自己的干儿子。据我知道,何孟雄很年轻,他根本没有什么干儿子。

那么，究竟是谁向国民党反动当局告密的呢？对此一般有两种说法：一种说法是顾顺章打电话向工部局告密；另一种说法是一个从莫斯科东方大学回国的学生与龙华惨案有关。此人叫唐虞，他与王明很要好。他是与潘闻宥一起从莫斯科回国的。潘又名文玉，是向忠发的秘书，与唐虞是连襟。唐虞回国后在中央宣传部工作，有过贪污行为，是他通情报给蒋介石的特务的。但是，不管怎样，这一点是确凿无疑的：当国民党反动当局审讯何孟雄、李求实等人时，有一个从莫斯科东方大学回国的女生隐蔽在法官的后面，一一指认何孟雄、李求实等人系中国共产党的重要人物。

必须着重指出：王明一伙干这种罪恶勾当决不是孤立的、偶然的。为了镇压他们的反对派，维护其一小撮人在党内的独裁统治，他们以两种卑鄙的手段杀害我们的许多同志。一种手段是如派夏曦到洪湖、派张国焘到鄂豫皖、派曾洪易到赣东北、派另外一些打手到其他苏区，以抓所谓"AB团"、"改组派"及"审干"为名，残杀了许多无辜的革命战士，这种惨无人道的残杀在苏联中国留学生中亦同样进行。另一种手段是向国民党反动当局告密，指认党的负责同志，借敌人之手来残杀共产党员和革命的同情者。把这些触目惊心的事件联系起来，就可以看出东方饭店党内会议的遭到破坏和龙华惨案的发生决非孤立的、偶然的，它是王明一伙破坏中国革命和党的事业的一连串反革命事件之一。

对于在东方饭店和其他几个地方被捕的同志，王明一伙并没有设法营救，也不做任何表态。事件发生后，上海沪东区的一个负责人（王明系统）在路上遇到全总的一个工作人员说："我们要你们不要反王明，你们不听，今天不是吃了亏吗！"此时，王明还派顾顺章搜查我们同志的住地，顾顺章对被搜查的同志说："你们快离开上海罢！否则，我们对你也不客气了！"凡此都是有关同志亲口对我说的。

从上所述，究竟谁向国民党反动当局告密，以鲜血染红自己的顶子，不是昭然若揭了吗！

何孟雄、李求实、林育南等三十五位同志被捕后，我们曾专门成立了营救委员会设法营救他们。参加营救委员会的有我、史文彬及其爱人、陈虞卿（原名罗章凤，中央军委、苏维埃准备委员会副主任兼保卫科长，后来牺牲）和济难会的同志。李求实、何孟雄、林育南等同志的亲属也参加了营救委员会的工作。我们派家属给被捕的同志送东西，在送去的食品中夹有给他们的信，信上详述了我们的营救计划。何孟雄、林育南、李求实等同志很快就联名用代号回信给我们，信中说他们彼此之间相处极好，他们已经感到他们之所以被捕系由于叛徒的出卖，因此他们叮嘱我们要当心那些"伙友"（指王明一伙）。当时，我们还募捐了一笔营救的款项。林育南的父亲得到我们的通知，很快就派人前来，并领了一些钱。但是，在何孟雄等同志被叛徒在敌人面前指认为重要人物之后，营救便成为不可能了。我们每每忆及此事，内心就对王明一伙叛卖革命的罪恶行径无比憎恨，悼念为革命壮烈牺牲的二十三位烈士的悲痛心情不能自己。

曾经有人把何孟雄反对王明的斗争说成是个人之争，这是错误的，因为这种说法没有触及斗争的实质。斗争的实质是一次党内两条路线的激烈斗争，以何孟雄等为代表的无产阶级革命路线和以王明为代表的反动的机会主义路线的斗争。

【附录八】

《草鞋脚》序言(节录)

Hazold Lmacs　伊罗生·艾萨克斯

一九三一年一月十七日在上海举行的那次会议,是残酷的派别斗争的一个插曲,这种斗争在共产党领导阶层内部刚刚达到了顶点。在李立三领导下的冒险主义政策已经走向失败,到了一九三〇年中期,这种情况甚至在第三国际看来也是明显的了。环绕党的政策问题和新的领导权问题,一场重大的派别和人物之间的斗争已经进行了几个月。我想再提一下,当时人们心目中的领导权是以国民党中国的城市作为基地,而不是以内地作为基地,在那里毛泽东正在把农民武装起来,集聚在他的周围,朝着最终亲自统率整个运动的道路前进,党的中央委员会和政治局依然设在上海,至少依然能够在那里存在和开会。

一九三一年一月七日,在第三国际的俄国代表巴维尔·米夫的亲临监督下,在上海举行了中央委员会第四届全体会议。在李立三领导下的旧领导人被粗暴地撤了职,由米夫自己的门徒,从莫斯科回来的学生陈绍禹——后来在第三国际的刊物上叫作"王明"——代替李立三担任领导。陈绍禹和他的一伙新来的人曾经在莫斯科度过骚乱的革命年代,最近刚刚回国。当时他们把由何孟雄领导的反对他们的一批党的老战士排挤到一边去,而何孟雄在共产主义运动中的历史是从党的早期就开始的。四中全会的决议在共产党组织中和在上海的各种附属团体及委员会中遭到愤怒的反对。一月十七日夜里在那个旅馆开会的,就是何孟雄和他的一群同志们以及拥护者们,包括那五位作家在内。和五位作家一起被押到龙华去枪决的,就是那"另外十九人",当时在第三国际为那五位被杀害而发起的国际抗议运动期间,一直提到十九人,但是从来没有提出他们的姓名。

那天夜里出席会议的那些人中间,多数从此再没有被验明过。在那五位作家中,只有李伟森是党的重要人物,他在共产主义运动中的历史和何孟雄一样长,地位也不亚于何孟雄,他显然是以他的地位而不是以"作家"的身份参加会议的。其他四个人在党内资历方面比他浅的多。他们都是各小组、各团体的成员,都是突然被四中全会撤职的旧的党的领导的拥护者。如今没有确切的证据足以说明那天夜里开会的人们的真实意图,也没有确切的证据证明这次会议是怎样被泄露给警察当局的,是谁出卖的。有的只是在这以前的情况以及共产党后来处理这个问题的令人难以理解的富于讽刺意味的方式。

已故的夏志安[1]在一九六二年初版的他的研究著作《五烈士之谜》(The znigma of The Five mntyw)中对这一事件进行了新近最周密的调查。他查对了每一件可以找到的原始材料,缜密地谙练地审度了一切证据。虽然还没有最后的证明,但是这种证据有力地支持了下面的推断:(一)举行这次会议,是为了考虑对于党的领导突然被撤换应该做出怎样的反应,是服从还是分裂;(二)为了一举清除它的反对派,新的党的领导把这次会议向上海警察当局告密了。

---

[1] 夏志安,应为夏济安。他的《五烈士之谜》(The znigma of The Five mntyw)一文后由韩立译成中文,分六次连载于香港《明报月刊》第十九卷十一期(一九八四年十一月)至第二十卷四期(一九八五年四月)。

【附录九】

致中共中央政治局润之主席函

（一九四九年八月二十二日）

中共中央政治局
润之主席学长尊鉴：

　　八月四日长沙解放，反动政治，一举廓清！二十二年前的今天，正是中国工农红军开始建军的时候。当"八七会议"后，弟承党之命参加湖南省委与滕代远诸同志参预秋收武装起义，向反动政府作殊死战，全体同志屡败屡战，再接再厉。在这一战斗中，我党精锐如：郭静茄、夏明翰、龚际飞等相继战殁，直到秋收武装起义战事结束，弟乃奉中央命令撤退，仍回上海中央从事地下工作。

　　党的六次大会召开时，弟代表湖南省委赴苏联莫斯科出席大会，大会结束后，即专程返国，积极参加工作。当时个人意见认为全党应该加紧团结，不偏不怠，切实执行六次大会决议，艰苦奋斗，争取革命高潮。不料未几却发生四中全会的党内宗派主义问题。

　　在米夫、王明回国领导中央工作时，上海全体参加实际工作的同志与六大中委多数，依据六大政治路线和党的组织路线，在四中全会上提出过批评的意见。这些意见大都是以党的六次大会决议为根据，且为当时大多数同志所赞成，却不料引起对方的不满，以"右倾机会主义"罪名惩办了许多同志，弟亦因此受到开除中央委员和党籍的处分。

　　当时国民党反动势力十分猖獗，党的环境非常困难，弟见宗派主义牢不可破，遂抱定牺牲个人成全党的决心，劝告同志顾全大局，一切听命于党，自己却默然离开了党。事后证明当时米、王宗派主义及其政治路线确实使党的工作受到了挫折，同时使革命发展受到了严重损失，而当时所称"右倾机会主义"危害党与革命之说，则不免成为夸张诬陷失实之谈。

自党的二次全国代表大会起至六次全国代表大会以后，弟迭蒙全党信任，当选中央委员（五次联任中委），效忠于党，参加实际工作凡十二年。"二七""五卅""北伐""土地革命"诸役均置身最前线，不稍瞻顾，平日在工作上虽然犯过错失，总是依照党的自我批评纪律，彻底改正错误，从来不敢因小失大，自误误党，所以十二年间并未受过党的任何处分，此次忽被严谴且申诉无由，是以当时党内同志均感意外，并代为叫屈不置。

自被开除后约经年余，弟复遭人告密被捕入狱，此时党籍已失，救济无人，然落井下石尚有人在。居狱时备受折磨，几死狱中，后得中央研究院蔡子民奔走营救，禁锢经年，始获释放。时宗派主义同志对弟个人出处颇多谤议，好在这些传说，随后即完全为事实所否定，这些事实便是：

（一）弟自从离开党到现在，没有加入过反动的国民党或三民主义青年团。

（二）没有做过国民党的官吏。

（三）没有加入过其他的反动党派（包括中青、民社、托派和右派等）。

（四）没有加入过假革命的政治党派团体（包括一切官僚、军阀、政客的政治投机集团）。这样终于保持了共产党员的操守和清白。

在此悠长岁月时期中，反动派对弟迫害从未放松，个人处境虽极苦楚，但一念及吾党建立以来所号召的阶级革命大义和个人十二年为革命工作牺牲的历史、匹夫之志益觉坚不可夺。惟当时所最痛心者,便是今后已被迫离党的有组织的强大队伍,成为个人单元的软弱无力的奋斗,结果是脱离政治,但仍响〔向〕往为人类远大目的的奋斗,刻苦治学与诲人不倦的精神。

当考虑个人今后工作方向时,最初是拟潜赴赣南苏区加入工农红军,亲履行阵,杀敌自效,但因关河隔绝,国境对垒,星旗在望,飞越无由,最后乃决定重新读书、继续研究革命理论及与中国革命有关的各种实际问题,希望为将来的党与人民祖国储备一些广泛应用的专门学识。

一九三四年冬季为生计及图书便利计,弟乃应河南大学之聘,赴河大担任教职。抗战发生,迁校鸡公山,在河大任教二年。抗战期内,武汉撤守,复应西北联合大学之聘,在西大任教十年。(一九三七年至一九四七年)。抗战结束后返湖南大学任教,到现在止任教二年(一九四七年至一九四九年)总计前后在三校连续任教时间合计十五年。十五年来"磨血"著书,授徒自给,备受反动派排挤,然犹不顾一切,早作夜思,锲而不舍,先后成书十种,约二百五十万言。拙着宗旨归纳起来大概根据四个原则:

(一)使中国学术思想脱离封建主义及西洋资本主义的奴役地位。

(二)不附和一切反革命理论。

(三)根据革命的民主主义衡量一切学术思想。

(四)融合东西,陶铸今古,尊显真理,发挥自我创作,使中国优秀学术统一起来。

拙着各种书共二百五十万字,其中已印行五种约一百五十万字,待刊者二种约一百万字。

十七年讲学著书生活至此告一段落,但因个人处境艰难,孤陋寡闻,致履过的机会多而闻过的机会少,抚躬自讼,负咎尤深,惟平生行谊不慕势利,不事剥削,不背阶级,不卖同志,不残害人民,不投机取巧，尽心竭力，为祖国为人民服务，则有事实可验，差堪告慰。今后更愿时时警惕，使研究与实践合一。

间读近代史时，尝见革命党人身世遇合，恒多变易，惟是非之辩，屈伸之会，则久而愈明。如马克思革命之圣，然一八五〇年为同志所不谅，被迫离开共产主义者同盟而自遁于伦敦博物院图书馆垂十七年。弟才学不逮前哲，但所遭厄运，则远过之。隐遁经年，怀宝迷邦，读孟德诗云"契阔谈䜩，心念旧恩"，又云"老骥伏枥，志在千里"，郁结之思诚不能自已，且久而弥殷。用特将十七年来离开政治后的生活经历，据实略陈以明本志，今后为人民革命的胜利与建设新世界继续奋斗，自当竭其鲁钝，尽瘁不辞。此平生愿望，度亦大仁睿智之所颔许也，书不宣意，伫候

明教

　　顺致

敬礼

　　　　　　　　　　　　　学弟　罗璈阶　拜上
　　　　　　　　　　　　　一九四九年八月廿二日

【附录十】

致中央政治局常委会函

（一九七九年十月）

中共中央政治局常委会：

　　我自去年八月奉召来京，参加政协与革命博物馆举行的党史座谈会。在这期间，欣逢十一届三中全会在京举行。会议公报一经传达，薄海欢腾，个人深受启发。

　　今年我奉调来京，又逢五届人大和五届政协两个大会的召开，得以聆听中央领导同志的重要报告。国庆前夕，又聆听了叶副主席为庆祝中华人民共和国成立三十年，谈取得的伟大成就和建国以来丰富的经验教训。目前我党民主作风、实事求是的优良传统又得到进一步发扬光大，"实践是检验真理的唯一标准"的讨论益发深入人心，举国上下，一致奔向"四个现代化"的宏伟目标，个人心情感到无比振奋。因此，我把个人参加"非常委员会"和在南京被捕入狱的经过详实报告中央，请中央审议。

　　此致
崇高的敬礼！

罗章龙
一九七九年十月

（一）关于六届四中全会问题

　　溯自中共建党以来，与共产国际关系是很密切的。初期双方相处，互相信任，精诚团结，合作无间。自从大革命失败后，东方部由米夫主持，政治上屡犯错误；组织方面践踏党章，并无视党内民主。此种倾向发展到四中全会，可谓登峰造极。米夫在四中全会上，抛出王明路线；滥用职权，违法乱纪。因此引起党员群众的极大愤慨，于是爆发了反四中全会的问题。

先是王明回国被派到全总工作时，他就开始了夺权的准备，曾对一些同志进行拉拢、煽动。如一次他在虹口公园对我谈话，内容要点是：

在政治路线上，他认为中国的党向来没有革命的理论，因此也谈不上革命的行动。只有像他们这样具有"高度理论修养"百分之百的布尔什维克，掌握了中国党的命运，才会有真正的中国革命。他认为，历届中央工作成绩甚小，一贯右倾。他说：立三路线不是"左"，而是右。他认为：苏维埃区全都右倾，"一贯右倾，严重右倾"。

在组织上，他特别强调旅莫斯科支部清洗斗争的重大意义；他自称奉东方部命令回国，说东方部给他的任务是改组中央，并领导新中央的工作；中国的党要从上至下彻底改组，才能执行国际路线。

他为了拉拢全总，又向我说：全总是工人、干部精华所在，是党的中坚革命阵地，是反对机会主义路线的唯一强大支柱，等等。他希望我把他的意见向工委和全总同志们反映，支持他们的工作。

以后王明等又多次找我谈话，中心内容仍是："目前中共主要危险是右倾机会主义"；"是实际工作中的机会主义"；"在苏区是富农路线"；"现在没有真正的工农兵会议政府"。他们强调全盘改组中共各级领导机构，认为这样中国革命的问题才能得到解决。他们甚至透露已准备了一个名单，哪些该打倒，哪些该争取，采取了"顺我者昌，逆我者亡"的手段。

他们要我表态支持他们的计划，当时我认为他们所谈问题独断专横，性质严重，拒不作答。

在中央工委和全总党团联席会议上，我报告了米夫意向和王明等的谈话内容。与会同志激于义愤，表示坚决反对米夫、王明的错误言论。并立即写信给国际（也曾给苏区毛主席）表明态度，决心维护党与革命大业，申斥王明的错误言行。

六届四中全会的召开是米夫践踏党章、无视党内民主、包办代替的产物。由他选定出席人员，虽不是中委，但均有表决权；而我和一些中委则是在会前二十分钟才接到开会通知的。

米夫宣称四中全会是超越六大中央的方式召开的会议。首先由国际代表做政治报告，着重批判全党右倾思想，强调彻底改造党，成立"布尔什维克化的中央机构"，提出了比立三路线更左的路线（即以后的王明路线）。报告完毕，讨论中，大多数代表对米夫的报告深感失望；而对于米、王的篡党计划激烈反对，发言踊跃。中共六大中央监察委员会主席史文彬在会上发言，指出四中全会是违反党章与党的组织原则的，他说："中共党章明白规定，全国代表大会选出中央执行委员会，为中共最高领导机构；全国大会以外任何会议或机构不能产生中央领导机构，否则视为违反党章的非法行动。如果全党认为有需要改组中央领导机构，必须召集全国代表会议来解决。"米夫对此置之不理，仍坚持进行选举，提名王明等人为中央委员，会场上一片喧哗，嘘声四起。史文彬首先起立，代表今天出席的中委等声明选举不合手续，会议应立即停开。于是代表们群起集体退席，离开会场。据记载，出席四中全会有三十七人。其中有二十多人声明反对四中全会、集体退席，他们是：史文彬、罗章龙、何孟雄、张金保、萧道德、陈郁、王凤飞、徐兰芝、袁乃祥、丘泮林、沈先定、张昆弟、徐朋云、唐宏锦等。

四中全会后，米夫派他的翻译来找我，要我把在四中全会上表示异议的同志找来开会。这个会议是在上海沪西区一个花园别墅里开的，不同意王明路线的六大中委及各部门负责干部共去了二三十人。会前米夫找我谈话，说："这次会议很关键，开得好，问题就解决了；开不好，后果很严重……"话中带有威吓的意思。总的说是让我表态支持王明，并要说服其他同志也表态支持。我说："要让我说服他们，我感到无能为力。明天的会要开好，还是请国际代表直接掌握。"

这天，米夫主持会议，同来的还有两个国际代表。米夫首先发言，说王明是最优秀的布尔什维克，马列主义理论水平高，你们不要反对王明。接着国际代表轮流发言，做了长篇讲话，态度极为强硬。综合他们的谈话，内容如下：

1. 当前中共党内主要问题是右倾（特别提到中央苏区一贯右倾、严重右倾）；国际指示王明等组织临时中央是改造中国党的必需手段。

2. 对国际应绝对服从，国际指示是绝对正确的，四中全会是体现国际正确路线的。

3. 王明虽然犯过组织纪律错误，但他们是真正的布尔什维克，政治上很正确，中国革命离开他们是不行的。

4. 虽然反对四中全会的同志占多数，但形式的多数不能算多数；赞成四中全会的虽占少数，但也不能算少数。

国际代表发言后，在座的中委、干部都积极发言，也讲了几个钟点。综合他们的讲话，主要是批评四中全会和王明路线，有以下几点：

1. 四中全会的政治路线是违反了中国党与革命的根本利益，不能体现共产国际路线，会议本身也是破坏党章党纪，是破坏中国党组织、危害中国革命的。

2. 王明本人脱离实际，脱离群众，而他主张的是比立三路线更"左"的路线，将来在城市和苏区都是行不通的，如果现在不加制止，将会严重地损害中国革命事业。

3. 反对四中全会的斗争是辨别党内大是大非的原则性斗争，我们要求国际代表以中国革命为重，对四中全会决议收回成命，定期召开七大会议或紧急会议，重新树立正确的政治路线，解决党的一切问题。

4. 坚持不同意王明当选中央委员。

最后，国际代表宣布："今天会议到此为止，你们反对国际路线，反对四中全会就是反党、反国际，应受严重处分，一律开除。"

花园会议后，临时中央就正式决定开除了我们的党籍。"决议"是后来才用文字公布的。以后又处分了几批同志，有的公布了，有的没公布。当时大家为了继续革命工作起见，在中央工委机关开会研究今后工作问题，决定一面写信给国际，希望另派代表重新召集会议解决问题，我们听候国际处理；一面仍继续照常工作。为便于领导日常工作的进行，并决定暂行成立一个临时性的机构——"非常委员会"。

在四中全会后，我们写了一个文件：《力争紧急会议、反对四中全会报告大纲》。大家都在上面签了名。这个文件是送交国际和临时中央的对内文件，对外保密，在基层只有口头传达。后来王明却造谣说，这个"报告大纲"是以散发传单的方式向敌人告密。这是王明强加给我们的诬陷不实之词。

王明对同志残酷斗争，无情打击，采取非法手段。自此以后，更是有增无已，打击陷害以至冤枉杀害了许多好的同志。

关于"非常委员会"

"非常委员会"是在花园会议以后成立的。也就是国际代表和临时中央宣布开除许多同志的中委、党籍并停止他们的工作以后，才被迫成立的；也就是以六届中央原有机构（中央工委、全总等原有人员）坚持继续工作，并没有另外成立新的中央机构；工作所遵行的仍是六届中央决议，并非如王明所诬陷的有其他什么路线。

关于参加"非常委员会"的组织成员，主要是中共六大中委、全总、铁总、海总、上总以及北方、东北区、江苏、山东和全国苏维埃准备会议委员等在上海的老干部。其主要成员有[1]：

罗章龙　原六大中委、中共中央工委书记，全国总工会党团书记；

史文彬　原六大中委、六大中央监察委员会主席，铁总主席兼党团书记；

何孟雄　原江苏省委委员，沪东区委书记；

林育南　原上海总工会常委，苏维埃准备会议秘书长；

李求实　原共青团中央委员，上海反帝同盟书记；

王仲一　原六大候补中委，北方局书记；

唐宏锦　原六大候补中委，东北区书记；

袁乃祥　原京奉铁路总工会主席；

沈先定　原上海总工会组织部长；

张昆弟　原北方局特派员；

王凤飞　原九江书记，后任上海闸北区书记；

谭寿林　原全国总工会秘书长；

陈　郁　原海员总工会党团书记；

徐兰芝　原六大候补中委，陇海铁路总工会主席；

童昌荣　原东北南满特派员；

霍锟镛　原湖北省工委书记；

王士青　原青岛市委书记。

（余略）

当时出席全国苏维埃准备会议的各苏区代表，如中央苏区代表团、豫鄂皖苏区代表团、湘鄂西苏区代表团、赣东北苏区代表团等苏区全体代表，均在反四中全会"提纲"上签名，并同时参加"非

---

[1] 成员名单王士青一行之后的"（余略）"为原文。

常委员会"工作。

"非常委员会"成立后，经过讨论，通过《力争紧急会议，反对四中全会提纲》。"提纲"要点如下：

1. 四中全会临时中央助长"左"倾路线，比原来的"左"倾路线更加变本加厉。

2. 四中全会丝毫没有党内民主，是由米夫一手包办的。

3. 建议召开紧急会议或七大会议解决全党各项问题。

4. 向共产国际建议立即撤换负四中全会主要责任的米夫。

（引自"提纲"）

后来米夫却反唇相稽说：

1. 力争紧急会议，主张在紧急会议上选举临时中央，这是分裂党的行为。

2. 国际代表是百分之百的执行国际路线来指导中国党的，所以反国际代表实际上就是反国际；提名反对米夫等于向敌人公开告密。

3. "提纲"是"取消中国革命"。

4. 四中全会临时中央是加速党布尔什维克化的正确路线。

（引自临时中央"决议"）

以上就是当时双方争论的焦点所在。

"非常委员会"活动主要是在原有组织基础上，继续进行对南京反动政府的斗争；组织工会发动反黄色工会的斗争；同时出版名为《国际路线》的刊物；写信给国际，要求速派代表来中国解决党的问题；也写信给中央苏区毛主席，报告情况、请求资助。

因为"非委"是个临时性工作组织，所以它的活动时间很短。"东方旅社事件"发生后，党的精华遭到了严重损失，上海的工作陷于停顿，外地亦因交通困难，无法进行工作。此时"非委"实际上等于自动解体，不复存在。自"龙华惨案"后，我亦因病离开"非委"，直至一九三三年入狱，这段期间我都未参予活动。至于上海以外以及北方地区的反四中全会活动,我更未与闻其事。

我们当时的处境是十分困难的:那时如果服从米夫的命令,那就一定要违反党与革命的利益;如果坚决保卫党与革命的利益,那就要与米夫、王明决裂,受到惨〔残〕酷的斗争和无情的打击。

由于当时事态的急剧变化,大家感到智尽能索,面对党内"残酷斗争、无情打击"的情势而束手无策。急切之间,竟难于找到一条政治上既反对米夫、王明,而组织上又能兼容的两全道路。

"非委"的存在,虽然时间很短,却引起党内极大的分歧。尽管当时我们是寄全部希望于国际,认为"非委"只是临时组织,我们和米夫、王明的争议属于党内问题,只要通过国际合理解决,这一组织也就自然不存在了。但事与愿违,我们的期望都落空了。东方部坚持己见,一意孤行,终于使革命事业造成不可弥补的浩大损失。追源祸始,造成这种严重后果是应由米夫承担责任的。我个人也有责任。这也是我长期以来寝馈不安,深以为疚的。

总之,关于四中全会问题,时至今日,真相渐白,是非已明:米夫、王明的错误路线推行全党,使中国党与革命事业濒于绝境;无数同志在其残酷斗争、无情打击下沉冤莫白。综其所为,足使亲者所痛,仇者所快!在反四中全会问题上,我犯有严重错误,愿获严谴。但对于参加反四中全会的多数同志因而蒙受牵连,包括白区、苏区的同志,以及以后去苏联的一些同志,被王明所强加的不实之词,并由此而造成的许多冤、假、错案,请求中央查明,予以落实政策,平反昭雪。

我个人今后决心以余生之力,在中央领导下,努力工作,以赎前愆。

(余下部分略)[1]

---

[1] 编者所略,内容为"南京被捕入狱问题"的说明,本书另有详述。

【附录十一】

前共党中委罗章龙宣言[1]

中国革命现在正遭逢历史的严重难关。自前岁九一八事变以来，整个民族的生死问题，便提出到每个国民面前。最近日本帝国主义在北方的残酷进攻，更促进全国朝野一致的愤慨。就目前形势而言，挽救中华民族垂危的命运，系于整个民族的精诚团结，及有计划的反抗帝国主义，而中国的国民革命亦必由此而彻底完成，这是无可争辩的原则。但是正值抗日战争的发展中，中国共产党的政策恰恰与此相反，使政府受着重大的牵制。基于这一现实的重大事件，加以我在长时间深刻考虑的结果，我深信第三国际现所领导的中国共产党，绝对不能负担中国革命的任务，反而成为中国革命的障碍，中国革命的完成，只有依赖三民主义的指示及中国国民党的领导才能实现。因此我现在毅然决然宣布脱离中国共产党，抛去我以前的政治偏见承认过去我所做的一切错误，并且勇敢的转变到三民主义旗帜之下，做一个反共抗日完成国民革命的战斗员，现在将我转变的过程简单叙述如次：

当社会主义输入中国的初期，我即开始研究社会主义，随后经李守常的介绍，在北平加入了中国共产党，先后参加学生与工人间活动，数年之间，历经担任支部、区委省委、中央等部的工作。这

---

[1] 原载一九三三年四月三十日上海《申报》第三张第十一版。该报同时登有"自首共党罗章龙发表宣言陈述过去错误"的消息一则（见本书"附录十二"）。

个时候，我凭着单纯的信念及世界革命热烈的期待，努力为共产主义工作，经常是站在斗争的最前线。国民党容共问题发生，中国共产党内部发生了剧烈的争执，此时我一度参加国民党工作，对于"共产革命和国民革命"间的理论，发生过很大的动摇。一九二七年中国共产党失败后采用无政府主义的暴动政策，杀人放火，儿戏革命，造成滔天的罪恶，我当时即认为中国共产党路线（其实也就是第三国际路线）已完全离开中国的实际要求与民众利益背道而驰，因严厉批评这种荒谬政策的结果，被共党中央予以种种诬辱。在共党六次大会后共产党的暴动政策又假立三路线的形式，复活起来，我因继续反抗而遭受他们的打击，一九三〇年共产党举行四中全会，我与徐锡根、王克全、孙正一诸人起而反对，组织非常委员会，因反抗失败，被共党开除党籍。自是以后，我对于政治，遂由失望而消积。但是，我仍保留万一的希望。希望共产党更能发现正确的路线，解决中国革命问题，随后此希望亦渐归消失。当非常委员会解散及其后再图规复之时，我在政治上是万分的悲观与苦闷，政治生活限于停顿，但却因此开始思考种种革命根本问题。就现在看来，我历年来在政治上与组织上既然窥破第三国际及其所领导的中国共产党行动完全与中国革命不相适应，既然明白了目前中国外侮内忧纷至沓来，民众水深火热，中国共产党负有重大的责任。当此之时，我不能根本与之决绝，仍然想在错误影响下面谋图补救，这不仅是个人的主观错误，而且昧于客观的真理，这一错误，我现在是勇敢承认的，并且愿意把他最重要的数点揭发出来：

第一、中国是次殖民地的国家，中国经济长期在国际资本主义控制之下，没有形成有力的民族资本，根本上没有构成共产主义的集体生产条件。因此，中国革命的性质，主要是对内肃清封建残余，对外驱逐帝国主义在华的势力，才能发展经济，安定民生，同时中国革命的动力，应该是联合各阶级的力量，共同奋斗，才能排除强敌，完成任务。但是共产党却根据第三国际错误的估计，抹煞一切客观事实，武断的做建立苏维埃政权的号召，否认无产阶级以外革命势力的存在，这样搬演外来的所超事实的理论，结果所谓"苏维埃"政权的建立，只是造成农村中广大的屠杀、死亡、灾荒与破产，城市区域罢工斗争，武装暴动的发动，更陷劳苦群众于同样的悲运，这种基本错误，自然是造成其他罪恶的张本，而形成国内的反动的主要潮流。

第二、中国共产党的政策，一切直接出于第三国际，但就过去事实观察，第三国际对于中国革命问题的谬误，已如前述，而其在策略上朝三暮四，前后矛盾，尤属指不胜屈。中国共产党几次"机会主义"的表演，均以第三国际的派别为背景，而彼吏每次卸其责任于中国共产党个人，助长共党内部纷争，以资其操纵。同时，第三国际自一九一八年以来等候西欧无产阶级革命的援助失望后，一切对外政策，转以拥护苏联为中心，因是而勾结法日，进兵中东路，其所谓援助弱小民族，进行世界革命，不过成为一个好听的名词，中国革命在第三国际指示与欺骗之下，遂简单的成为拥护苏联的牺牲品。

第三、中国共产党的愚昧的理论，及其所秉承第三国际的自私狂妄的政策，经十余年来事实重复证明，是断定其决不能成为"无产阶级的政党"的，因此共产党经常好像建设在沙滩上一样，他的基础是完全空虚流荡的，既没有多数民众的拥护，更根本上说不上是革命的先锋队伍，相反的，真正革命分子现在日益敌视他离开他，只有少数党官之徒，还在虚设机关，希图在这个废墟上建立什么基础，这不过是自欺欺人罢了，最后是只有归于毁灭的。

第四、中国共产党，狂妄的理论与畸形的组织，不用说在正确革命的道路发展中是必然要被埋没的，但是在今天仍然却积极尽其反革命的能事，在全国经济恐慌中，在困难重重包围中，他们最卖力的就是在匪区中东西驰突，牵制政府抗日的全力，以遂其狭隘的私图，在一切的农村中酿成变乱，趁火打劫，在生产界造成骚扰，妨害生产，增加失业；凡此一切，在今日均可解释为仇视民族反帝战线的媚外行为，但是他们却用种种借口，把这一切媚外行为转以诬蔑执政的中国国民党。

根据上述数点，我认为第三国际与中国共产党在中国革命史客观上是反动的集团，我过去参加这一集团的言论与行动，严格的批评起来，自然是我的罪戾。我更痛惜多数青年近年来因迷失了政治方向，在错误百出的中国共产党领导之下，受了同样的待遇而造成巨大的牺牲。这样经过深长的考虑与国民党当局剀切的说明，我今日是完全从共产党的污泥中振拔出来。

我正确了解三民主义有切合今日中国实际政治的行动政纲，更有崇高伟大的目标与理论。执政的国民党在中国革命中有光荣的历史，现为广大群众所拥护。今日中国紧要的政治问题，就是在国民党政治领导之下，坚决的抗日剿共，开辟民族的新路，调和阶级矛盾代替暴乱与恐怖，实施计划经济，改良农村生活，建立民治民享民有的新国家。

四月二十八日

【附录十二】

自首共党罗章龙发表宣言陈述过去错误

中央社云　新近在上海自首之共产党罗章龙，即罗璇阶，原定昨晨，在市政府情报处报告罗氏本人自首经过，嗣因前日赴京，未及赶回，故由中国国民党中央执行委员会特派驻沪调查员马绍武代为陈述，罗氏本人并发表自首宣言，兹分录于后。

马绍武：代罗陈述　罗章龙，原名璇阶，年三十二岁，湖南浏阳县东乡人，曾毕业于北京大学哲学系，于一九二三年（民国十二年）国共两党合作时，加入共产党，旋因反对共产党之暴动政策，为干部派所开除，罗即自立一派另行组织非常委员会，与陈独秀之托洛斯基派，亦格不相关，罗在上海秘密工作已数载，前因于天后宫桥商业图书馆，被市公安局拘捕，并向渠说明中国共产党之错误后，罗即自首，并由孙正一、彭玉阶担保，乃由市公安局派员护送到京，现在中央党部招待处暂住已恢复自由，蔡元培先生，前曾以民权保障大同盟之名义，向中央呈请保释，盖不知罗早已得到自由，罗氏本人，且自发宣言，表示其过去之错误，及今后努力之方针，罗氏对政治经济，颇有研究，亦多著作发表，嗣后能为党国宣劳，当亦为吾人所乐闻者。

（一九三三年上海《申报》消息）

【附录十三】

关于中央社公布马绍武发言的说明[1]

一九三三年上海《申报》，……

此项"发言"与"声明"互为表里，均系南京特务人员一手炮制文件，其作虚摘事实作贼心虚，处处可见，不攻自破。兹说明数点如次：

1. 由国民党特务马绍武代作声明，本人并不在场，更不知情；
2. 马绍武原系中共叛徒，投敌后任上海公安局侦缉特务；
3. 马绍武罪恶贯盈，被打狗队派人刺死于上海；
4. 蔡元培营救罗的工作始终贯彻到底，没有受马绍武伪造宣言及"公报"所蒙蔽；
5. "声明"与"公报"，全系敌特一手作成，可以互相印证；
6. 罗陷狱期中失去自由，当时既不知道特工行径一切经过情况，营救出狱后离开南京，改易名字，也无法出面声明本人被逮经过，查阅时间、地点均与"声明"、"公报"不符；
7. 中共过去文件（解放前后）从来未提及"声明"及"公报"，其他书刊亦无此项记载，足证"声明"及"公报"均属诬妄不实之词，全非事实；
8. 此文不足为据，无参考价值；

罗氏在狱时，既无供出同党机关、出卖战友事迹，出狱后亦未

---

[1] 见于罗章龙遗存手稿，约写于一九七〇年代之前。

参加国民党组织、担任国民政府官吏，离开南京改变名字，隐沦外埠，授徒自给。仅此一切足证罗氏行动光明磊落，与中共其他投敌分子完全异趣。

又，罗氏入狱之经过，上海西文报曾据实记载。此项记载与国民党中央社记载完全不同。民权保障同盟文献亦曾作正义，特别是蔡子民先生对于罗氏一案挺身而出，仗义执言，排除万难，直到罗氏安全恢复自由脱离虎口为止，义声独着，为各方舆论所称颂。

罗氏出狱，本系由蔡氏保释才获得自由。马绍武发言亦知无法否认故，但却巧为设词，说蔡氏营救在罗出狱以后，此种说法显系张冠李带，蒙混舆论耳目，其荒谬不经，不值一驳。明眼人自能洞烛其奸。

子民师见报后曾语新元云，此项记载极为奇离，如同结婚大典，并无亲当事新郎新娘在场，显属掩耳盗铃，欲盖弥彰，你何必理他呢。

中央社新闻证明，这是在与所谓……声明，一并扮演双簧。但在新闻中反面证明罗氏既不在场，也没有回答官方所提出的任何问题。

（为"中央社新闻"按语，按：中央社乃南京政府官方唯一的通讯社，该社新闻一贯反共最力，平日造谣诬蔑、颠倒黑白、混淆是非是其天职，人所共晓，所以从人民革命观点考察该新闻，全无参考价值。）

事实上，罗氏此时尚在禁锢，自由何来？声明何来？更谈不到发布新闻了。罗氏没有参加，此举正说明特务黔驴技穷，故弄虚玄，足见捕风捉影，其掩耳盗铃欲盖弥彰，不值一驳。

如所周知，三十年代南京政府公布共党"自首条例"，反省高潮弥漫全国，投敌份子担任公职络绎相属，不乏其人。

考查当时反省高潮弥漫南北，中共要员如周佛海、陈公博、谭平山、邵力子、施△△等进入国府，高官厚禄认贼作父，多如过江之鲫。反观罗氏却断然离开南京，隐沦草野，授徒自给，事实俱在，岂容厚诬！

蔡元培给汪精卫信，保释我出狱，刊上海《申报》[1]。

---

[1] 蔡致函汪，保释罗章龙一事，载《蔡元培年谱》（高平叔编）。

【特别附录】

中共六届四中全会前后日程纪事[1]

说明：一九三一年一月七日在上海召开的六届四中全会，是中共党史上很重要也很有争议的一次会议。其涉及的范围和事件很多，日程问题成了贯穿其中的基线，许多事件的孰先孰后、孰因孰果，清楚地决定了谁是谁非。笔者根据目前所见的资料，核对整理出此份"日程纪事"，以期在讨论这段历史的真相时，能作为参考。对于资料中记载不一、真伪难辨的说法，或保留原载，或做出说明，以待今后考实。

一九三〇年

九月廿四日至廿八日　中共六届三中全会在上海秘密召开。

遵照共产国际的指示，由中央政治局成员周恩来、瞿秋白从莫斯科返回国内主持会议。会议提出纠正前一阶段中央政治局的指导失误，但对向忠发一李立三主持中央期间推行的"左"倾错误，未能从政治上理论上加以清算，仅就引起共产国际不满意的某些方针部署、对引起党内特别是基层务实干部们普遍反对的某些做法，进行调整，暂停推行。在组织人事上，根据共产国际安排，对领导成员略做变动，因惧于反对意见，莫斯科方面所嘱咐的起用王明等人的意图未敢交付党内讨论，只安排李立三退出中共领导核心，整体

---

[1] 此份"日程纪事"于罗章龙去世后由邓伍文整理成文，国内未公开发表。

上仍保留一九二七年夏秋以来的"左"倾宗派特征。

这次会议,对于中国共产党的政治路线和组织路线,并无纠错扶正的实效。会议的召开,标志着共产国际东方部策划的对中共领导的大换班计划,由此开始实施。

会议情况随即上报共产国际。

十月至十一月 共产国际及其东方部(米夫为核心人物)多次研究中国党的工作汇报,以"共产国际执委"的名义,正式覆信中共中央(后又称"十月来信"),对中国党的工作表示很不满意,提出中国党"立三路线问题",重加指责。

△ 在斯大林的支持与授意下,米夫有意缩短中共领导层在李立三空缺后的过渡阶段,使周恩来、瞿秋白结合向忠发的临时班子延滞不会拖久,因而进一步实施对中共领导的大换班计划:先由共产国际对中共中央提出工作批评,摆出"上级组织"的正当理由;同时,加紧调派在苏联培养的信得过的中国党员回国;并且通过回国人员将《十月来信》的主旨传给先期回国、早已物色好的换班人——陈绍禹等,使他们通过非组织传达的途径,先于中共中央得到共产国际的"组织"信息,并领会到"即将换班"的意图。

其后,为了保证在远离共产国际直接控制的情况下,对中共领导的换班能顺利进行,米夫决定亲自赴华;国内则有陈绍禹等人拒绝中央分配到江西苏区去的工作,滞留上海,开始策划配合米夫,夺取党中央领导权。

十一月十三日 作为中直机关普通干部的陈绍禹、秦邦宪(即王明、博古)联名上书中共中央,依据共产国际的基调,指责三中全会的过错。十七日,二人未待中央答覆,再次致信中共中央,要求撤消对他们的处分。

他们发出两封信的前后，又频繁活动于党内，寻求支持。此间，王明开始起草《两条路线底斗争》（即《为中共更加布尔什维克化而斗争》）的意见书，并在党内一部分人中散发，同时宣称"瞿秋白继续立三路线的错误，不可能继续自己的领导"。

十一月十六日　中共中央收到共产国际《十月来信》。两天后，中央政治局开会，初次讨论共产国际的来信。廿二日，政治局又召开扩大会议。

至廿五日，中央做出《中共中央政治局关于最近国际来信的决议》，后又有《告同志书》《讨论大纲》等补充文件下发。不久，十二月一日，周恩来在中央直属机关人员会议上做报告，谈国际来信。

此前后，党内立刻表现出几种不同意见：十一月底，王明、沈泽民、夏曦等联名上书中央，要求召开"紧急会议"；十一月底至十二月初，集于上海的众多党员干部们，包括政治局成员、中央委员会成员和担任重要职务的负责人，鉴于长期以来深感党内问题严重，且政治局领导对中央路线正确与否缺乏清醒的自我认识，在得知国际来信与中央决议后，经过讨论形成共识，建议中央召开有全国党员代表参加的"紧急会议"，重新讨论党的政治路线，改选中央领导。

十二月五日　已被撤掉中共中央领导职务的李立三出国，前往共产国际，接受审查。他于月底到达莫斯科。

十二月六日、九日　中共中央政治局两次会议，讨论接受上海党员干部们的建议。九日做出《中央政治局关于召集紧急会议的决议》[1]，决定近期内召开"紧急会议"，决议以中央文件形式下发，并通知外地派负责干部来上海参加会议。

周恩来在政治局会议上说，"中国党的领导机关的威信再也经不起了，撤换指导机关是没有甚么要紧的，问题是会发生许多派别，党会受大的损失。"回避政治路线、组织路线上的是非，强调领导机关的威信。

十二月十一日　中央又有《中国共产党中央委员会告同志书——为反对和肃清立三同志路线的问题》。

十二月十日至十四日　此间某日，米夫以共产国际代表身份秘密抵达上海。（他持德国护照来华，随行有德籍同志，故而有一种说法，称他行前经德国做了整容手术。）

米夫潜入中国后，先找王明等人碰头，随后再与中共中央接头。随后，米夫开始干预中共中央以及中央所在地最大的地方党组织江南省委[2]的工作。

十二月十四日　中央政治局会议，接受米夫指令，悄然改变九日刚刚做出的决定，将原准备有全国广大党员代表参加的"紧急会议"变为仅有少数在沪的中委和指定干部参加的六届四中全会扩大会，改换会议的性质和任务，以便于米夫控制。如此重大变动，中

---

[1] 一九九一年由中央档案馆选编的正式出版的《中共中央文件选集》中收录了这份决议，注明是以历史原件为底本，但在标题与正文中完全消失了"紧急会议"字样，与原先曾看过文件的当事人的回忆截然不同；且文件残缺，无结束语句，最末处竟为省略号。由此分析，可能是在文件下发以后，围绕"紧急会议"的争论异常激烈，文件归档时又作删改。详情待考。

[2] 一九三〇年夏，立三路线统治期间将江苏省委改称江南省委，并划安徽、浙江两省委归江南省委领导。

— 997 —

央不另发文件，亦无正式通知。

十二月十五日　受中央撤职处分的原江南省委干部何孟雄，再次发出致中央政治局的万言书（前次为九月间），系统地提出二十点主张，包括建议召开"紧急会议"。此信发出之前，曾在一定范围征求意见。

十二月十六日　中共中央政治局分别做出决议，取消对何孟雄的处分；取消对陈绍禹、秦邦宪、王稼蔷（祥）、何子述四人的处分。

十二月十九日　负责江南省委工作的李维汉在上海各区联席会议上传达中央取消对何孟雄处分的决定，指出何孟雄可以参加工作。（何于九月十日被撤消职务停止工作。）

十二月下半月　六届四中全会开始会务筹备，米夫、周恩来等分头为会议起草文件，中央特科着手为会议准备场所。

十二月廿三日　中共中央政治局经过两次讨论，通过了由周恩来会同瞿秋白执笔起草的《中央九十六号通告》，对三中全会和会后的中央做了全盘的自我否定，坦言中央所犯的多项错误，"家长制度的统治，抑制了党的自我批评"，"党的生活变成了毫无生气的官僚机关"，"党的领导走上一错再错的覆辙"，承认目前党内存在着"最严重的危机"，但回避了原已同意召集"紧急会议"的决定。

△　中共江南省委常委会决议，决定部分改组省委，选出王克全、何孟雄等七人为常委，推王克全为代理书记，报中央政治局要求尽快批准。次日，中央政治局否定了江南省委提出的常委人选，决定改组省委，虚设尚在国外的刘少奇（时为候补中央委员，在莫

斯科担任赤色职工国际执委)为书记,又依照米夫的提议,决定王明为代理书记。廿五日,中央正式宣布,任命王明为江南省委代理书记。

△ 中共上海沪中区委活动分子会议。何孟雄发言,继续要求召开"紧急会议",并把当前的领导状况和党内危机与"八七"会议时期相提并论。这也是当时党内的普遍看法。

十二月廿四日 何孟雄致函设在上海的共产国际远东局,对中央组织部长周恩来要他承认是"取消派"和中央仍不安排他工作表示不满,直言要"领导上海反立三路线的斗争"。

十二月廿八日 中共上海沪中区委执委会议决议案,对"已经领导破产的政治局","更不能承认他还能领导急待召集的紧急会议",主张"恩来、秋白应立即离开政治局,李维汉、贺昌应立即离开省委,撤销一切领导职务。"

十二月卅一日 中共上海沪中区委发出给致远东局的信,反驳王明等对"沪中区独立"的指责。

十二月下旬 米夫会同中共中央详细讨论四中全会的中央机构人选,周恩来提议自己和瞿秋白一同退出政治局,而米夫决定"留周拒瞿"。随后,王明得知自己将在四中全会上进入中央政治局。瞿秋白得知自己将退出中央领导,对周恩来说"你还要背着这个担子"。此间,米夫拒绝了周恩来提名何孟雄进入中央委员会的建议。

△ 周恩来多次参加江南省委会议,以《中央九十六号通告》为口径,要大多数人接受中央意见。

△ 王克全在江南省委会议上,根据《中央九十六号通告》,认

— 999 —

为现在的中央已不能信任，坚持要求召开紧急会议，成立临时中央，要求停止周恩来、瞿秋白在政治局的职权，要求他们和李维汉、贺昌一同退出中央委员会。

△ 江苏省委外县活动分子第一次会议。

十二月间　中央政治局致信罗章龙[1]，说关于三中全会政治路线问题"中央政治局已公开的成立决议，承认错误，接受国际来信的指示，并且在工作中坚决的作肃清立三路线存在的斗争"，关于召开七大问题"必须在国际同意之下，才能决定"。中央允诺把罗章龙的意见书转交给国际代表。

一九三一年

一月一日　中央委员罗章龙作为中央工委书记、全总党团书记，领导全总党团集体讨论《中央九十六号通告》，一致做出决议，鉴于中央承认"党的领导走上一错再错"和长时期的实际情形，指出"现在中央的领导完全破产，威信完全扫地"，针对中央所称的"党内最严重的危机"，提出"目前最紧急的在思想上实际上与党的组织上肃清立三路线"，特别强调"必须停止中央政治局的职权，由国际代表领导组织临时中央机关，速即召集紧急会议，正式宣布废除三中全会的不正确决议及因此而产生的补选，从根本上解决政治上组织上各项问题"，对党的历次严重错误中"负有主要责任"的少数领导人，"应坚决执行铁的纪律，立即离开指导机关，照章予以

---

[1] 据沙建孙、于吉楠着《中国共产党通史》第三卷记述，罗章龙于一九三〇年十二月向中央政治局写了一份个人意见书，同月政治局给予回信。经查，罗的意见书无存档，政治局的回信存中央档案馆，是一封无原始日期的回信，现标注的时间是由整理者判断的。从所摘引的相关文字看，此信若属真实而非编造，回信时间当在《中央九十六号通告》之后。

组织上最严厉的制裁",认为这样做才是执行党的纪律的必要步骤。

△ 新上任的王明领导的江南省委就《中央九十六号通告》做出决议,提出必须"迅速采取适当的而紧急的办法,将中央政治局加以组织上的改造,对立三路线、调和主义负重要责任之同志执行政治纪律"。决议由王明起草,"要求中央立即改组省委",企图借助中央的力量排斥省委内部的对立面。

一月三日　中共中央政治局常委会议。周恩来发言。

△ 周恩来在准备印发的自己在三中全会上的讲话记录上加按语,明确提到"四中全会便要开幕",表明他完全清楚"紧急会议"已被改变为四中全会,继续配合米夫在秘密状态下进行全会的筹备工作。

一月四日　江苏省委外县活动分子第二次会议,蒋云、黄理文、刘瑞龙、李超时、王一之等"要求停止中央和省委的职权",改组省委。

一月初　中共中央继续加紧四中全会的秘密筹备。

△ 米夫、周恩来、瞿秋白不顾就召集"紧急会议"等建议曾向全总党团做出的"允诺",继续封锁将召开四中全会的决定,米夫则找全总党团书记罗章龙、海员总工会党团书记陈郁等干部谈话,一再要求他们支持王明。

△ 四中全会已在秘密筹备中的消息被透露出来,党内空气十分紧张。

一月七日　中共六届四中全会在上海秘密召开。

会议地点:武定路修德坊六号(今武定路九三〇弄十四号)一

楼的东南角房间。会场由中央特科顾顺章、陈赓负责警戒保卫。

依照几十年之后研究人员所披露的会场情况是：到会人员方面，有资格的中央委员会成员二十二人，由米夫与中央政治局圈定的与会者十五人，共产国际代表米夫，翻译徐冰，"会议记录"署名者为赵容（即康生）、于达，算来共四十一人。会议又称作"扩大的六届四中全会"。按照党的章程，只有中央委员、候补中央委员具有表决权，但米夫决定在场人员不论何种身份均有表决权，有意改变"支持者"只占少数的表决局面。候补中央委员唐宏经接中央通知从东北提前赶到上海，却未能进入会场。会议主席团：向忠发、徐锡根、罗登贤、任弼时、陈郁。实际由米夫和王明相配合操纵会议进程。

会议刚开始，便发生激烈争执，以罗章龙为首的过半数人员，认为如此召开四中全会，违反党的章程，重申"紧急会议"主张。这一意见当即遭米夫压制。

会上由向忠发代表政治局做主题报告（周恩来起草）；包括周恩来、瞿秋白在内的与会者们按限定时间做简短发言，不允许充分讨论会议文件；米夫、王明均发表长篇讲话；周恩来做自我批评后印发了自己在三中全会上的一份报告；由米夫草拟的全会决议"基本通过"，又指派周恩来、王明等五人小组会后做修改。

经米夫和中央政治局拟定的人事变动名单提交会议表决，遭到反对者的群起抵制，认为不符合选举程序，违反了党的组织制度。何孟雄特别提出王明不久前被捕、泄露党的机密问题，质问其"对党是否忠诚"。罗章龙、何孟雄、史文彬、韩连会等一大批与会者拒绝表决，要求退场。会议出现纷乱场面，在米夫的压制下，会议历时数小时结束。

当时的选举过程和结果，众说不一，真实情况至今不明。

会后，按照米夫和政治局提出的名单，以全会名义做出多项人事变动。其中，主要为原非中央委员的王明直接进入中央政治局，瞿秋白退出政治局。标志着共产国际授意下的换班初步实现，也是王明在米夫扶持下夺取党的最高权力初步得逞。

△ 林育南领导的设在上海的中华苏维埃准备会议（简称"苏准会"），召开工作人员会议，会上就中央九十六号、九十七号通告通过决议，认为中央的错误是"有系统的、一贯的"，"不是偶然的错误，而是对革命不可饶恕的罪恶"。

一月八日　《红旗》报社成员唐虞（黄拙夫[1]）写出"我的政治意见书"，约六千字，认为中央并没有决心接受国际路线反立三路线，中央的几个文告应取消。

一月八日以后　四中全会刚结束，党内对全会不满的情绪迅速加剧，很快形成比七日全会上范围更大、更为激烈的反对浪潮。上海地区绝大部分的基层党组织，均对四中全会不满。九日，陈郁领导的海员工会，率先通过反四中全会的决议。

一月十日　中共中央政治局会议，领导人分工上做出重大变动。中央常委三人：向忠发、周恩来、张国焘，候补常委四人：王明、徐锡根、陈郁、卢福坦。王明仍为江苏省委（恢复原名，不再用江南省委名）书记，江南省委组织部长康生接替周恩来兼任中央组织部长。

---

[1] 黄拙夫曾被误写成王掘夫，多因方言中的黄王不分，从取名含义分析，当为拙夫。

又，党史界曾传唐虞系何孟雄的干儿子，是何一九二七年路经九江时所收养的孤儿。这是不辨王明派的谣言，长期误传而至。唐年龄比何大，曾留学莫斯科，有较高的理论素养。

博古、王稼祥等一批从苏联回国缺乏实际斗争经历的干部，被安排在团中央、中宣部等重要岗位。下旬，张闻天、杨尚昆从苏联回到上海，支持四中全会中央的工作，分别担任重要职务。

△　王明开始点名向中央要一批干部，以加强省委与下属机关，并着手建立省委新的秘密联络点。

△　林育南约刚从苏联学习回国的卢育群谈话，向她详细了解王明在莫斯科期间的所作所为，谈话持续二三个小时。

△　是日前后，四中全会上指定的五人小组讨论四中全会的决议，结果罗章龙反对，徐锡根表态怀疑，另三人（周恩来、王明、温裕成）赞成。

一月十一日　"花园会议"[1]。

会议由米夫提议召开。鉴于四中全会当天短暂与哄乱的场面，而且会后普遍对王明进入中央领导不满，反对声浪日高，米夫提出向同志们做一次解释说明。

会前米夫找到反对派代表人物罗章龙，施加压力，声称不惜花卢布再建一个中国党，也要使其"布尔什维克化"。罗章龙则明确表态：我们不能拿中华民族四万万同胞的命运让王明来学习、锻炼。

会场设在周恩来领导的由顾顺章主持的中央特科机关所在地（沪西的一所花园洋房，故称"花园会议"），顾根据四中全会中央领导的指示，对会场做了特别布置。到会二十余人，均为反对四中全会的重要干部，其中大多数参加了四中全会。他们于前一天陆续达到，夜晚，住地气氛恐怖。

米夫主持会议，另有两名助手（均为外籍人员）到场。全总工

---

[1] 此会无确切记载的档案史料，召开的日期党史学界也从未展开讨论，党史专家胡华曾认为大约在十三日，依现有资料分析，还要早两天时间，因此推测为十一日。

作人员李梅羹担任翻译。米夫未能据理做说服工作，专横压服，当即遭与会者的严辞驳斥。他恼羞成怒，当即宣布：开除所有反四中全会人员的党籍（实际上，此项宣布又是事先约定的特别暗号）。随即，米夫和两名助手乘车先行离开会场。

顾顺章按照原定指示，根据米夫离去前发出的暗号，率领中央特科成员，即行武力扣留全体与会人员，准备就地实施"党内除奸"。因出席会议人员防范有心，撤离有序，顾顺章等人未能得手，使米夫与遥控着的中央领导人准备入夜以后下毒手的企图落空。从此，党内高层斗争开始呈现血腥化、残酷化。

当晚，从"花园会议"上最后撤出的罗章龙、李求实（"左联"负责人）等，临时投宿沪西一家旅店，李提出"不干了"，罗加以劝说：如果从个人考虑，可以不干，为了党，怎能容忍一帮奸人胡作非为。决意召开会议，研究对策。

△ "花园会议"之后，六大中央委员、中央"妇女部长"张金保随即称病住院，借以逃避激烈的党内斗争。

一月十二日　"中共中央非常委员会"（后简称"非委"）成立[1]。

为反对共产国际东方部策划、米夫操纵的中共党内领导权的篡变，并鉴于"花园会议"破裂，又面临反对四中全会的同志突然被开除党籍，同时党内残酷斗争已露端倪，因而，有组织地起来抵制最高领导层的错误，与篡党行径做坚决的斗争，已迫在眉睫。经上

---

[1] "非委"成立的日期并无档案确切记载，现有资料仅表明在"花园会议"次日或再次日，此依于吉楠之初步推断（见其与沙健孙合撰《中国共产党通史》书中的有关章节）。当天的活动后来常被称为"反四中全会代表团会议"，所成立的"非委"又被称为"临时中央干事会"，而且领导成员名单多有出入。此依据罗章龙一九七九年十月给中共中央常委会的信。

下各级讨论、赞同，在全国总工会秘密机关的办公地点（位于上海杨树浦），召开反四中全会的党内干部大会，会上一致决定成立新的组织，暂名为"中共中央非常委员会"。会上选出以罗章龙、史文彬为首的非常委员会中央领导机构，设常委九人（罗、史以及何孟雄、林育南、李求实、唐鸿景、李震瀛、王仲一、张金保），在反对米夫—王明宗派集团篡党夺权的斗争中，临时担当领导，力争召开具有全党普遍代表性的"紧急会议"，等待新的领导机构产生。因时间紧迫，酝酿、讨论、确定各重大事项较为仓促。

反对还是支持四中全会、争取还是反对"紧急会议"，由此开始成为党内斗争的焦点。

△ "非委"起草各项文件。经过集体讨论，由罗章龙执笔，林育南等合力修改的《力争紧急会议，反对四中全会报告大纲》成为纲领性文件，签名者达百余人。文件随后由吴雨铭交全总秘密印刷厂印出三千份，发至"非委"各支部，限在党内传达。

△ 不日，"非委"有致共产国际信，提出"召回米夫"，建议改派代表来处理中国党的事务。罗章龙曾将联名信密封后交米夫转共产国际。此信并未转呈，可能随即在背地里被拆阅。

"非委"有告全党同志书（印发时以反四中全会代表团名义），后由罗章龙和史文彬（六大中央委员）共同签署发布；有致各苏区根据地领导人信，通过秘密交通线送往。此后，罗章龙亲自给在江西的毛泽东、在湘鄂西的贺龙等人写信，通报发生在上海的党内斗争情况。

△ 由李求实、罗章龙、何孟雄担任主编的"非委"刊物《亢明特尔》（即《国际路线》）于本月创刊，通过全总秘密印刷厂印刷，南北各省内部发行，该刊物以登载"非委"重要文件为主，同时辟有多项专栏。

此后不久，全总的秘密印刷厂遭中央特科破坏，《亢明特尔》停刊，一度设法复刊，不久再度被迫停刊。

一月十三日 中共中央政治局会议。周恩来的发言谈到目前党内的反倾向斗争，他针对党内不同意四中全会决议、反对全会改选的强烈不满情绪，继续支持米夫的做法，提出"若有不同意见，要揣在肚子里来执行决议"，他一方面说"对底下同志要解释"，一方面又说"一脚踢开领导机关的作法，是站在派别观点，我们要斗争"，显然是指向反对四中全会的罗章龙、何孟雄、林育南等一大批干部。

一月十四日 中共中央刊物《建设ABC》为一篇文章加编者按，按语中提到"紧急会议"的主张，仍然没有明确否认此项主张的正确性。

△ 江南省委外县负责同志会，与会者报告四中全会情况，会间形成反四中全会之议。

一月十五日 四中全会中央发布《告全党同志书》，点名指斥何孟雄、彭泽湘、郭妙根等人"拥护右倾机会主义"，不点名地指控罗章龙等人为"掩护在反立三路线斗争下的努力右倾活动"。开始针对"罗何"的批判，形成"二人并称"，也算作党史上凸显的一对人物。

△ 林育南致信友人陆若冰，用隐语讲"校务改造""太忙了"（意即"党内斗争"很紧张），直言"比拿着枪在阵地上开火还要残酷"。

△ 此间，任江苏省委常委兼宣传部长的夏曦和曾任中央秘书长的柯庆施，先后找罗章龙、林育南等，以老友老部下的身份来斡旋劝说，希望不要继续硬顶米夫、王明一伙，避免吃亏。罗、林则告以必"争百年是非"。

△ 四中全会中央指派卢福坦（中央委员、中央政治局候补委员，四中全会递升为政治局委员）在"非委"的内部"卧底"，假装参与反对四中全会，替米夫和四中全会中央收集反对派动向。卢福坦的行动，起初未引起"非委"的察觉，后来被识破。

△ "花园会议"后，"非委"成员发觉有党内人员跟踪、侦察反四中全会的活动，但他们未能引起对米夫以及新中央某些领导人的警觉。

△ 中央委员、全总干部余飞被四中全会中央任命为江西苏区中央局委员。至二十六日，改组后的全总党团取消中央这一调动，提出另派人选。

一月十六日　王克全（中央委员、四中全会新补为政治局候补委员、江苏省委和上海市工会联合会负责人）召集江苏省委干部在中共江苏省委秘密机关——中山旅社六号房间开会，何孟雄、黄理文、蔡博真、陈治平、蒋云等参加，会议讨论反对四中全会诸事，散会时约定第二天继续举行。

△ "花园会议"后，上海各系统、各级党组织依然"坚持原有组织系统工作"，以抵制米夫、王明、康生等人用中央名义推行的"改造各级指导机关"的做法，这类有抵抗倾向的原有组织随即被四中全会中央指斥为"第二区委"或"第二省委"。（"第二"是强加的，当事人并未认可）

是日，所谓的"第二区委"事件发生：王明宣布改组上海闸北区委，新省委派焦明之任区委书记，原任书记王凤飞（候补中央委员，参加了四中全会，并持反对态度）及原班子成员不予接受，坚持原有组织，因而被四中全会中央指责为"第二区委"。

次日，所谓的"第二省委"事件发生：王明召集中共江苏省委第一次正式常委会（在中山旅社），宣布改组江南省委，恢复江苏省委名称，实行大换班，王克全不同意新省委名单，反对搞"委派制度"，提议召集中共江苏省"二大"选出的省委委员于明日上午十点开会，意在坚持原有的组织系统，坚持本届省党代会选出的省委。王克全以"反对制造小组织破坏党的同志在省委中"为理由当场退席，同时退席的另有吴国治、陈治平、刘瑞龙等。王明继续主持会议，指斥王克全等"分裂党"，通过由他起草的省委决议，即《江苏省委常委会议对于中央第四次扩大会议总结及目前党的任务的决议》和《江苏省委关于王克全同志分裂党的行动的决议》，同时决定了常委分工。

此后，王明改组后的省委派驻省委秘书处的工作人员，为使用秘书处的秘密机关与原省委工作人员发生争执，原省委工作人员拒不移交，被指控为"第二省委""占领省委机关"。

一月十七日　上午，全总党团会议，最后拒绝"接受国际代表关于拥护四中全会之国际路线之提议"，实际上就是拒绝了米夫关于王明担任中共中央领导的提议。会后，中央得到报告，知全总党团在罗章龙等人领导下"大多数同志"都反对四中全会。罗章龙继续坚持依靠原有党组织抵制共产国际及中央的错误。

△　中午，（据称）匿名电话向国民党当局告密，将反四中全会活动的秘密联络点透露给当局。

△　下午，"东方旅社事件"发生。

反四中全会的党员干部、积极分子在东方旅社开会，王克全安排会场，罗章凤（全总保卫部长兼"苏准会"、"非委"保卫部长，罗章龙的胞弟）在场外负责保卫。何孟雄主持会议，林育南传达"非委"文件。中途会场突然遭包围，何、林、李求实等二十余人集体被捕，仅罗章凤、王克全脱险。随后，接连发生当局逮捕共产党人案。几天内，被捕达三十六人，何孟雄妻室、幼子等均陷狱。此事

— 1009 —

件，成为国民党自一九二七年发动"清党"以来，最大的一次破获共产党组织案。

"非委"领导罗章龙、史文彬因故未到会场，幸免于难。几天之后，被捕人员从租界巡捕房移至龙华监狱。因有叛徒出卖，国民党当局已掌握真实情况，在提审时，仅依据照片，逐一核对各人真实姓名与身份。

事件发生后，"非委"组织设法对被捕的难友进行营救，设法往狱中递送生活必需品和慰问品。

直至被捕人员遇难后的数月间，中央政治局历次会议从未讨论如何营救被捕的难友，也未讨论如何查明处置叛徒嫌疑者，是历年同类事件发生以来最为冷漠的一次。

△ 中央政治局常委会议，周恩来在发言中说罗章龙等反四中全会是"非常要不得的"，并强调四中全会的中央"必须加强政治领导与实际工作的领导"。

△ 已被解除中央政治局职务的瞿秋白给共产国际和中共中央写信[1]，率先就四中全会表态，他是完全拥护的。

一月十八日　王明召集上海活动分子会议，报告四中全会及上海党的工作，做出《上海活动分子会议关于扩大的四中全会总结与上海党的目前工作决议案》。

会间，得知何孟雄等被捕消息，王明不提营救，当众宣布何孟

---

[1] 中央档案馆所存瞿的表态信与他在四中全会上的"发言记录"有千余字的完全吻合，对比分析可以断定，就是"全会记录"大段地抄录了瞿十七日的表态。当事人（张金保、罗章龙等）曾指出，瞿在四中全会上并未发言。当年鉴于必须整理出"全会记录"去向共产国际作汇报的迫切性，瞿予以配合，写了表态信，并被人抄入"全会记录"中。由此可以证明，四中全会的"会议记录"属事后所造，延续好几天进行补充，并非现场的原始记录稿。

雄的党籍已被开除。后因党内风传何等被捕系中央告密，王明等散布谣言，说是何的"干儿子"出卖的。

一月中旬以后　原先到上海来参加中央会议或汇报工作的外地部分干部，得知四中全会严重违反党章的情况，转而接受"非委"的指导，陆续返回各地，把反对四中全会的斗争引向全国。

候补中央委员唐宏经回满洲省委，中央委员韩连会回顺直省委，回北平、天津的还有王仲一（六大中央委员，二中全会时受开除撤职处分）、吴雨铭（五大候补中央委员、全总秘书长）。

△　中共在北平市的基层党部（共四十多），几乎全部反对四中全会，赞同"紧急会议"。

△　中共中央做出《中央对河北党的问题决议》，在承认北方同志"要求召集紧急会议，解决党的问题"有"进步"性时，又认为他们成立"筹备委员会"表现了"不正确的倾向"，要求取消"紧急会议"的"筹备处"，以"中央派人"为主"组织临时省委"。决议还提到"在顺直委员会上林育南提出反四中全会的主张，这完全是右派机会主义观点"。

△　中旬以后，表态风逐渐风行，一批高级干部率先表态，各级组织以此来判定个人的"政治立场"。一月间，李立三从莫斯科寄出《给政治局与四中全会的声明书》，拥护四中全会；十九日，余飞写出《意见书》，开始揭发自己的错误；二十日，中央委员、北方局书记兼顺直省委书记贺昌表态，拥护四中全会；廿二日，余飞写出《声明书》，表态拥护四中全会；廿六日、李维汉发表声明，承认自己的错误。至廿八日，四中全会中央针对以上人员的态度，做出《关于贺昌等同志问题的决议》，给予贺昌处分，要求瞿秋白和李维汉写出声明，表明积极的政治态度。瞿秋白于廿八日再次发表声明，拥护四中全会，拥护四中全会中央在党内斗争中所采取的一切处置。

二月三日，李维汉再次发表声明，拥护四中全会及中央的一切措施，同时向中央报告了做戴晓云工作的情况。李维汉后要求去苏联学习，并与陈郁同行。

一月二十日　中央政治局《关于一月十七日全总党团会与江苏省委报告的决议》，对全总党团定性为"右倾小组织分裂党"，决定采取组织措施：撤消罗章龙（书记）、徐锡根（委员）、余飞（委员）三人在全总党团的职务，改组全总党团；同时撤消王克全在江苏省委的职务，责成江苏省委改组上海工联。

改组全总党团的工作受阻，四中全会中央指派政治局成员罗登贤和关向应为负责人，杨尚昆为宣传部长。至廿六日，改组后的全总党团以常委名义做出《拥护四中全会反对右派的决议案和声明书》。

△　四中全会中央支持的江苏省委、其他各级组织也陆续做出决议，贯彻四中全会精神。其中：廿三日，《C.Y.江苏省委关于党四中全会的决议》，拥护四中全会；廿四日，济总党团通过拥护四中全会的决议；苏维埃运动委员会临时党团通过《苏维埃运动委员会党团讨论四中全会总结与党内斗争问题决议案》，拥护四中全会，"反对右派小组织"；廿五日，江苏省委决议，要求所属组织积极贯彻四中全会路线；廿九日，《江苏省委紧急通知——与立三路线及调和主义和取消派分子作斗争》；一月间，《中央巡视员会议拥护四中全会的决议》，"坚决的请求中央即刻停止王克全、徐锡根、何孟雄等的职权及其分裂党的活动"，其中提到了"污蔑""中央告密"的问题（王克全在"东方旅社事件"后说是四中全会中央告密，并拒绝和中央监委对话）；二月十五日，秦邦宪（博古）主持的共青团中央工作，团江苏省委做出对于上海工作的决议，贯彻四中全会精神。

△　中央决议指责湘鄂西中央分局原书记邓中夏推行立三路线，任命夏曦为湘鄂西中央分局书记。

△　张国焘与杨子烈由苏联回到上海，先准备入住东方旅社，随即迁至中央组织部暂住。张会见了组织部长康生、组织部秘书孔原，以及沈泽民，当天还听周恩来详谈了党内情况，周称米夫已偕王明赶回莫斯科，米夫职务另由一波兰人代理，张、周于次日一同去见了这位波兰人。

一月廿一日　中央发出《第二〇四号通知》，部署关于与党内右派小组织斗争的问题，通知任何同志（包括原来各省工作同志）到各省党部，必须有"党的正式介绍信"，有"可靠的证明"。此后，便将反对派干部正常返回各地、全总党团自派干部往各地的日常工作，统统指控为"右派小组织"不经中央同意，私自往各地派人，定为"第二中央"的罪名之一。

△　四中全会中央得知《力争紧急会议，反对四中全会报告大纲》的印发情况，随即指责全总党团"私自印发小册子"。

△　晚间，原先由陈郁（中央委员，四中全会后为政治局成员）领导的海总党团召开会议，周恩来代表四中全会的中央到会并做报告，会上通过决议，转变态度拥护四中全会。

会后，周恩来又找陈郁长谈，说服他进一步转变态度。随后陈郁向"非委"领导和同事们"告假"，退出反对四中全会的斗争，立即受到"非委"一批骨干们的回信批评。

次日，海总党团成员李海筹、冯某致信四中全会中央，对昨晚海总成员开始"承认错误"的态度，认为"非常不够"。

至二月三日，陈郁写出声明书，表态脱离"右派"组织，对四中全会中央开除罗章龙、王克全党籍表示完全同意。接着又写出第二次声明，承认自己参加小组织活动，请求给予最严重的处罚。陈郁随后被安排去苏联"学习"（罚做苦工多年）。

一月廿二日 四中全会中央及王明控制的江苏省委,开始采取组织手段,打击反对派活动:廿二日,《江苏省委关于改组上海工联党团干事会的决议》,决定停止王克全上海工联党团书记的工作,另派刚从苏联回国的殷鉴代理;不日,省委派孟超到上海闸北区委、赵容(康生)到上海沪西区委,分别成立新区委,解散所有反四中全会的党团组织及支部,停止所有参加反四中全会活动人员的工作,从组织上、工作上、经费上全面封锁和打击反对四中全会的活动;二月三日,《江苏省委关于目前工作给各级党部的指示》,称为"与中央共同决定",其中制定了"对于右派第二党活动的必要处置办法",要求各级党部立即执行。

一月廿三、廿四日 中央主办的《红旗日报》接连发表《四中扩大会议的意义》和《反对右倾》的社论,号召"全党同志,应当起来坚决反对右倾,反对分裂党,为执行国际路线而斗争"。

此前,政治局候补委员、共青团中央负责人关向应著文《向右派开火》,指责"右派组织者罗章龙",是"反国际与分裂党"。

此后,四中全会中央又发出《反对右倾机会主义报告大纲》,发动党内更大规模的"反右倾"斗争。

一月廿五日 四中全会中央对罗章龙、何孟雄的批判在党内全面展开。是日,中央发出了《中央委员会为肃清李立三主义反对罗章龙右派告全体党员和共青团员书》,把罗章龙同陈独秀相联系,"干着同样的勾当","已经走上了反共产国际反党的路线",被点名的"右派分子"另有廖慕群(何孟雄)、王十人(王克全)、王凡一(王凤飞)、王仲一、彭浙(泽)湘等,文告声称"不能容许这些分裂党的领袖活动于党内"。

同日,由王明主编的党中央机关刊物《党的建设》创刊号问世,首期公布了一九三〇年十二月十六日中央政治局《关于何孟雄同志问题的决议》，并加了编者按说何孟雄"现在主要的是从右边来进攻国际与四中全会的路线"，指控何孟雄为"右派"；次日，王明在起草的《上海活动分子会议关于扩大的四中全会总结与上海党的目前工作决议案》，继续指控何孟雄反四中全会是"进行分裂党的小组织活动"，同时还指责罗章龙起草的全总党团一月一日决议、陈郁领导的海总党团决议、何孟雄在四中全会上及在区委书记联席会上的发言、苏准会工作人员党团给中央的信，"作了一切右倾机会主义分子活动的政纲"。

△ 中宣部出版《国际路线》，刊印共产国际《十月来信》等八个文件。

一月廿六日　《江苏省委对于陈资平、吴国治、刘瑞龙、徐大妹、许畏三几个同志的决议》，撤销了他们的工作，要求三天内正式承认错误。

一月下旬　周恩来代表四中全会中央与罗章龙、王克全谈话，彼此均承认党正面临前所未遇的时期，罗章龙向周恩来建议，拿出解决问题的可行办法，周无言以对。谈话因周恩来缺乏说服力和王克全的态度不冷静而中断。

自四中全会以来，周恩来不断以我党缺乏理论干部、王明长于理论为理由，多方做工作，希望党内同志赞同王明进入中央领导。

一月廿七日　米夫执意开除所有反四中全会人员党籍的强迫性意见，经四中全会中央开始执行，以公开的和不公开的形式，陆续停止了大批党员干部的组织关系。

是日，做出书面决议，首先将罗章龙开除出中央委员会，并永远开除党籍。四中全会中央此次对罗章龙的主要指控就是领导"右派小组织"、并"公开发表的反党的小册子"、反对国际代表这几点；根本没有涉及"非常委员会"以及"另立中央"的问题。若干年后，又坚称是"另立中央"，是"分裂党"。

同日，将王克全开除出中央政治局和中央委员会，三十日又将其开除出党。同日，将王凤飞开除出中央委员会。

因何孟雄、林育南、李求实等已被捕，未做出开除党籍的书面决议，但通知狱中秘密支部，不予接纳。

此后自中央至各下属组织陆续做出决议，开除大批反四中全会人员的党籍，其中：中央于二月六日开除张金刃（慕陶）党籍、二月十一日开除吴雨铭（原全总党团秘书长，已去天津领导北方"非委"）党籍；改组后的上海沪中区委于二月十三日开除、处分原区委蔡伯真（二月七日在龙华牺牲）、彭泽湘、王福环、徐松朋等十余人，并要求新省委开除沈先定（列席四中全会，会间成为中央委员）的党籍；改组后的上海沪东区委于二月十五日开除原区委领导人钱静安、鲁铁成；法南区委以"取消派在党内的侦探"开除王星恒、王新武、黄震炎三人党籍，三月七日江苏省委批准；二月廿五日开除戴晓云；直至第二年九月开除刘峻山、宗孟平、吴国治党籍，指控他们是"专门从事罗章龙反革命派的活动"。

△ "非委"系统上海各区及党团书记联席会，布置"二七"与年关斗争。二月三日，再次召开联席会，开始出现取消组织、回到党内去之议，但未获通过。二月五日，又有宣告解散组织的会议。

△ 徐锡根（中央委员、四中全会后由政治局候补委员递升为政治局委员）致信四中全会中央，开始转变态度，从反对转向拥护，表示要负责将在全总党团内经手的文件、经费，和经管的机关、印刷厂及一切组织移交新的临时党团常委会，并表示要积极地帮助新党团工作。

随后，四中全会中央派刚刚回国的张国焘（中央政治局常委）进一步做徐锡根的工作。二月八日，徐锡根再次声明，深刻检讨并大量揭发反四中全会活动是"一种有组织形势〔式〕"。四中全会中央由此察觉反对派活动是以"中央非常委员会"的组织形式在进行着。十多天后，徐又一次发表声明，进一步揭发反四中全会的有组织活动，并要求到莫斯科受训。

自一月十五日，四中全会中央连续发布《告全党同志书》等文件后，许多人屈服于中央的压力，开始不顾事实地揭发罗章龙、何孟雄为领袖的"右派"活动。其中：廿四日，全国互济会总会党团负责人戴晓云发表声明，承认自己的错误，承认助长了李求实的错误；二月一日刘瑞龙声明，不但承认错误，还准备尽自己所知"公布小组织的内部情形及经过"，七日刘第二次声明，大量揭发反四中全会的组织活动；二月二日，温少泉声明，承认参加了反四中全会的小组织，廿三日，温第三次声明，检讨反四中全会的来源；二月三日，原苏维埃代表团的徐淮发表声明，承认自己"做了非常委员会的工具之一个"，揭发派往外地的反四中全会人员及活动情况；二月三日，陈资平声明，认识所犯错误，八日和十五日，第二、三次声明，都是在同张国焘谈话后"即离开了罗章龙所领导的小组织"，并揭发"小组织的一切情形"；二月四日，柯庆施、李溪石致信四中全会中央，对先前曾主张召开"紧急会议"的意见书做出声明，称罗章龙公开了他们的意见书，是"私代改过"，是"造谣"和"最无耻"的；二月六日、十三日，沈先定两次声明，承认自己政治上的错误，又报告参加小组织活动的经过；二月七日，丘泮林发表声明，承认反四中全会是错误的，希望给予学习的机会；二月九日，李超时声明，承认组织上的对立是分裂党，十四日，李又写出政治意见书，全面回答江苏省委的回信，认为在四中全会问题上，省委未能在政治上的说服自己，江苏省委和省军委曾做出李超时反党的决议予以处分；二月十二日，王伯齐再次声明，交待右派活动经过及自己参加活动的范围；二月十三日，王一之第二次声明，报告右派活动片断。

以上各种声明中揭发的情况，多处与事实不符。

△ 《江苏省委对沪东区的决议——关于沪东区委反四中全会决议问题》，指责钱静安、罗铁铮领导部分区委同志自动改组区委，拒绝新省委，拒绝移交。

△ 《江苏省委对沪中区的决议——关于沪中区委反立三路线、调和主义问题》，指责沪中在蔡伯真、彭泽湘领导和何孟雄影响之下，政治上组织上与新省委对立。决定改组区委，撤销蔡、彭职务。

一月廿八日　有一种传闻，《反四中全会代表团告全党同志书》于本日完成，事实可能是付印之日。

此前后，"非委"还以反四中全会代表团的名义付印了全总党团十二月二日和一月十七日两次决议、一月十四日江南省委外县负责同志会议决议、上海各区支部反四中全会决议，还有唐宏景、徐文雅、韩玉蓉、柯庆施等人的意见书。

一月卅一日　不准确的"中央非常委员会"成立日[1]。

二月三日　《江苏省委给各县委、区委、党团指示信》，制定了

---

[1] 现存史料中确有本日成立"非委"的内容，而此类"原始资料"的说法不一，多出于当时的各种认错声明所载，全是知情者的揭发。经分析大概有两种可能：其一，"非委"可能在当天召集了会议，调整了领导成员，开始正式使用"非委"的名称；其二，王克全等人在连续受处分之后，四处联络，坚持原有组织，他们本属"非委"的下级组织，也被误认作"非委"宣告成立。这类当事人的说法、当天的活动情况，仍待细考。

对于"右派第二党活动"的处置办法。

△ 本月,《江苏省委对于沪北区委工作决议案》,肯定改组后的区委对右倾机会主义者做过残酷无情的斗争,对于夺取被右派蒙蔽的支部和同志回到党组织内来,沪北区有明显的胜利,还要坚决反对和肃清右派的残余活动。

二月初 王克全写信给四中全会的中央,表示悔过,希望同中央对话。他主动告知,自己已经再三要求反四中全会人员"停止一切超组织的活动",承认"第二省委",准备"交代工作"。

此后,"非委"组织推张金保出面为领导人。六月间,张金保等"非委"成员被四中全会中央开除党籍[1]。

五月间,许畏三、徐一成、李文德等写出声明书,承认错误,仍受到处分,暂时回党内,被派到基层去工作。

二月五日 党刊《党的建设》的文章中出现对"第二中央"的指控。

△ 七日出版的《实话》登载李维汉文章,回顾近两年来江苏省委的工作。

二月上旬 四中全会中央对全会前后的文件整理完毕,告示各级党员干部,说有六届四中全会会议记录可供阅读。此举可能表明,米夫直接监督,经多人参与密谋,由康生、于达执笔,全套的四中全会文件,业已整理完毕。中央原先赞同"紧急会议"的有关提法在文件整理中被清理。

---

[1] 一九三二年二月十三日,张金保在罗章龙去东北期间主持会议,宣布解散"非委",并向四中全会中央写信认错,却被中央斥为"右派进攻党的新策略",并未接纳她返回党内。直到延安时期才改过。

二月七日　"龙华血案"发生。深夜，"东方旅社事件"中被捕的何孟雄、林育南、李求实等二十三人在龙华狱中被国民党淞沪警备司令部秘密枪决，埋于监狱院内。

牺牲之前，何孟雄、林育南、李求实等在狱中曾联名致信共产国际，继续同米夫和王明斗争。信交狱中难友黄理文翻译成俄文，通过秘密渠道转到狱外，但未能送达共产国际。

牺牲之前，林育南从狱中传出密信致罗章凤，云："西望有山，东归无计；心平如水，去易留难！"

由罗章凤组织实施营救，被捕的三十多人中仅六人出狱。

二月间　顾顺章带领中央特科武装人员，威胁"非委"成员，要他们迅速离开上海，"免得动手"。

△　中共北方特科（华北政治保卫局）成立，由中央派陈赓北上组建。不受北方局领导，直属于中央特科。其主要任务有"特殊政治活动"，"保卫党的组织"。

二月十日　北方非常委员会（又称北方"紧急会议"筹备处）的王仲一、韩麟符、吴雨铭、张慕陶、李希逸等一批领导成员在天津遭当局逮捕。事先，"非委"的秘密活动点已被告密，组织被破获的原因与上海"东方旅社事件"很相似。

被捕人员在旧历春节后，由张学良密令转至北平，关押在草岚子监狱，除个别人瘐死狱中外，数年后陆续被释放。

△　王明的小册子《两条路线底斗争》（后更名《为中共的布尔什维克化而斗争》）修改完毕，同月交付刊印（假称在武汉印行）。

二月中旬　张国焘到天津，代表中央召开北方区委党组织会议，会议由北方区委书记陈原道主持。

二月十七日　旧历辛未年正月初一。

春节之后　"非委"在上海沪中区某中学举行追悼大会,悼念四中全会以后"牺牲的烈士之一部分"（主要为"龙华血案"牺牲者）,收到花圈、挽联甚多,"非委"负责人宣读诔词。

△　"非委"成员金淑[1]（女,原中共中央工委秘书）"自戕","遗孤"由友人抚养。（事实上金并未寻死,不久伴随四中全会中央派往江西的干部一同进入中央苏区,并结为夫妻。）

二月廿二日　中共中央向共产国际做出长篇工作汇报,正式汇报四中全会情况和近期工作部署,汇报的重点是反对"以罗章龙何孟雄为领袖的小组织"的情况,先后被点名的"右派"共达三十多人,其中包括已在"龙华血案"中牺牲的,和仍在上海、天津等狱中的反四中全会人员。作为中央文件,首次出现对"中央非常委员会"的指控,此前,均称之为"右派小组织"等。该文件由周恩来起草,以向忠发的名义发出。表明米夫和四中全会的中央基本控制了党内局势。

大约在此间,米夫离开上海,返回莫斯科。至五月间,共产国际执委主席团通过关于中共任务的决议,"很满意地"批准了中共中央第四次扩大会议。

三月廿七日　中共中央政治局有《关于右派小组织分裂党破坏

---

[1] 金淑,即金维映,曾为罗章龙妻,育一子,生于一九三〇年十二月,后由刘炎抚养成长。——2025年5月补注

革命的活动经过及其现状向共产国际执委的报告》。

　　△　同月,《党的建设》第四期登载铁卒的文章《右派反党反国际的"战术与策略"》。

　　△　此后,江苏省委于七月二十日做出关于与右派斗争经过的总结,说"省委坚决站在四中全会的正确路线之下……与右派及右派所影响的群众作严厉的斗争。……结果国际路线是完全得到了胜利"。

　　六届四中全会后的一段时期内,中共党的"领导核心"由向忠发、周恩来、王明组成。新的中央不断地向国内各地党组织发指示、文件,委派干部,从政治路线到组织机构,全面控制整个中国共产党。(六月间向忠发死,秋后王明、周恩来陆续离开上海,又指定博古、张闻天为首的"临时中央"代行中央职权。)各地仍有各种不满四中全会、抵制篡党宗派集团的活动。王明等控制和指导的"党内斗争",大量地处分干部,残酷地打击异己。

　　六届四中全会前后的中共党内斗争,完全是由共产国际强行扶持王明上台而引发的。由此,全党被迫开始全面执行"王明路线",进入中共历史上最"左"也是受害最烈的阶段。苏共领导人,早在一九二七年春就确定了要加强对中共实行"保姆—顾问制度",一次又一次地全凭个人好恶组织领导班子,强加于中国党,并将违背现代民主的那套组织原则、领导体制在中国铸成翻版,甚至连霸道作风、特工手段也全盘移植于中共领导层。

　　中共被迫接受六届四中全会的恶果之后,党内思想混乱与组织灾难加剧,几年时间,损失空前。极不规范的党内斗争长年不息。围绕六届四中全会的是非之争,竟达几十年未断。

一九九八年秋第三稿
二〇〇一年春稍作修改

作者后人的附言

(罗星原所写两篇)[1]

一、溪流版《罗章龙回忆录·后记》

我是文虎(章龙)的外孙女。一九四九年我出生在外公家,当时是湖南长沙岳麓山的湖南大学,一九五四年,我和外婆来到武汉市武昌,外公先一年在院系调整时调入中南财经学院。我跟随外公文虎生活了三十年,他写作回忆录大部分由我誊抄,前后情况我都清楚。

文虎写作《亢斋载记》的高峰是一九六三年,一九六五年基本完成,并装订成册。一九六六年初,我将《亢斋载记》抄件一份交给一位亲戚保管。一九六六年九月,扫"四旧"时,《亢斋载记》原稿被学生抄走并散失。同时散失了二十年代滕代远给文虎的毛笔信原件一封,内容是平江起义时在当地紫云公馆写的战况汇报书;另外,被抄走散失的有林育南亲笔书写的反立三路线的文字数页,也是原纸原件,还有一些照片和一块林育南的铜版像等。

一九七三年,我将《亢斋载记》抄件取回,文虎再次对全稿进行整理,补充了一些章节,如北京印厂案,汉口八月会议等。一九七四~一九七八年间,文虎写成了《大革命时期中共军运工作纪略》,

---

[1] 作者的外孙女罗星原,长期协助作者整理回忆录,誊抄文稿,2005年美国溪流出版社出版的《罗章龙回忆录》中,有她的两篇附言。

还写了有关"非常委员会"的一些资料。这些都没有补充进入《亢斋载记》的章节中。到了一九七八年，《亢斋散记》也定稿。

一九六九年我向文虎提议写自传，以作为《亢斋载记》的补充，主要内容是少年时代和教书期间的事迹。开始时，由文虎口述，我做记录，进入自传的后半部分，由文虎亲自笔述。

《亢斋汗漫游诗话》由文虎亲笔记述，定稿于一九六五年之前，以后陆续有补充。最先发表于一九八〇年前后的《湘江文艺》。

《亢斋载记》的前半部分后来易名《椿园载记》，二十三万余字，一九八四年九月由人民出版社出版，内部发行，北京新华印刷厂印刷了一万三千六百册，对外称生活、读书、新知三联出版社出版。当时人民出版社由陈文伟先生负责此书的出版事宜。一九八四年版《椿园载记》的整理者主要是罗平海先生。一九八九年《椿园载记》第二次印刷，仅四百本，据闻是特供少数人阅读的。改用了东方出版社名义出版，却没有提及第一次印刷的事。《椿园载记》一九八四年能够出版发行，我要感谢胡耀邦先生多年来对文虎的关心和支持。

继续整理出版文虎的全部文稿，遇到很多困难。文虎生前将著作的整理出版事宜委托给我。这些年，我只能依靠热心肠人的辛勤工作，使得文虎的遗稿编成书，能够与广大的读者见面。我也表示衷心的感谢。

罗星原
二〇〇四年六月于武昌，同年十月修改

二、《罗氏后人想说的话》

我从出生那天起，在外公家生活了三十年。我从来未见过面的父亲是山东滕州人，所以我也算是一个山东人。

几十年来，我的外公文虎（罗章龙）给我讲述了他一生中的各种经历，我对文虎有着很深的了解。

中国共产党成立初期，工作做得最多、地位很高的五个人是陈独秀、李大钊、张国焘、罗章龙、毛泽东。在一九二三年三大中央局中，毛泽东和罗章龙先后担任过中央秘书（仅次于委员长陈独秀的第二把手），这决不是偶然的。

我外公罗章龙在二大到六大，都被选为中央委员。

一大时，罗章龙收到上海中央来信，信中说要在上海召开一次会议，信中并未说明这是一次党的成立大会。罗章龙因为工作忙，他主编的《工人周刊》要按时出版，他让比较清闲的刘仁静去上海出席会议。

罗章龙出席了二大，并被选为二大中央委员。（附罗章龙手迹）[1]

一九八二年三月十三日，罗章龙对我说："我出席二大时很吃香，仲甫很抬我，因为我领导的工人运动规模较大，我是二大主席团执行主席之一，当中央委员要看工作。"我立即问他："您为什么不跟别人谈这件事？"他说："我不去争，这事并不重要，我说我是二大中央委员，就会引起争吵。"

一九九八年十月十八日，我看到中央电视台播出《从一大到十五大》的第三集，谈中共第二次代表大会，片中提到徐梅坤。二大的情况来源于徐的都不可信。因为七十年代，有人来我家访问关于三大的情况，徐梅坤自称参加了三大，徐说的大会会址和会议房间布置被做成模型，访问人员把模型照片给罗章龙看了。等访问人员离开我家后，罗章龙对我说，徐梅坤说的都是假的。但罗章龙没有当场向来访人员揭露徐的谎言。处于当时的情势，罗章龙不想得罪人。

---

[1] 罗回忆二大的手迹（影印件），曾用于溪流版《罗章龙回忆录》的扉页。

我的看法是，徐梅坤没有参加三大，也不是三大候补中央委员，徐梅坤更不可能参加二大[1]。

关于张国焘的回忆录中，二大、三大都没有提到罗章龙。

一九八二年二月二十二日，罗章龙对我说："张国焘在回忆录中不提我的原因是当时（张写书的时候）他可能想回来，想留条后路，他知道他们恨我。"

（张国焘想回大陆来，不愿受罗章龙的牵连，所以张写回忆录时避免提到罗。）

罗章龙是三大中央委员，五人中央局成员，分工会计，后兼秘书，中央宣传部长。并担任国民党执行部组织部组织指导干事。毛泽东时任国民党执行部组织部秘书（执行部组织部实际负责人）。

中共四大，罗章龙当选候补中央委员，任全国铁路总工会委员长兼党团书记。我后来看到陈独秀当时签署的一份通告，四大中央委员加候补中央委员一共九人。

罗章龙一九八二年一月十五日对我说："四大，伍廷康是太上皇，伍廷康说，北方书记部的人不听中央的，什么事自己做主干，事后才跟中央说一声，不听话，请彭述之、尹宽、赵世炎、王若飞合作。陈独秀接受了伍廷康的意见，四大中央让这些人掌了权。北方书记部人终将这些人击退，在五大上，把权夺回来。"

罗章龙是六大中央委员，不是候补中央委员。

我曾就此事于一九九四年夏天请教于中国革命博物馆党史专家李俊臣先生，李先生对我说，罗章龙是六大中央委员，不是候补中央委员。

张国焘的回忆录中，他回忆的六大中央委员也包括罗章龙。

---

[1] 关于徐梅坤其人，罗星原生前注意到过去所不知道的史料，准备认真加以鉴别，进而修正个人的上述看法。但直至她因病辞世，没有留下专稿。

一九三一年临时中央做出关于开除罗章龙中央委员及党籍的决议，也说是中央委员，不是候补中央委员。

一九二七年国际代表电召罗章龙赴上海出席十一月中央扩大会议，在扩大会议上，罗章龙当选为中央工委书记，主持全总工作。

六大会上，罗章龙担任湖南代表团团长。罗做工运报告四小时，又做湖南秋收暴动的报告六小时。湖南代表团是个大团，有代表二十人。六大时，王仲一是北方代表团团长，苏兆征是广东代表团团长，项英是湖北代表团团长，余飞是江苏代表团团长。

八七会议以前，中共中央并没有政治局，而称作中央局，如三大中央局是陈独秀、毛泽东、罗章龙、谭平山、王荷波等。

立三、康生一伙伪造了六大中央委员名单，他们还曾伪造过全国劳动大会名单。

关于中共三大，是因为解放后发现了三大的一些原始文件，所以比较真实。

附罗章龙自撰简历一份。[1]

罗星原

二〇〇五年四月

---

[1] "简历"在溪流版《罗章龙回忆录》中曾收，2015年重编统稿时已略去。

www.ingramcontent.com/pod-product-compliance
Lightning Source LLC
Chambersburg PA
CBHW022220090526
44585CB00013BB/501